《史记研究集成》
  总主编 袁仲一 张新科 徐　晔 徐卫民

《史记研究集成·十二本纪》
  主　编 赵光勇 袁仲一 吕培成 徐卫民

《史记研究集成·十二本纪》编辑出版委员会

总顾问 张岂之

主　任 安平秋　徐　晔

副主任 张新科　马　来　徐卫民

编　委（以姓氏笔画为序）

　　　　　王子今　尹盛平　田大宪　吕培成　吕新峰

　　　　　李　雪　李颖科　杨建辉　杨海峥　吴秉辉

　　　　　何惠昂　陈俊光　张　萍　张　雄　张文立

　　　　　赵生群　赵建黎　骆守中　高彦平　郭文镐

　　　　　徐兴海　商国君　梁亚莉　彭　卫　程世和

主　编 赵光勇　袁仲一　吕培成　徐卫民

"十三五"国家重点图书出版规划项目

史记研究集成·十二本纪

孝景本纪

吕新峰 赵光勇 编

西北大学出版社

·西安·

图书在版编目(CIP)数据

孝景本纪/吕新峰,赵光勇编.—西安:西北大学出版社,2019.3

(史记研究集成/赵光勇,袁仲一,吕培成,徐卫民主编.十二本纪)

ISBN 978-7-5604-4049-1

Ⅰ.①孝… Ⅱ.①吕…②赵… Ⅲ.①中国历史—古代史—纪传体②《史记》—研究 Ⅳ.①K204.2

中国版本图书馆CIP数据核字(2017)第132339号

"十三五"国家重点图书出版规划项目

史记研究集成·十二本纪·孝景本纪
SHIJIYANJIUJICHENG SHIERBENJI XIAOJINGBENJI

吕新峰 赵光勇 编

出版发行	西北大学出版社
地　　址	西安市太白北路229号　　邮　编　710069
网　　址	http://nwupress.nwu.edu.cn　　邮　箱　xdpress@nwu.edu.cn
电　　话	029-88303593　88302590
经　　销	全国新华书店
印　　装	西安华新彩印有限责任公司
开　　本	787毫米×1092毫米　1/16
印　　张	14.5
字　　数	276千字
版　　次	2019年3月第1版　2019年3月第1次印刷
书　　号	ISBN 978-7-5604-4049-1
定　　价	85.00元

如有印装质量问题,请与西北大学出版社有限责任公司联系调换。电话:029-88302966

版权所有　　侵权必究

总　序

　　司马迁是我国西汉时期左冯翊夏阳（今陕西韩城市）人，伟大的史学家、思想家、文学家，1956 年被列为世界文化名人。他的巨著《史记》，是我国第一部纪传体通史，记载了从黄帝到汉武帝时期中华民族三千多年的历史，体现了中华民族的智慧和力量，展现了中华民族维护统一、积极进取、坚韧不拔、革故鼎新、忧国爱国等民族精神。司马迁以"究天人之际，通古今之变，成一家之言"为宗旨，突破传统，大胆创新，开辟了中国史学的新纪元，在中国文化史上树立了一座巍峨的丰碑，正如清人李景星《史记评议·序》所说："由《史记》以上，为经为传诸子百家，流传虽多，要皆于《史记》括之；由《史记》以下，无论官私记载，其体例之常变，文法之正奇，千变万化，难以悉述，要皆于《史记》启之。"在世界文化史上，《史记》作为巨幅画卷，也是当之无愧的。苏联学者图曼说："司马迁真正应当在大家公认的世界科学和文学泰斗中占有重要的地位。"《史记》和古希腊史学名著比较，其特点在于它的全面性，尤其是对于生产生活活动、学术思想和普通人在历史上的地位的重视。"希腊历史学家的著作，往往集中到一个战争，重视政治、军事。普鲁塔克的传记汇编所收的人物也限于政治家和军事家，即使是最著名的希腊思想家、科学家如亚里士多德，在他的著作中也没有一字提到，更没有一个关于从事生产活动者的传记了。"①《史记》在唐以前传至海外，18 世纪开始传入欧美，一直以来都是世界汉学界研究和关注的对象。毋庸置疑，《史记》是世界文化宝库中一颗璀璨的明珠。

一

　　据《汉书》记载，西汉宣帝时司马迁的外孙杨恽将《史记》公之于众。但当时史学还没有应有的独立地位，加之在正统思想家眼里，《史记》是离经叛道之作，是"谤书"，因而并没有受到重视。直到东汉中期，《史记》才逐渐流传。魏晋以后，史学摆脱了经学附庸，在学术领域内形成一门独立的学科，《史记》的地位得到相应的提高，抄写、学习《史记》的风气逐渐形成。谯周《古史考》等书对《史记》史实的考证，

---

　　① 齐思和：《〈史记〉产生的历史条件和它在世界史学上的地位》，载《光明日报》1956 年 1 月 19 日。

揭开了古史考辨的序章。裴骃的《史记集解》是这个时期最有代表性的《史记》注本。此一时期,扬雄、班氏父子、王充、张辅、葛洪、刘勰等人对《史记》发表过许多评论,他们肯定了司马迁的史才,肯定了《史记》"不虚美,不隐恶"的实录精神。由于史论的角度不同,班彪、班固在《汉书·司马迁传》中提出"史公三失"问题。随之,以王充和张辅为开端,开始了"班马异同"的学术讨论,也即开《史记》《汉书》比较研究之先河。

唐代由于史学地位的提高,尤其是"正史"地位之尊,使《史记》在史学史上备受尊崇,司马迁开创的纪传体成为修史之宗。唐代编纂的《晋书》《梁书》《陈书》等八部史书全部采用纪传体的写法。史学理论家刘知幾对纪传体的优点也予以肯定:"《史记》者,纪以包举大端,传以委曲细事,表以谱列年爵,志以总括遗漏,逮于天文、地理、国典、朝章,显隐必该,洪纤靡失,此其所以为长也。"① 史学家杜佑发展了《史记·八书》的传统,著《通典》一书,成为政书体的典范。唐代注释《史记》,成就最大的是司马贞的《史记索隐》与张守节的《史记正义》。这两部书和南朝刘宋年间裴骃所作的《史记集解》,被后人合称为《史记》"三家注"。"三家注"涉及文字考证、注音释义、人物事件、天文历法、山川草木、鸟兽虫鱼、典章制度等,是《史记》研究总结性、系统性的成果,因而也被认为是《史记》研究史上的一座里程碑。司马贞、张守节、刘知幾、皇甫湜等人,对司马迁易编年为纪传的创新精神做出了许多肯定性的评论。如皇甫湜《皇甫持正集》认为,司马迁"革旧典,开新程,为纪为传为表为志,首尾具叙述,表里相发明,庶为得中,将以垂不朽"。特别是唐代韩愈、柳宗元掀起的古文运动,举起了向《史记》文章学习的旗帜,使《史记》所蕴藏的丰富的文学宝藏得到空前的认识和开发,奠定了《史记》的文学地位。

宋代的《史记》研究步入一个新阶段。由于统治者对修史的重视,加之印刷技术的发展,《史记》得以大量刊行,广为研读。宋人特别注重《史记》的作文之法。如文学家苏洵首先发明司马迁写人叙事的"互见法",即"本传晦之,而他传发之"②,开拓了《史记》研究的领域。郑樵在《通志·总序》中称《史记》为"六经之后,惟有此作",肯定司马迁前后相因、会通历史的作史之法,这也是第一次在理论上从"通"的角度评论《史记》。本时期的评论,还把"班马优劣论"发展到一个新的阶段,苏洵、郑樵、朱熹、叶适、黄履翁、洪迈等人都发表过评论,涉及思想、体例、文学等方面的比较,乃至出现了倪思、刘辰翁的《班马异同》及娄机的《班马字类》这样的专门著作,把《史记》比较研究向前推进了一步。

元代除了在刊刻、评论《史记》方面继承前代并有所发展外,主要贡献在于把

---

① [唐]刘知幾撰,浦起龙释:《史通通释·二体》,上海古籍出版社1978年版,第28页。
② [宋]苏洵著,曾枣庄等笺注:《嘉祐集笺注》,上海古籍出版社1993年版,第232页。

《史记》中的历史人物、历史事件搬上舞台。元代许多杂剧的剧目取材于《史记》，仅据傅惜华《元代杂剧全目》所载就有180多种，如《渑池会》《追韩信》《霸王别姬》等，这些剧目的流传，又扩大了《史记》的影响。

明代是《史记》评论的兴盛期。印刷技术进一步提高，给刻印《史记》提供了有利条件，尤其是套版印刷的兴起，给评点《史记》提供了方便。明代从文学角度评论《史记》取得的成就最大，对于《史记》的创作目的、审美价值、刻画人物形象的方法、多样化的艺术风格等都进行了有益的探索①。唐顺之、归有光、茅坤、王慎中、钟惺、陈仁锡、金圣叹等人都是评点《史记》的大家。同时，由于《史记》评点著作大量出现，辑评式研究应运而生。凌稚隆《史记评林》搜集整理万历四年（1576）之前历代百余家的评论，包括"三家注"及各家评点和注释，并载作者本人考辨，给研究者提供了便利，后来李光缙对该书进行了增补，使之更加完备。明代晚期，《史记评林》传入日本，深刻影响了日本对《史记》的研究。另外，朱之蕃《百大家评注史记》，葛鼎、金蟠《史记汇评》，陈子龙、徐孚远《史记测义》等也进行了辑评工作。明代由于小说的繁荣，人们对《史记》的认识也开辟了新的角度，探讨《史记》与小说的关系，这是前所未有的新成就。在《史记》历史事实的考辨方面，杨慎《史记题评》、柯维骐《史记考要》、郝敬《史记愚按》等，以及一些笔记著作，均颇有新意。

清代迎来了《史记》研究的高峰期。专门著作大量涌现，如吴见思《史记论文》、汪越《读史记十表》、杭世骏《史记考证》、牛运震《史记评注》、王元启《史记三书正讹》、王鸣盛《史记商榷》、邵泰衢《史记疑问》、赵翼《史记札记》、钱大昕《史记考异》、梁玉绳《史记志疑》、张文虎《校勘史记集解索隐正义札记》、郭嵩焘《史记札记》、李慈铭《史记札记》、吴汝纶《桐城吴先生点勘史记》、程馀庆《历代名家评注史记集说》等，都是颇有特色的著作。这些著作最大的成就在于考据方面。清人考据重事实、重证据，大至重要历史事件，小至一字一句、一地一名，对《史记》史事和文字的考证极为精审。钱大昕为梁玉绳《史记志疑》作序，称其"足为龙门之功臣，袭《集解》《索隐》《正义》而四之矣"。许多学者是考中有评，如赵翼说："司马迁参酌古今，发凡起例，创为全史，本纪以序帝王，世家以记侯国，十表以系时事，八书以详制度，列传以志人物"，"自此例一定，历来作史者，遂不能出其范围，信史家之极则也。"② 其他非专门研究《史记》的著作如顾炎武《日知录》、刘大櫆《论文偶记》、章学诚《文史通义》以及一些古文选本等，也对《史记》发表了许多值得重视的评论。

---

① 详参张新科、俞樟华：《史记研究史略》第四章"明人评点《史记》的杰出成就"，三秦出版社1990年版。

② ［清］赵翼著，王树民校证：《廿二史札记校证》卷一，中华书局1984年版，第3页。

近现代以来，中国内地及港澳台地区《史记》研究呈现出继承传统研究方法的同时，研究领域不断拓宽、研究问题不断深入的特点。从政治到经济、从思想到文化、从史学到地理、从文学到美学、从伦理到哲学、从天文到医学、从军事到人才，都进行了广泛深入的探索。诸如李笠的《史记订补》、王叔岷的《史记斠证》、钱穆的《史记地名考》、瞿方梅的《史记三家注补正》、陈直的《史记新证》、王恢的《史记本纪地理图考》等，从《史记》文本文字、地理名物及《史记》研究的再研究等方面进行考证或订补。另外，杨燕起等编纂的《历代名家评史记》，精选1949年前的《史记》评论资料；近年来，由张大可、丁德科主编的《史记论著集成》汇辑当代学者的专题研究成果；赵生群主持修订的中华书局《史记》点校本使《史记》校勘更上层楼。同时，各种不同类型的《史记》选注本、全注本、选译本、全译本相继问世。

《史记》在日本影响很大，近现代以来颇具影响的《史记》研究专家有泷川资言、水泽利忠、宫崎市定等。20世纪30年代出版了泷川资言的《史记会注考证》，之后水泽利忠对该书进行校补，使之成为《史记》研究总结集成式的成果，该书在辑佚、校勘、对《史记》史实的考证、对司马迁所采旧典的考证、对"三家注"的再考证、对词句的训释等方面，均取得了显著的成果。但缺点也是显而易见的，施之勉的《史记会注考证订补》、严一萍的《史记会注考证斠订》等均针对其缺憾专门做了订正。欧美学者对《史记》的研究，诸如法国的沙畹、康德谟，美国的华兹生、倪豪士，以及汉学家高本汉、崔瑞德、鲁惟一、陆威仪等，在关注《史记》传统研究方法的同时，以西方思维、理论及方法，将《史记》与西方传统的史学著作进行比较研究，亦颇具特色。

从以上简单勾勒《史记》研究的历史可以看出，近两千年《史记》研究呈现出"历代不辍、高潮迭起"的状态。不仅如此，海外汉学界特别是日本的《史记》研究亦有突出的表现。

二

《史记》研究积累了大量丰富的资料，这些资料是不同时期承前启后、不断深化的学术成果，这其中有就个别问题的深入探究，有零散的评论，亦有专题式的系统研究。除此之外，系统整理前代研究成果、提出新见的集成式整理方式，更有划时代的意义。在这个层面上，南朝刘宋至唐代形成的《史记》"三家注"和20世纪30年代日本学者泷川资言完成的《史记会注考证》，被视为《史记》研究系统、全面、最有代表性的著作，甚至被称为《史记》研究的两座里程碑。

今天，《史记会注考证》出版已经八十余年，《史记》研究又经过了一个不凡的历程，海内外《史记》研究新见迭出，特别是在研究方法上出现了新的变化，突出特征是由"史料学"向"史记学"发展，即从史料的整理和挖掘中分析司马迁的思想，通过具体史料探讨《史记》丰富的思想内涵及其价值。这也在客观上对《史记》研究成果再次进行集成式整理提出了新的学术要求，《史记研究集成》的编纂正是顺应这一学术发展的重要尝试。

《史记研究集成》系"十三五"国家重点图书出版规划项目，在陕西省人民政府参事室（陕西省文史研究馆）的关心、指导和支持下，由陕西省司马迁研究会和西北大学出版社具体组织实施。集成规模浩大，搜罗宏富；分类选目，采撷众家；纵横有序，类别集成。在总体架构上，分别形成"十二本纪""十表八书""三十世家""七十列传"各部分研究集成。集成以汇校、汇注、汇评为编纂体例，总体编纂表现出资料搜集的全面性、类别整理的学术性，以及体例设置的科学性和出版所具有的实用性特点，具体如下：

首先，资料翔实完备，涉及古今中外所有研究成果，是近两千年来《史记》研究的集大成之作。本集成所收资料，上自汉魏六朝下至21世纪初，不仅包括中国历代《史记》研究形成的资料，亦广泛涉及海外研究成果，特别注重对新材料、新观点的采撷吸收。近现代以来，《史记》研究呈现出以史学、文学为主干，包括政治、经济、文化、军事、哲学、地理、天文等多学科的特点，相关的研究成果自然也就成为本集成的组成部分。同时，遴选搜集所能见到的《史记》研究的相关资料，又针对性地搜集补充海外研究资料，充分显示了《史记研究集成》资料搜集的全面性。

其次，观点采撷众家，厘定甄选，兼及考古资料补正，充分体现了《史记研究集成》的学术性。《史记》研究者之众，多不胜数；成果之丰，可谓汗牛充栋。经过了汉魏六朝开启至唐代的注释繁盛期，两宋传播和品评期，明代评论兴盛期，清代考据高峰期，以及近现代的拓展深入期这些不同阶段，积累了大量的学术资料，这些资料就观点看，前后相继，但会通整理难度之大超乎想象。编纂者一要质其要义，二要考其先后，三要会通甄选以厘定条目，除此之外，还要参酌考古新发现做深入补正或提出新见解，这也体现出集成的学术性特点。

再次，体例设置科学，出版具有实用性。《史记研究集成》以汇校、汇注、汇评分类，以观点先后列目，类编得当，条贯秩然。一方面网罗《史记》研究多学科、多层次、全方位之学术观点，另一方面完整呈现《史记》研究的学术脉络，每篇前有"题解"，后有"研究综述"，在收集历代研究成果的同时，对一些有争议的或者重大的学术问题加以编者按语。本集成系统全面，方便使用，具有工具书的性质。

《史记研究集成》的编辑出版，无疑具有重要的学术价值。第一，它为《史记》研究者提供了非常丰富的有价值的资料，古今中外的重要成果尽收眼底，为理论研究铺路搭桥，为立体化的研究提供依据。第二，它既是历代资料的精选荟萃，又是近两千年《史记》研究史的全面呈现,具有学术史的认知价值。第三,它与前代的《史记》"三家注"、《史记会注考证》等里程碑式的著作相比,体现了编纂者的创新精神和力争超越前代的学术追求,有助于推动《史记》研究向纵深发展,有助于推动"史记学"的建立。第四,《史记》具有百科全书的特点,在中国和世界文化史上占有重要地位。集成的编辑出版,一方面可以为史学、文学、哲学等人文社会科学乃至有关的自然科学研究提供有益的资料,有助于促进这些学科的发展,繁荣当代学术;另一方面,有助于深入挖掘《史记》中蕴含的至今仍具有现代意义的价值理念、道德规范与治国智慧,以传承弘扬中华优秀传统文化,推动传统文化创造性转化与创新性发展。

三

《史记研究集成》的编纂是一项基础性文化工程,资料的搜集与会通整理不仅需要认真严谨的学术态度,也需要多学科的知识储备,更需要学术界的通力合作。书稿在编纂和审定过程中,得到了著名史学家、西北大学张岂之先生,中国《史记》研究会原会长、北京大学安平秋先生,中国秦汉史研究会原会长、中国人民大学王子今教授,中国社会科学院学部委员彭卫研究员,中国历史文献研究会会长、南京师范大学赵生群教授等学者的大力支持和帮助,在此谨表谢忱。

限于体例和篇幅,以及资料的限制,前贤时彦的成果难以全部吸收,颇有遗珠之憾,不足之处,敬请读者批评指正。

《史记研究集成》编辑出版委员会
(张新科执笔)
2019 年 3 月 18 日

《史记研究集成·十二本纪》编辑出版说明

作为《史记研究集成》的一部分，《史记研究集成·十二本纪》（以下简称"集成"）编纂工作实际始于1994年。它是在赵光勇教授审择资料、构设体例的基础上，由陕西省司马迁研究会组织启动编纂的。对于这项重大文化工程的实施，时任陕西省省长白清才、陕西省政协副主席董继昌、陕西师范大学原党委书记李绵等人高度重视，并给予重要支持。在几近十年的编纂中，十余位专家勤勉有为，爬梳浩如烟海的资料，会通比较，厘定条目，汇校、汇注、汇评出近两千年《史记》研究发展的学术脉络，至2003年形成初稿。

2013年，书稿经过十年"周转沉淀"，在陕西省人民政府参事室（陕西省文史研究馆）的支持下，西北大学出版社接手编辑出版，并邀纳资深编审郭文镐等组建《史记研究集成》编辑部，组织项目的编辑加工。从2013年至今，在六年的精心组织与实施中，编辑部的同志进行了大量细致的资料核查工作，其中不乏深入的校雠勘误；在内容处理上，听取专家意见，同样进行了庞杂的"考量删繁以求简练"的编辑加工。在此基础上，各位编纂者又进行了系统的补遗与增订。《史记研究集成·十二本纪》至此完成编辑审定。这期间，2015年，《史记研究集成》被列入"十三五"国家重点图书出版规划；2016年、2018年，出版社和陕西省司马迁研究会先后组织了两轮专家审定，形成了系统的修改意见，从增删与补遗等方面有力地保证了"集成"的全面性与学术性，从而提高了"集成"出版的代表性与权威性。

《史记研究集成·十二本纪》项目实施前后25年，十余位专家，淡泊名利，潜心以为，他们以司马迁"忍辱负重，发愤而为，成一家之言"的精神为榜样，砥砺前行，在此我们感念良多。殚精竭虑、因病辞世的吕培成教授，年愈九旬、依旧念兹的赵光勇教授，鲞老鲐背、勉力而为的袁仲一先生等，他们都是司马迁精神不衰的实践与体现。已故陕西省司马迁研究会原副会长张登第先生在"集成"编纂的组织过程中发挥了重要作用。书稿的编、审、校前后持续六年，这期间，出版社的编辑同志承担着大量繁重的工作，他们珍视与编纂者的合作，在工作上与编纂者并肩前行，在专业上不断历练提高，受益良多。可以说，"集成"的编辑出版，是编纂者与出版者密切合作的结果，也充分体现着双方致力于文化传承创新的责任与使命意识。

值此《史记研究集成·十二本纪》付梓之际，特别感谢北京大学安平秋教授、杨海峥教授，中国人民大学王子今教授，中国社会科学院彭卫研究员，南京师范大学赵生群教授等专家学者所提供的重要的学术支持。同时，感谢社会各界给予的关心和指导。

西北大学出版社

2019 年 3 月 19 日

凡　例

1. 本书《史记》正文以中华书局1959年版点校本为底本，参考《史记》新校本（修订本），汇集历代兼及国际汉学界《史记》研究资料，简体横排。凡古今字、通假字、俗字等，以及人名、地名中的异体字，均一仍其旧。各卷编排：卷前为题解，卷末为研究综述，正文分段，每段为单元，标示注码，段后依次排列汇校、汇注、汇评资料。

2. 本集成遴选的资料，录自古代文献和近现代学术专著，有参考价值的今人研究成果也予以酌录。汇校部分，以他校为主（点校本已作版本校）。汇注部分，不限于字词义诠释，句义、段义以及天文地理等考释也包括在内。所有部分，皆不惮其繁，一一罗列各家之言。

3. 本集成引录的资料中使用的书名简称依旧，个别生僻者，首次出现时，随文加"编者按"予以说明。如：《锥指》（编者按：《禹贡锥指》）；《经典》（编者按：《经典释文》）。

4. 本集成引录的资料中的原有夹注，改为括注，字体字号同正文。为方便读者解读研究资料中的个别问题，本书编者间或加有"编者按"，按语相应随文或置于该条资料文末。

5. 每条研究资料于文末括注出处，录自古代文献和近现当代学术专著者括注书名、卷名或章名，连续两条或三条出处相同者，后条简注"同上"；录自现当代期刊者括注篇目及期刊年次期次。书末附《引用文献及资料》，详注版本信息。

目 录

总　序 …………………………………………………（1）

《史记研究集成·十二本纪》编辑出版说明 ……………（1）

凡　例 …………………………………………………（1）

正文及校注评 …………………………………………（1）

研究综述 ………………………………………………（190）

附录 ……………………………………………………（198）

引用文献及资料 ………………………………………（204）

孝景本纪第十一

【题解】

司马迁：诸侯骄恣，吴首为乱，京师行诛，七国伏辜，天下翕然，大安殷富。作《孝景本纪》第十一。（《史记·太史公自序第七十》）

王　肃：汉武帝闻其述《史记》，取孝景及己本纪览之，于是大怒，削而投之。于今此两《纪》有录无书。（《三国志·魏书·王肃传》）

葛　洪：太史公序事如古《春秋》法。司马氏本古周史佚后也。作《景帝本纪》，极言其短及武帝之过，帝怒而削去之。（《西京杂记》第六）

颜师古：孝子善述父之志，故汉家之谥，自惠帝已下皆称孝也。（《汉书注·惠帝纪第二》）

司马贞：《景纪》取班书补之。（《史记索隐·太史公自序》）

郑　樵：臣谨按：张晏曰："自《景帝》至《平帝本纪》，皆王莽时刘歆、扬雄、冯衍、史岑等所记。惟《武帝纪》，迁没，其书残缺，褚少孙补之，所谓褚先生是也。"（《通志》卷五下《前汉纪第五下》）

吕祖谦：班固《前汉书·司马迁传》云："十篇缺，有录无书。"以张晏所列亡篇之目校之，《史记》或其篇具在，或草具而未成，非皆无书也。今各随其篇辨之。其一曰《景纪》，此其篇具在者也。《索隐》信张晏之说，遂谓《景纪》后人取班书补之，学者取司马氏、班氏二《纪》，观其去取详略之意，其才识之高下不可默喻矣。此《纪》所载，间有班书所无者。不惟非生班孟坚后者所能补，亦非元成间褚先生所能知也。况用意高远，岂他人所能辨乎？（《东莱集·别集》卷十四《辨史记十篇有录无书》）

陆唐老：景帝，以文帝太子嗣立。用晁错之言削七国之地，七国遂反。斩晁错谢七国。七国不罢兵，命周亚夫击破之。初元七年，中元六年，后元三年：凡三改元，崩。（《陆状元增节音注精义资治通鉴》卷六《纪传终始要括·景帝》）

王应麟：东莱吕氏曰：以张晏所列亡篇之目校之，《史记》或其篇具在，或草具而未成，非皆无书也。其一曰《景纪》，此其篇具在者也，所载间有班书所无者。……卫宏《汉书旧仪注》曰："司马迁作本纪，极言景帝之短，及武帝之过，武帝怒而削去之。"卫宏与班固同时。是时两纪俱亡，今《景纪》所以复出者，武帝特能毁其副在京师者耳，藏之名山，固自有他本也。（《汉艺文志考证》卷三《太史公百三十篇》）

陈振孙：《景纪》最疏略。（《直斋书录解题》卷四）

茅　坤：《文、景本纪》每年仅录所下明诏，与系时事之大者而已。朝廷之大政大议，特条见于将相名臣传记中，不敢详次如《秦纪》。予窃谓太史公未定之书也。（引自《史记评林·孝景本纪》）

徐孚远：孝景恭俭，诏书与文帝相为出入，太史迁不载，意自有在。或云武帝削之，亦不削诏书也？（《史记测议·孝景本纪》）

凌稚隆：隆按：《史记·景纪》非太史公笔，乃褚少孙取班书而补之者，亦仅撮其纲尔，不及班书远甚。（《汉书评林·景帝纪》）

方　苞：申屠嘉、周亚夫皆以自卒书，信乎此纪为褚少孙所补也。太史公实录，多直笔，此类不宜曲讳。（《史记注补正·孝景本纪》）

牛运震：《孝景本纪》班固以为有录无书，卫宏《汉旧仪注》云"太史公纪《景帝本纪》，极言其短，武帝怒而削去。此纪乃元、成间褚先生取班书补之，非太史公本书也"，茅坤以为"太史公未定之书"，柯维骐又以为"纪缺而赞存"。窃谓不然。景帝在位十六年，承文帝之业，海内乂安，除七国倡乱行诛，此外本自晏然无事；本纪仅录其诏旨之大者，及其灾异水旱、封爵赐予、贬夺诛罚、兴建更除诸大事，至其政议事迹之详，则别见于将相名臣年表、列传中，正其简严有法处，后人于此可以见本纪之体例焉，此必非褚先生所能补；且与班书互有详略，亦非褚先生所能增删也。太史公何等人，作《史记》何等事，纂述本朝先帝以垂后世，何缘而为未定之书？若谓"纪缺赞存"，更属疑似调停之见。予以为读《孝景纪》者，且于其书法简严处求史家本纪之法度。凡疑其非太史公书者，请存而不论可也。（《史记评注》卷二《孝景本纪》）

汪师韩：窃谓景、武世近，故迁有不及为。其《报任安书》，固云："草创未就，适会此祸，惜其未成。及已被刑，更欲著书以偿前辱"，时迁为中书令，尊宠任职，故任安责以古贤臣之义，岂有武帝既削其书，而迁犹孜孜于著述耶？（《韩门缀学》卷二）

梁玉绳：今读《孝景纪》所书，惟大事另一体格。后世史家作帝纪，多祖此例，且有《汉书》所无者，宋真德秀录《景纪》论于文章正宗，亦以为史公之笔，夫岂他人所能伪哉！（《史记志疑·孝景本纪》）

刘　纶：读诸史而不以正史为考信，则见必歧；读正史而不以诸史为参稽，则识必固。司马迁续父谈为《史记》，褚少孙补以景、武纪等书。（引自《皇清文颖》卷九

《史论》)

王鸣盛：今考《景纪》见存，是迁元文，不知张晏何以言迁没后亡？且此纪文及赞，皆与《汉书·景纪》绝不同，又不知《索隐》何为言以班书补之？（《十七史商榷》卷一《十篇有录无书》）

桂馥：《魏志·王肃传》："帝问：'司马迁以受刑之故，内怀隐切，著《史记》非贬孝武，令人切齿。'对曰：'司马迁记事，不虚美，不隐恶，刘向、扬雄服其善叙事，有良史之才，谓之实录。汉武帝闻其述《史记》，取《孝景》及己本纪览之，于是大怒，削而投之。于今两纪有录无书。后遭李陵事，遂下迁蚕室，此为隐切在孝武，而不在于史迁也。'"馥按：《后汉书·蔡邕传》王允谓武帝不杀司马迁，使作谤书以遗后世。据此，则《史记》不尽作于腐刑之前，亦未闻削而投之。史迁《报任安书》受刑之后始成《史记》，与肃说不合。《吴志·韦曜传》："昔李陵为汉将军，败不还，而降匈奴。司马迁不加疾恶，为陵游说。汉武帝以迁有良史之才，欲使毕成所撰，忍不加诛，书卒成立，垂之无穷。"此说与王允无异。今《史记·礼书》《乐书》《日者》《龟策》诸篇，褚少孙所补，岂皆孝武削而投之者耶？斯不然矣。班固《典引》永平十七年诏曰："司马迁著书，成一家之言，扬名后世。至以身陷刑之故，反微文刺讥，贬损当世，非谊士也。"按：此亦言陷刑之后始有刺讥，则武帝削投之说，未为实据。（《晚学集》卷四书后《书史记孝景孝武本纪后》）

又：张晏曰：迁没之后，亡《景纪》《武纪》。不言迁生时为武帝所削。（同上）

吴汝纶：方侍郎云：申屠嘉、周亚夫皆以自卒书，此《纪》信为少孙所补。史公实录，此类不宜曲讳。某按：周亚夫卒，不见此纪中。其中"三年，丞相周亚夫死"，死乃"免"之误字。若申屠嘉，实呕血死，书卒宜也。《汉书》《汉纪》皆亦书薨，无异文，方氏以此定是篇之真伪，非笃论。《汉书·景纪》中"三年春正月，皇太后崩"，孟康注"此太后崩，《史记》无也"，正引此篇以证《汉书》异同。若此篇非史公作，孟康宜不直名之为《史记》，不须纠《史》《汉》之异文。但郑氏《通志》载张晏说，谓"自景帝至平帝，《本纪》皆王莽时刘歆、扬雄、冯衍、史岑等所记，《武纪》褚少孙补。《史记》元有之篇，班氏皆不别撰，假如《景纪》为史公作，即刘、扬亦不更记，班氏亦不舍《史记》而取刘、扬。"孟康未必知文，其称引史篇，殆不足据。按：《三国志·王肃传》，肃对魏明帝云："武帝取孝景及己本纪览之，大怒，削而投之，于今此两纪有录无书。"然则今之《景纪》乃魏以后人所续也。真西山以《景纪》后赞为史公文，恐亦考之不详。（《点勘史记读本·孝景本纪》）

崔适：按：卫宏《汉书旧仪注》云："太史公作《景帝纪》，极言其短，及武帝过，武帝怒而削去。"《魏书·王肃传》亦云然。然班固谓迁死后，其书稍出；宣帝时，迁外孙杨恽，祖述其书，遂布焉。是则武帝无缘见其书，何由削去？且此《纪》之文，亦有详于《汉书》者。如三年，徙济北王以下五王；五年，徙广川王为赵王；六年，封中尉赵绾为建陵侯，至梁、楚二王皆薨，班书皆无之，则非取彼以补也。盖此《纪》实未亡尔。(《史记探源》卷三《孝景本纪》)

[日] 泷川资言：《史公自序》云："诸侯骄恣，吴首为乱。京师行诛，七国伏辜。天下翕然，大安殷富。作《孝景本纪》第十一。"凌稚隆曰：卫宏《汉书旧仪注》云："太史公作《景帝本纪》，极言其短及武帝过，武帝怒而削去。后坐举李陵，陵降匈奴，故下太史公蚕室。有怨言，下狱死"，此《纪》乃元、成间褚先生取班《书》补之，非太史公本著也。王鸣盛曰：迁下蚕室，在天汉三年，后为中书令，尊宠任职……何得谓下蚕室有怨言，下狱死乎？与情事全不合。中井积德曰：元、成间何曾有班《书》？陈仁锡曰：《景纪》用编年例，惟书本事而已，此必太史公本书，非后人所补也。崔适曰：此《纪》之文有详于《汉书》者，如三年徙济北王以下五王，五年徙广川王为赵王，六年封中尉赵绾为建陵侯，至梁、楚二王皆薨，班《书》皆无之，则非取彼以补也。盖此《纪》实未亡尔。(《史记会注考证附校补·孝景本纪第十一》)

孙德谦：马迁之于本纪，景帝、武帝，皆无所讳。《汉旧仪注》云："司马迁作《景帝本纪》，极言其短，及武帝之过，帝怒而削去之。"又《三国志·魏志·王肃传》亦云："汉武帝闻迁述《史记》，取孝景及己本纪览之，于是大怒，削而投之，于今此两纪有录无书。后遭李陵事，遂下蚕室。"吾尝观于此，知迁之得罪，特武帝借端于李陵事，以泄其怒，实则恶其行我史权。言则公而无私，不知避忌耳。(《古书读法略例》卷六《言公例》)

傅斯年：《景纪》之亡，有卫书、王传为证，无可疑者。然梁君曰，此《纪》之文，亦有详于《汉书》者，如三年徙济北王以下五王，五年徙广川王为赵王，六年封中尉赵绾为建陵侯，至梁楚二王皆薨，班书皆无之，则非取彼以补也。盖此《纪》实未亡尔。不知此类多过《汉书》之处，皆别见《史记·汉兴以来诸侯表》《惠景间侯者表》中，记载偶有出入，然彼长此短，若更据《汉书》各表各传以校之，恐今本《史记》无一句之来历不明也。补书有工拙，此书之补固工于礼乐诸书，然十篇之补不出一人，讵可以彼之拙，遂谓工者非补书耶？且张晏举补者之名，仅及一纪一世家二传，未云其他有补文，则此十篇今本非出于一手甚明矣。(《"战国子家"与〈史记〉讲义·十篇有录无书说叙》)

徐复观：现时的《景帝本纪》，张晏没有说是出自褚先生。凌稚隆谓"此《纪》乃元成间褚先生取《汉书》补之"，不论元成间尚无《汉书》，且亦与《汉书》之《景纪》不类。陈仁锡以为"《景纪》纯用编年体，惟书本事而已；此必太史公本书，非后人所补也"。崔适以为，"《史记》之《本纪》（景帝），有为《汉书》帝纪所未载者，则非取彼以补也，此纪实未亡耳"。按：史公作本纪之体裁，在材料许可范围内，与作列传无异，必叙及帝王之行为生活，此观于始皇、高祖、吕后、孝文各纪而可见。班固作《汉书》，《景纪》以前者抄自《史记》。由《景纪》起，不复涉及帝王个人之行为生活而改为编年体，遂为尔后修史的定法。其用心完全是出于不致因叙及帝王之行为生活而触犯忌讳。所以《史记·景纪》之全为编年体，正证明其非出于史公的原笔。且《自序》以"京师行诛，七国伏辜"，为景帝时的一件大事。《景纪》对此事之叙述仅八十五字，其中人名及官爵已占四十六字，史公不应如此简略。周亚夫以大功下狱而死，尤足见景帝性情之刻忌。《汉书·景纪》对此书为"条侯周亚夫下狱死"，犹保持实录。而《史记·景纪》则称"丞相周亚夫死"，即其下狱而亦讳之。又中二年临江王之死，《史记·景纪》书为"即死中尉府中"，《汉书·景纪》则书为"征诣中尉自杀"；是《史记》对此亦有讳饰。就全盘汉事之叙述而言，《史记》常较《汉书》为直笔，独《景纪》则《汉书》反较《史记》之笔为直，其非出于史公之手，尤属显然。《汉书》因有《百官表》，故不书景帝改官名之事。《史记·景纪》则书之。又《史记·文纪》书后二年、后三年，《景纪》亦书中二年、中三年、后二年、后三年；《汉书·景纪》则否；由此可知《史记》之《景纪》在先，《汉书》之《景纪》在后，两者并无直接关连。然《史记·景纪》之开首一段，较《汉书·景纪》为直率，其赞亦可断言为出于史公之手。因此不妨这样推测：《史记》在史公死后已开始流行，有人一面为了避忌时讳，同时又为了保持《史记》的完整性，乃将史公景帝原纪，大加删改，使其成为今日的面目。（《两汉思想史》卷三《论史记》）

李长之：我们为考订司马迁著《史记》时各篇的先后，我们先须把可能是司马谈写的除去……《史记》里可能有司马谈的著作，我看有八篇，这是：《孝景本纪》《律书》《晋世家》《老庄申韩列传》《刺客列传》《李斯列传》《郦生陆贾列传》《日者列传》……我辨别的标准是这样的：第一，就思想上，司马谈唯一留给我们的可靠的著作是《论六家要旨》，所以和这篇的论点符合与否就是一个试金石。第二，就时代上，《史记》里所叙的亲历的时代有远在司马迁以前，非他父亲不能接得上的。第三，就文字上，《史记》中时而讳谈，时而不讳，这不讳的就可能是谈自著。那么，我们看这八文：《孝景本纪》，除赞外，无文章可言。赞里说："汉兴，孝文施大德，天下怀安，至孝景，不复忧异姓，而晁错刻削诸侯，遂使七国俱起，合从而西乡，以诸侯大盛，而错为之不以渐也。"这很像《论六家要旨》里责备法家的话："不别亲疏，不殊贵贱，一断于法，则亲亲尊尊之恩绝矣，可以行一时之计，而不可长用也，故曰严而少恩。"我原说过，《论六家要旨》与其说是一篇学术论文，不如说是一篇政论，与其说是讲空洞的学派，不如说是批评当时的实际政治，所以《孝景本纪》和《论六家要旨》似乎都是司马谈手笔。再说，我推测《论六家要旨》的写作不出公元前一三五年（建元六年，黄老派的统治者窦太后死的一年）到一二四年（元朔五年，公孙弘倡议置博士弟子,以奖诱儒术的一年)之间,而《景纪》赞中提及主父偃上书天子下推恩令的事,那时是公元前一二七年(元朔二年),二文正可能是同一时之作。这时司马迁才九岁。假若死在元封元年(前110)的司马谈,以六十左右计,草此二文时是将近五十岁的吧。(《司马迁之人格与风格》第六章《司马迁之体验与创作(下)》)

周振甫:凌稚隆《史记评林》:"按:卫宏《汉书旧仪注》云:'太史公纪《景帝本纪》,极言其短及武帝过,武帝怒而削去。后坐举李陵,陵降匈奴,故下太史公蚕室。……此纪乃元成间褚先生取班书补之,非太史公本书也。'"今按:以《史记·孝景本纪》与《汉书·孝景本纪》对,有极大不同。如《汉书》孝景元年冬十月,有诏书褒美孝文帝德政,并令丞相、列侯、中二千石、礼官具礼仪。丞相臣嘉等奏,定高皇帝为太祖之庙,孝文皇帝为太宗之庙等等,《史记·孝景本纪》皆无有。故谓褚先生以《汉书·孝景本纪》补《史记》之缺非是。又《汉书·孝景本纪》末有"赞曰",与《史记·孝景本纪》末有"太史公曰",两者亦全不同。班固撰《孝景本纪》不袭《史记》则有之。(《史记集评·孝景本纪第十一》)

徐朔方:按:《史记·太史公自序》:"凡百三十篇,五十二万六千五百字。"根据作者自述,全书已成,连字数也作了计算。《自序》又说:"诸侯骄恣,吴首为乱,京师行诛,七国伏辜,天下翕然,大安殷富。作《孝景本纪》第十一。"这都是无可争辩的事实。《汉书》所谓"十篇缺,有录无书",只是就他个人所见抄本而言,不能据以断定这十篇没有写,或者写成而所有抄本都已散失。(《史汉论稿·〈史记·孝景本纪〉非后人补作辨》)

又:如果像卫宏所说的那样,武帝对《景帝本纪》的不满已经到了"怒而削去之"的地步,司马迁为什么还能逍遥法外,直到李陵事件才被处以腐刑?《太史公自序》及《报任安书》对李陵事件愤愤不平,再三致意,为什么独独对《景帝本纪》被削一事,什么感情也没有流露呢?司马迁即使死于作《报任安书》的那一年,他在受刑后也至少活了五年,而且做过"中书令,尊宠任职",可见卫宏的说法是难以置信的了。(同上)

施丁:有说,今本《景帝本纪》对于景帝及武帝"绝不言其短",此条理由实不能成立。班固说,《史记》"十篇缺,有录无书";张晏说,《景帝本纪》是所缺十篇之一。今本《景帝本纪》虽不能以为全是后人妄补,但也难以信为全是司马迁手笔。如今本《景纪》有"立皇子彻为胶东王"之语,"彻"是汉武帝之名,司马迁写"今上"之名何以不讳?想是后人所为。又如今本《景纪》在"立胶东王为太子"语下,有"名彻"这一笔,这也不可能是司马迁所写,可能是后人之注,又讹为大字当作正文。所以,以今本《景纪》而论"绝不言其短",并不妥当。(《司马迁卒年考》,载《中国历史文献研究(一)》)

韩兆琦：本篇是否为司马迁原作，从古至今争议颇大。班固在《汉书》中说："十篇缺，有录无书。"张晏则明确指出："迁没之后，亡《景纪》。"（《史记集解》引）司马贞又说："《景纪》取班书补之。"（《史记索隐》）但是，吕祖谦在《东莱吕太史别集》卷十四《辨〈史记〉十篇有录无书》中认为："《景纪》，此其篇具在者也。《索隐》信张晏之说，遂谓《景纪》后人取班书补之。学者取司马氏、班氏二纪观其去取详略之意，其才识之高亦可默喻矣。此纪所载，间有班书所无者，不唯非生班孟坚后者所能补，亦非元成间褚先生所能知也。况用意高远，岂他人所能辨乎！"王鸣盛也认为："今考《景纪》见存，是迁原文，不知张晏何以言迁没后亡。且此纪文及赞，皆与《汉书·景纪》绝不同，又不知《索隐》何为言以班书补之。"（《十七史商榷》）崔适具体分析道："此纪之文，亦有详于《汉书》者。如三年，徙济北王以下五王；五年，徙广川王为赵王；六年，封中尉赵绾为建陵侯，至梁楚二王皆死，班书皆无之，则非取彼以补也。盖此纪实未亡尔。"（《史记探源》）1959年中华书局重新标点排印《史记》时，他们把属于后人补缀的文字另提行低两字排印。《孝景本纪》没有这样排，显然，他们也认为本篇属司马迁原作。如果认定本篇是司马迁原作，那么，我们要理解这篇作品的思想，就必须参照其它列传来统一理解。因为《孝景本纪》是一篇纯正的"本纪体"，叙事简略，旨在"记其大纲"（吕思勉《史通体》）。（《史记题评·孝景本纪》）

又：（1）司马迁认为，汉景帝是一位不修"仁德"的皇帝，在人品上相当差。他在"太史公曰"中说："汉兴，孝文施大德，天下怀安，至孝景，不复忧异姓。"汉景帝在位期间，只会因袭遵业，他对国家大事缺乏鉴别、决断；他对功臣、贤才动辄猜忌、杀戮；他寡恩刻薄，没有"君德"。为了强调这一思想，司马迁有意识地把《孝文本纪》与《孝景本纪》对比叙写。……董份对此说得好："《孝文本纪》备载诏令德泽，而《景纪》止书年月，赞中亦止及七国一事，盖景帝不及文帝远甚，意固有在也。"（《史记评林》引）（2）司马迁对汉景帝的批判态度本篇不易看出，必须参照其他篇章，对比之下方能明了。汉景帝时期统治阶级内部充满了复杂、尖锐的权利之争，汉景帝与窦太后母子之间的种种矛盾，几乎达到了不可调和的地步。汉景帝与梁孝王兄弟之间也因争夺帝位而相互猜忌。汉景帝后宫也是"妃德"全无，王夫人与长公主勾结，上演了一出争夺太子继承权的宫廷"政变"，结果，汉景帝废了栗太子，使得栗姬忧死。汉景帝猜忌、逼杀功臣，如曾为平定"吴楚之乱"立下赫赫战功的周亚夫，竟然也被迫害吐血而死。以上具体细情，参看《绛侯周勃世家》《梁孝王世家》《魏其武安侯列传》《张释之冯唐列传》《外戚世家》《五宗世家》等。（3）司马迁对汉景帝的评价也应该辩证地理解。汉景帝时代，毕竟注重了与民休养生息的政策，统治阶级的生活也相对简朴，这些还是应肯定的。班固说："……孝景遵业，五六十载之间，至于移风易俗，黎民醇厚。周云成康，汉言文景，美矣！"（《汉书·景帝纪》）总的看来，汉景帝的"恶劣"一面，是表现在统治阶级内部，而在当时的治国方略与影响国计民生的问题上，似乎该谴责的不多。（同上）

李炳海：景帝是文景之治的主要参与者，在历史上与文帝相提并论，然而，司马迁为景帝所写的传记却极其简略平淡，根本无法和文帝的传记相比。……显然，司马迁对景帝是掩其所长，不愿意把他表现得光彩照人。景帝本纪不收诏书，全是司马迁的叙述。而在整个传记中，所出现的灾异又比较多，其频率远远高于文帝传记。司马迁在文帝传记中也提到灾异，但往往是出现灾异之后就交待文帝的应对措施。而在景帝传记中，与灾异相伴随的往往是世间的纷争、祸乱。也就是说，司马迁选择写入景帝传记的事象往往带有不祥的性质，而较少展示太平盛世的景象。（《史记校勘评点本·孝景本纪》）

又：那么，司马迁为什么对景帝采取如此冷峻的态度呢？这从篇末的评论可以略知一二："太史公曰：汉兴，孝文施大德，天下怀安。至孝景，不复忧异姓，而晁错刻削诸侯，遂使七国俱起，合从而西乡，以诸侯太盛，而错为之不以渐也。"在司马迁看来，文帝已经使天下大治，不再有异姓诸侯王威胁汉室。照理说来，景帝应该把天下治理得更好、更加安定，可是，由于朝廷举措失当，却导致七国之乱。司马迁虽然表面上指责晁错，实际认为景帝应该承担责任。司马迁对景帝的成见不止于七国之乱一事，他还认为景帝对大臣过于刻薄，无仁爱之心。周亚夫是西汉开国功臣周勃之子，治军有方，屡立战功，特别是在平定七国之乱中起了决定性的作用。可是，汉景帝对于这位功臣却寻衅迫害，妄加罪名，最后死在狱中。读过周亚夫传记，就会明显感觉到司马迁的不平之气。文帝身体力行，倡导薄葬，对此，司马迁在文帝传记中大书特书。那么，景帝在这方面如何呢？他的传记中提供了这方面的信息。景帝五年，作阳陵；中四年，作德阳宫。景帝在生前早早预作陵墓、预作寝庙，司马迁把这些写入传记，看似客观记载，实际包含批评之意。（同上）

王　恢：《史记·自序》："凡百三十篇，五十二万六千五百字，为《太史公书》。藏之名山，副在京师。"然书之简策，容易散佚。迁殁，宣、成间"其书稍出"。盖单篇别行也。《汉书·宣六王传》云："成帝时东平王宇来朝，上书求《太史公书》"；《后汉书·窦融传》云："光武赐融以《太史公·五宗》《外戚世家》《魏其侯列传》"；《循吏传》云："明帝赐王景《河渠书》"。班固《司马迁传》称："十篇缺，有录无书。"于是卫宏《汉旧仪注》《西京杂记》《魏志·王肃传》，皆以为《景》《武纪》极言其短及过，武帝怒而削之。史公《自序》明言："诸侯骄恣，吴首为乱，京师行诛，七国伏辜，天下翕然，大安殷富。作《孝景本纪》。""汉兴五世，隆在建元，外攘夷狄，内修法度，封禅，改正朔，易服色，作《今上本纪》。"意旨何等正大，陈述自应粲然，应无怒削之理？而《封禅》《平准》，实多讽刺，何反存而不削？张晏以为褚先生补之，"言辞鄙陋，非迁本意"。晏未见佚篇，焉知非迁本意？抑褚补之于前，班何云缺于后？且褚有所附益，明见各篇。惟班所据者，迁甥杨恽所出藏之名山抑在京师之副本？如兰台为副本，而名山之藏，岂全无散简佚篇流传？《大事记》（编者按：吕祖谦《大事记》）即谓"《武纪》亡，其余具在"。且曰："《景》《武》两纪俱亡，而《景纪》所以复出者，武帝特能毁其副在京师者尔。藏之名山固自有他本也。"（《史记本纪地理图考·景帝本纪》）

又：《索隐》谓"《景纪》取班书补之"。而《景纪》，《汉》并不详于《史》，如梁分为五，《史》则比《汉》详明。惟匈奴寇边，《史》较《汉》简略耳。（同上）

编者按：自班固在《汉书·司马迁传》中提出《史记》"十篇缺，有录无书"之后，关于《孝景本纪》的真伪问题、著作权问题，及其它是是非非，论者蜂起，延绵不绝，迄无定论。虽东汉光武时卫宏在《汉旧仪》中将《孝景本纪》列入缺篇之中，并认为乃西汉元、成间褚少孙所补，但班氏并未加以肯定。后张晏虽同意这种观点，可是舆论并不一律。唐司马贞即以为《孝景本纪》乃"取班书补之"，宋郑樵则以为是"王莽时刘歆、扬雄、冯衍、史岑等所记"，与司马贞意见相左。此段公案，犹如治丝益棼，很难理出头绪。近人余嘉锡先生有鉴于此，乃"发愤理而董之"，"为之折衷"，今将其《太史公书亡篇考·景纪第三》作为《附录》，移录于后，作为参证。

　　孝景皇帝者①，孝文之中子也②。母窦太后③。孝文在代时④，前后有三男⑤，及窦太后得幸⑥，前后死，及三子更死⑦，故孝景得立⑧。

① 【汇注】

裴　骃：《汉书音义》曰："讳启。"（《史记集解·孝景本纪》）

颜师古：荀悦曰："讳启之字曰开。"应劭曰："《礼·谥法》：'布义行刚曰景。'"（《汉书注·景帝纪第五》）

张守节：《谥法》曰："繇义而济曰景。"（《史记正义·孝景本纪》）

王钦若等：景帝讳启，之字曰开。（《册府元龟》卷三《帝王部·名讳》）

又：景帝，文帝太子。后七年六月丁未，即皇帝位。（《册府元龟》卷九《继统一》）

刘　沅：讳启，文帝太子。在位十六年，寿四十六而崩。葬阳陵。《谥法》：布义行刚曰景。（《史存》卷九《孝景皇帝》）

② 【汇注】

　　班　固：文帝太子也。(《汉书·景帝纪第五》)
　　梁玉绳：按：孝文四男，景帝最长，故立为太子，《史》并其前夭死之三男数之，而云"中子"，非也。(《史记志疑·孝景本纪》)
　　王叔岷：案：《御览》八八引此无"者"字，孝文下有"帝"字。《汉书·景帝纪》作"孝景皇帝，文帝太子也"(《御览》八八引文帝作文皇帝)。(《史记斠证·孝景本纪》)

③ 【汇注】

　　司马迁：窦太后，赵之清河观津人也。吕太后时，窦姬以良家子入宫侍太后。太后出宫人以赐诸王，各五人，窦姬与在行中。窦姬家在清河，欲如赵，近家。请其主遣宦者吏："必置我籍赵之伍中。"宦者忘之，误置其籍代伍中。籍奏，诏可，当行，窦姬涕泣，怨其宦者，不欲往。相强，乃肯行。至代，代王独幸窦姬，生女嫖，后生两男。而代王王后生四男。先，代王未入立为帝而王后卒，及代王立为帝，而王后所生四男更病死。孝文帝立数月，公卿请立太子，而窦姬长男最长，立为太子。立窦姬为皇后，女嫖为长公主。其明年，立少子武为代王，已而又徙梁，是为梁孝王。……(《史记·外戚世家第十九》)
　　仓修良：窦太后（？—前135或前129）西汉文帝皇后。名猗房，清河观津（今河北武邑东）人。父早死，家贫。吕后时，以良家子入宫为宫女，侍吕后。后吕后将她赐给代王刘恒（即文帝）为姬，受宠幸。代王入为皇帝，立她为后，其子立为太子（即景帝）。因病失明。景帝立，尊为皇太后，窦氏三人封为后。好黄老之学，景帝、太子及诸窦亦皆因此而学黄老之术。武帝即位，尊为太皇太后，权倾一时，曾罢逐大臣窦婴、赵绾、田蚡、王臧和儒生辕固生等。建元六年（前135）病卒。《汉书》作元光六年（前129）卒。(《史记辞典》)

④ 【汇校】

　　张文虎：在代时，《御览》八十八引作"初在代"。(《校刊史记集解索隐正义札记》卷一《孝景本纪》)
　　[日] 水泽利忠：延久、大洽、桃、南化、枫、梅、三、谦无"时"字。(《史记会注考证附校补·孝景本纪第十一》)

【汇注】

　　钱　穆：案：《郡国利病书》卷四十七引尹耕《代国考》："汉以来代有三：曰山北、山南、山东。山北之代，旧国也。赵襄所并，代成、安阳所封，公子嘉所奔，赵歇、陈馀所主，夏说所守，王喜所弃，陈豨所监，皆是也；今蔚之废城也。山南之代，徙都也。文帝之始封，以及子武、子参之所分，皆是也；所谓'晋阳、中都'也。山东之代,再徙也。武帝元鼎中,汉广阔,以常山为阻,徙代于清河;王莽继绝改号,广宗王义之所都,子年之所处,如意之所复,皆是也;所谓'清河'也。"(《史记地名考·西北边地名》)

刘定山、龚浩康:代,汉初封国。辖有今河北省与内蒙古自治区交界地带和山西省东北部地区,都城先在代县(今河北省蔚县东北),后迁中都(今山西省平遥县西南)。(见王利器主编《史记注译·孝景本纪》)

⑤【汇注】

班　固:代王王后生四男,先,代王未入立为帝,而王后卒。及代王为帝后,王后所生四男更病死。(《汉书·外戚传第六十》)

编者按:《史记·外戚世家》与《汉书·外戚传》皆记载代王王后生有四男,与此处所记不同。

⑥【汇校】

[日]水泽利忠:延久、大治、桃、南化、枫、梭、三、谦、高无"得"字而"幸"字作行。(《史记会注考证附校补·孝景本纪第十一》)

⑦【汇注】

刘定山、龚浩康:更,递,连续,接连。(见王利器主编《史记注译·孝景本纪》)

⑧【汇注】

班　固:文帝立数月,公卿请立太子,而窦姬男最长,立为太子。(《汉书·外戚传第六十七上》)

【汇评】

徐复观:我在《论史记》一文中指出:《孝景本纪》虽因逢武帝之怒而被破弃,现《本纪》乃迁后不知何人所补,但开始一段及赞的"太史公曰",补者仍存史公之旧。《史记》开始的一段是"孝景皇帝者,孝文之中子也。母窦太后。孝文在代时,前后有三男,及窦太后得幸,前后死,及三子更死,故孝景得立"。在史公这段叙述中,实以"立嫡立长"的传统观念为背景,以见孝景之所以得立,实经过了一段曲折的情形;窦太后得幸而前后死,三子亦更死,其中是否含有宫闱惨剧在里面,史公未曾明言,后人自亦不必臆测;但这种叙述,对于景帝的尊严,多少有点损害。所以《汉书·景帝纪》便简化为"孝景皇帝,文帝太子也,母曰窦皇后",这便把史公所叙的曲折一下子掩覆过去了。《史记》称"母窦太后",既是景帝之母,当然应称太后。《汉书》"母曰窦皇后","皇后"是站在文帝立场的称呼;既曰"母",则已站在景帝的立场,如何可以称"皇后"。一字之差,两人文字的疏密立见。此例极多。(《两汉思想史·〈史〉〈汉〉比较研究之一》)

元年四月乙卯①，赦天下。乙巳②，赐民爵一级。五月，除田半租③。为孝文立太宗庙④。令群臣无朝贺。匈奴入代⑤，与约和亲⑥。

① 【汇注】
姚允明：元年，春正月，听民徙宽大地。姚伯子谓人地偏胜，治所由乱也。农桑无所，技食于巧以竞丽，愈为财耗矣。奸利居贿，而俗习为诈，皆地不给耕之所致也。故人地均而后王道行，第听徙，犹未尽政也。（《史书》卷二《汉景帝》）

刘定山、龚浩康：元年，指景帝前元元年，即公元前156年。汉以夏历十月为一年之始，故前156年夏历十月，即算作元年正月。（见王利器主编《史记注译·孝景本纪》）

张大可：四月乙卯，四月二十二日。（《史记全本新注·孝景本纪》）

② 【汇注】
梁玉绳：按："乙巳"二字衍。是月甲午朔，乙巳先乙卯十日，不应赐爵在赦前，亦不应二事相隔多日也。（《史记志疑·孝景本纪》）

郭嵩焘：按：乙巳在乙卯前十日，"乙巳"二字疑衍文，《汉书》赐民爵不书日。（《史记札记》卷一《孝景本纪》）

刘定山、龚浩康：乙巳，乙巳日上距乙卯日共五十天，不可能出现在四月份，因而与上句"四月乙卯"、下句"五月"有牴牾。（见王利器主编《史记注译·孝景本纪》）

（日）**西嶋定生**：（景帝元年）夏四月。赦天下，赐民爵一级。这里未明示出赐爵的理由。在《汉书》上自从上一年六月文帝驾崩、景帝即位之后，直到这次的民爵赐与，有相当多的记事；但在《史记》卷十一《孝景本纪》，则于记述景帝即位事之后，立即记载道："元年四月乙卯，赦天下。乙巳，赐民爵一级。"我们推想，这虽是到了即位的翌年，不过仍可解释为因即位而施行的民爵赐与。这里所示的《史记》上的赐爵记事，与《汉书》本纪上作为事例举出的记事不同，特点是以干支记日，其四月乙卯为二十二日，乙巳为十二日，顺序倒置；但与事例［六］（编者按：此指前180年下诏曰："朕初即位，其赦天下，赐民爵一级……。"）文帝即位之际的民爵赐与相比较，赦与赐爵两相分离，这点也令人怀疑。所以，《史记会注考证》的同条谓："梁玉绳曰：'乙巳二字衍。是月甲午朔，乙巳先乙卯十日，不应赐爵在赦前，亦不应二事相隔多日也。'"他引梁玉绳《史记志疑》的见解，指出这儿的乙巳二字是衍文。（《中国古代帝国的形成与结构：二十等爵制研究》第二章《民爵赐与的方法及其对象》）

③ 【汇注】

程大昌：夏、商、周赋、助、彻实皆十取其一。鲁哀公曰：二吾犹不足，则十二矣。秦始皇多事，征戍繁重，横加役取。董仲舒曰：一岁力役，三十倍于古，田租、口赋、盐铁之利，二十倍于古。至班固《食货志》总言其凡，则又曰"收泰半之赋"。泰半者，三分取二也。三分取二，则又加于一半矣，而亦未至三十其倍。不知二者孰为的数也。高祖既定天下，约法三章，省禁轻田租，什五而税一，则比十一之法既已加轻矣，文帝因晁错入粟之策，行之数年，边积饶衍，遂下诏赐民十二年租税之半。其曰赐半者，此一年内当输一斗者，止输五升，是为官赐其年半额也。明年，又遂除民田之租税。此之谓除，则并与当输一斗之类全免不收矣。然此之除减，皆是立高帝十五税一以为之则而为除减之数焉耳。后至孝景二年，令民半出田租，则是于高帝所立之额正减其半。如高帝时应输一斗者，岁岁常减五升，而所取益以轻少矣。史家计定其数，则曰三十而税一也。三十而税一，是从古者十一之法而三分免二。若引而上之，以比古法，则当输三斗者，止取一斗也；民间种田三十亩，止收一亩而入之官也。汉家赋税之类，至此乃始定为三十取一也。（《演繁露》卷五《什一税》）

林駉：汉量吏禄，度官用以赋民，于是什五税其一，文帝始行赐租之令。至十三年之六月，乃尽除而不收焉。及景帝元年，行半租之令而半租之，明年则又有三十税一之令。故终汉之世三十税一者，自景帝始也。（《古今源流至论》卷三《赋税》）

吕祖谦：按：《食货志》：文帝除民田之租税，后十二岁，孝景二年冬，令民半出田租，三十而税一也。（《大事记解题》卷十）

周密：自井田之法废，赋名日繁，民几不聊生。余尝夷考，在昔独两汉最轻，非惟后世不可及，虽三代亦所不及焉。自高、惠以来，十五税一。文帝再行赐半租之令，二年、十二年，至十三年，乃尽除而不收。景帝元年，亦尝赐半租，至明年乃三十而税一，即所谓半租耳。盖先是十五税一，则三十合征其二，今乃止税其一，乃所谓半租之制也。自是之后，守之不易，故光武诏曰："顷者，师旅未解，故行什一之税。今粮储差积，其令三十税一如旧制。"是知三十税一，汉家经常之制也。（《齐东野语》卷一《汉租最轻》）

刘友益：文帝除之，至景帝而复收，非得已也。然止收半租，则赐民半租矣。自是遂为常制。是岁赐半租，自帝始也。（见《御批资治通鉴纲目》卷四上《孝景皇帝·书法》）

胡三省：文帝十二年，赐民田租之半；次年，尽除田之租税；今复收半租。（见《资治通鉴》卷十一"景帝前元年"注）

沈钦韩：文帝十三年除田租税，此以新即位，国用不足，故复半出租赋。（《汉书疏证》卷二《景帝纪》）

沈家本：田租税，《食货志》："汉兴，天下既定，轻田租，什五而税一。"《惠纪》："减田租，十五税一。"注：邓展曰："汉家初十五税一，俭于周十税一也。中间废，今复之也。"《文纪》："十三年，诏曰：'农，天下之本，务莫大焉。今廑身从事，而有租税之赋，是谓本末者无以异也，其于劝农之道未备。其除田之租税。'"《景纪》："元年，令田半租。"《补注》："齐召南曰：《史记》除田半租，此文令田半租，以文帝十三年尽除田租，至此年始复收其半租也。"《西汉会要》："三十而税一也。"《后书·光武纪》："建武六年，诏曰：'顷者师旅未解，用度不足，故行什一之税。今军士屯田，粮食差积，其令郡国收见田租，三十税一，如旧法。'"注："景帝二年令人田租三十而税一，今依景帝，故云旧制。"……按：汉之田税，其初承秦什五之制。天下既定，即轻田税，十五而税一。文帝除田租税，故律亦除之。景帝复田半租，则此律亦必修复矣。除田租税，终文之世，行之十一年。景帝令田半租，其一半则永远除之，故《史记》云除田半租也。汉世待农民最优，虽以武帝之侈，而农不加赋，有司欲加算赋而不许，其家法固未替也。桓、灵亩税十钱，而汉亡矣。（《历代刑法考（下）·汉律摭遗二十二卷·田令》）

郭嵩焘：按：文帝十三年除田租税，此云"除田半租"，即《食货志》所谓"令民半出田租三十而税一"也。此当具事书之，汉以后田租所由昉也。（《史记札记》卷一《孝景本纪》）

钱　穆：战国以来租额无考，惟孟子屡言什一之税，知战国租额决不止什一。汉制则什伍税一，又时减半征收，则为三十税一。（《国史大纲》第八章《统一政府文治之演进·农民与奴婢》）

又：自文帝十三年除民田租，至景帝元年复收半租，其间凡十一年未收民租，为历史所仅见。（同上）

[日]泷川资言：中井积德曰："《汉书》云：五月，除田半租。"盖孝文十三年，除田租税。后十一年，不复取租。至此，乃令出半租也。《史记》除字失当。（《史记会注考证附校补·孝景本纪第十一》）

王叔岷：《汉纪》作"令民田收半租。"《通鉴》作"复收民田半租。"注："文帝十二年，赐民田租之半；次年尽除田之租税；令复收半租。"孝文十三年以后尽除田租，至此仅除其半，故曰"除田半租。"其余半租不除，故亦可谓"复田半租。"此文除字，固未尝失当也。（《史记斠证·孝景本纪》）

施之勉：王益之曰：《食货志》以为二年。《汉书》本纪载于元年。齐召南曰：《史记》除田半租，《汉书》令田半租，以文帝十三年尽除田租，至此年始复收其半租也。杨树达曰：三十而税一语，亦见《志》，不必引《通鉴》。（《史记会注考证订补·孝景本纪第十一》）

编者按： 文帝躬俭，田租十五而税一。因从晁错之言，先是令民入粟塞下，可以赎罪、受爵，从六百石爵上造——第二等爵也。稍增至四千石为五大夫——第九等爵也，万二千石为大庶长——第十八等爵也。使边防之粮食足够五年之用。以后又从晁错之言，令民可以入粟郡县，足支一岁以上。于是文帝下诏赐民十二年租税之半，亦即三十而税一，翌年，又全部免除农民耕田之租税。后十三年，至孝景二年，恢复田租，令民三十而税一，所以未曾一步到位，可能是顾虑天下农民在心理上的承受能力。《汉书·食货志》云："其后，上郡以西旱，复修卖爵令，而裁其贾以招民；及徒复作，得输粟于县官以除罪。始造苑马以广用，宫室列馆车马益增修矣。"景帝不仅继续乃父轻徭薄赋以及办理粟除罪的制度，以其生于太平盛世，不知稼穑之艰难，奢靡之风亦渐抬头矣。如五年三月，作阳陵；五月，募徙阳陵，予钱二十万；中四年三月，置德阳宫，可见端倪。

【汇评】

陈　埴： 景帝好处，只是不改文帝恭俭。……文景减田租事尤多，或三十而税一，或减租之半，或尽除之。所以致富庶者，人主恭俭寡欲，无兵革之事，故百姓亦皆富庶。（《木钟集》卷十一）

王应麟： 文帝两诏赐今年半租，未以为常法也。孝景二年令民半出田租，三十而税一，则以为常法矣。然而都鄙廪庾皆满，太仓之粟充积露积，腐不可食，君民兼足，亦曰节俭而已。故为国以利为本，未有不利于国也，以利为利，未有不利于国也。有子曰：百姓足，君孰与不足？于文景见之。（《通鉴答问》卷三《赐民田租之半》）

马端临： 先公曰：文帝除民田租税，后十三年，至景帝二年，始令民再出田租，三十而税一。文帝恭俭节用，而民租不收者至十余年，此岂后世可及！（《文献通考》卷一《历代田赋之制》）

丘　濬： 古者什一而税，汉文帝始赐民租之半，后十三年，又尽除之。至是，景帝始复收民半租，三十而税一焉。夫三代取民，名虽不同，然取之皆以什一也。什一，天下之中正，多乎此则过于重而入于桀，有以伤乎民而不仁；少乎此则过于轻而入于貊，无以奉乎上而非义，皆非中正之道也。景帝之三十税一，虽异乎后世之暴征多敛者，然亦非先王之中制。要之，不可为常也。是故道以中庸为至，法以经常为极。（《世史正纲》卷三《汉世史·孝景皇帝》）

王夫之： 什一之赋，三代之制也。孟子曰："重之则小桀，轻之则小貊。"言三代之制也。天子之畿千里，诸侯之大者，或曰百里，或曰五百里，其小者不能五十里。有疆场之守，有甲兵之役，有币帛饔飧牢饩之礼，有宗庙社稷牲币之典，有百官有司府史胥徒禄食之众，其制不可胜举。《聘义》所云："古之用财者不能均。"如此是已。故二十取一而不足。然而有上地、中地、下地之差，有一易、再易、莱田之等，则名什一，而折衷其率，亦二十而取一也。自秦而降，罢侯置守矣。汉初封建，其提封之广，盖有倍蓰于古王畿者，而其官属典礼又极简略，率天下以守边，而中邦无会盟侵伐之事。若郡有守，县有令，非其伯叔甥舅之交，而馈问各以其私。社稷粗立，而祀典不繁。一郡之地，广于公侯之国，而掾史邮徼，曾不足以当一乡一遂之长。合天下以赡九卿群司之内臣，而不逮《周礼》六官之半。是古取之一圻而用丰，今取之九州而用俭，其他国家之经费，百不得一也。什一而征，将以厚藏而导人主之宣欲乎？不然，亦奚用此厚敛为也！（《读通鉴论》卷二《文帝二一》）

又：文帝十三年，除田租税，景帝元年，复收半租，三十而税一；施及光武之世，兵革既解，复损十一之税，如景帝之制；诚有余而可以裕民也。封建不可复行于后世，民力之所不堪，而势在必革也。（同上）

刘绍攽：俭为帝王之美德。而孟子曰："俭者不夺人。"又曰："取之民有制。"是俭者于其取民见之，不于其自奉见之也。后世即自奉以言俭，而古帝王之美德隐矣。汉兴，承秦之敝，将相或乘牛车，齐民无盖藏。迄乎文景，人给家足，比美三代，说者谓节俭所致。问其俭，则以罢露台、慎夫人衣不曳地当之。呜呼！是自奉之约耳，乌可以云俭？所谓俭者，吾于其取民见之。高祖十五而赋一，量吏禄，度官用，以赋于民。文帝诏赐天下民租之半，三年尽除之。景帝行半租之令，其后三十税一，山川园池市井租税之入，不领于天下之经费，此其有制不可夺也。乃所谓俭也。（《九畹古文》卷三《文景节俭论》）

白寿彝：文帝二年（公元前178），下诏："赐天下民今年田租之半。"虽然这次所减仅当年田租，但开了田租三十税一的先例。及文帝十二年（公元前168），又一次"赐农民今年田租之半"；十三年，又下令"其除田之租税"，接连出现了三十税一的田租率和无田租征收的状况。不过，孝文帝十三年的"除田租"，恐仅限于十三年一年，并非自此年至景帝初年均无田租。因为根本不征收田租的作法，既不符合统治阶级的利益，又无以支付官府的廪食和官吏的俸禄，还与《史记·孝景本纪》所载景帝元年（公元前179）"除田半租"之事矛盾。……因此之故，景帝元年，未云复田租，而可以有"除田半租"之事发生。否则，既已根本取消田租，又何须"除田半租"呢？景帝的所谓"除田半租"，即在十五税一的田租基础上再减轻一半，这就变成了《汉书·食货志》所说的："孝景二年，令民半出田租，三十而税一也。"在这里，《史记》《汉书》所载虽有景帝元年与二年的差别，但田租税率的变化，至此形成了定制，迄于东汉之末而无所改易。（《中国通史》第4卷《中古时代秦汉时期（上）·田租及其税率的下降和征收的办法》）

李恒全：汉代皇帝即位之初，为了收买人心，往往实施一些惠民措施，以示"德政"。……再看汉景帝即位之初所实施的政策。"元年四月乙卯，赦天下。乙巳，赐民爵一级。五月，除田半租。"很显然，"赦天下""赐民爵一级"贯彻的都是"为恩惠"的精神，"除田半租"也当符合这种精神。如果从汉文帝十三年到景帝即位之时的十余年，田租都是免除的，景帝一上台就征收田租（三十税一），显然就不是"为恩惠"了。因此，从逻辑上讲，汉景帝即位之前，汉文帝应是征收田租的，而且比景帝的三十税一重，否则与"为恩惠"的精神不符。（《战国秦汉经济问题考论》第三章《战国秦汉的赋役问题》）

王　川：同年（编者按：前元元年，即公元前156年），五月，景帝又诏令除田半租。这里的租就是田租（又称地租），系西汉政府对私有土地征收的土地税。从高祖起，田租征收的税率就是十五税一，这个税率比秦朝降低了若干倍，之后曾一度又有所提高；惠帝、吕太后时又恢复为十五税一；景帝为了安民、养民，决定再降田租50%，改十五税一为三十税一。景帝的这一创造性规定，大大减轻了农民的田租赋税，成为以后整个西汉田租的定制，并一度也在东汉实行。景帝的一系列准许徙民、大赦、赐爵、除田半租之类的政策，其目的就在于以具体的政策贯彻他的农本政策，这些政策，在封建时代都是比较少见的，这对提高农民的生产积极性是有积极作用的。（《汉景帝传》第二章《循而略革》）

④【汇注】

班　固：丞相臣嘉等奏曰："……世功莫大于高皇帝，德莫盛于孝文皇帝，高皇帝庙宜为帝者太祖之庙，孝文皇帝庙宜为帝者太宗之庙。天子宜世世献祖宗之庙。郡国诸侯宜各为孝文皇帝立太宗之庙。诸侯王列侯使者侍祠天子所献祖宗之庙。请宣布天下。"制曰："可。"（《汉书·景帝纪第五》）

胡三省：应劭曰：始取天下者曰祖，高帝称高祖是也。始治天下者曰宗，文帝称太宗是也。师古曰：应说非也。祖，始也，始受命也。宗，尊也，有德可尊。贡父曰：颜说非也。始受命称太祖耳；有功亦称祖，商祖甲是也。（见《资治通鉴》卷十五"景帝前元年"注）

吕祖谦：按：《本纪》："诏曰：盖闻古者祖有功而宗有德，（颜师古："祖，始也，始受命也。宗，尊也，有德可尊。"）制礼乐各有由。歌者，所以发德也。舞者，所以明功也。高庙酎，（张晏曰："正月旦作酒，八月成，名曰酎。酎之言纯也。至武帝时，因八月尝酎会诸侯庙中，出金助祭，所谓酎金也。"颜师古曰："酎，三重酿，醇酒也，味厚，故以为宗庙。"）奏《武德》《文始》《五行》之舞。（孟康曰："《武德》，高祖所作也。《文始》，舜舞也。《五行》，周舞也。《武德》者，其舞人执干戚。《文始舞》执羽箭。《五行舞》冠冕衣服法五行色。见《礼乐志》。"）孝惠庙酎，奏《文始》《五行》之舞。孝文皇帝临天下，通开梁，不异远方；除诽谤，去肉刑，赏赐长老，收恤孤独，以遂群生；减耆欲，不受献，罪人不孥，不诛亡罪，不私其利也；

除宫刑，出美人，重绝人之世也。朕既不敏，弗能胜识。此皆上世之所不及，而孝文皇帝亲行之。德厚侔天地，利泽施四海，靡不获福。明象乎日月，而庙乐不称，朕甚惧焉。其为孝文皇帝庙为《昭德》之舞，（《礼乐志》："高祖庙奏《武德》《文始》《五行》之舞，孝文庙奏《昭德》《文始》《四时》《五行》之舞。《四时舞》者，孝文所作，以明示天下之安和也。孝景采《武德舞》以为《昭德》，以尊太宗庙"。）以明休德。然后祖宗之功德，施于万世，永永无穷，朕甚嘉之。其与丞相、列侯、中二千石、礼官具礼仪奏。"丞相臣嘉等奏曰："陛下永思孝道，立《昭德》之舞以明孝文皇帝之盛德，皆臣嘉等愚所不及。臣谨议：世功莫大于高皇帝，德莫盛于孝文皇帝，高皇帝庙为帝者太祖之庙，孝文皇帝庙宜为帝者太宗之庙。天子宜世世献祖宗之庙。郡国诸侯宜各为孝文皇帝立太宗之庙。诸侯王列侯使者侍祠天子所献祖宗之庙。（张晏曰："王及列侯岁时遣使诣。京师侍祠助祭。"）请宣布天下。制曰：'可'"。（《大事记解题》卷十）

牛运震：元年……为孝文立太宗庙：按：景帝为孝文立庙，诏书奏议之详，已载于《文纪》之末，故此处只书其纲。（《史记评注》卷二《孝景本纪》）

⑤【汇注】

吕祖谦：按：《史记·本纪》："匈奴入代，与约和亲。"《汉书》止书"御史大夫青翟至代下与匈奴和亲"而不书"入代"。使匈奴不入代，则陶青至单于之庭约和可也，何繇止于代下乎？（《大事记解题》卷十）

王　恢：自高帝平城围解，结合亲之好，岁奉金帛文绣甚厚，冀买其欢心以宁边境，历惠帝、吕后以及文帝，委屈唯谨。而匈奴入据河南，形强势胜，迄未稍动其"亲情"，屡寇而益深。（《史记本纪地理图考·文帝本纪》）

⑥【汇注】

班　固：遣御史大夫青翟至代下与匈奴和亲。（《汉书·景帝纪第五》）

刘定山、龚浩康：和亲，与敌议和，结为姻亲，是汉族封建王朝与邻国部落或少数民族首领之间具有一定政治目的的联姻。这一政策始于汉初。（见王利器主编《史记注译·孝景本纪》）

龚　荫：从记载看，"和亲"政策的内容是：（一）以公主嫁匈奴单于为阏氏（后来实际多以宗室或后宫女为公主嫁匈奴单于）；（二）每年奉送一定数量的絮、缯、酒、米等物品（有时还送笙、竽、箜篌等乐器）；（三）汉与匈奴约为兄弟，相约以长城为界，北面"引弓"之民归单于管辖，南面"冠带之室"由汉帝统治；（四）汉朝向匈奴派遣能说善辩的"辩士"前去讽劝和讲解礼节，宣扬中原的传统观念和习俗；（五）汉朝向匈奴开放"关市"，准许两族人民在边境集市贸易和交往。（《民族史考辨：龚荫民族研究文集·关于西汉与匈奴政策之研究》）

【汇评】

班　固：昔和亲之论，发于刘敬。是时天下初定，新遭平城之难，故从其言，约结和亲，赂遗单于，冀以救安边境。孝惠、高后时遵而不违，匈奴寇盗不为衰止，而单于反以加骄倨。逮至孝文，与通关市，妻以汉女，增厚其赂，岁以千金，而匈奴数背约束，边境屡被其害。是以文帝中年，赫然发愤，遂躬戎服，亲御鞍马，从六郡良家材力之士，驰射上林，讲习战阵。聚天下精兵，军于广武，顾问冯唐，与论将帅，喟然叹息，思古名臣，此则和亲无益，已然之明效也。……夫边境不选守境武略之臣，修障隧备塞之具，厉长戟劲弩之械，恃吾所以待边寇、而务赋敛于民，远行货赂，割剥百姓，以奉寇雠，信甘言，守空约，而几胡马之不窥，不已过乎。……夫规事建议，不图万世之利，而媮恃一时之事者，未可以经远也。（《汉书·匈奴传第六十四上》）

刘　沅：帝初立，即与匈奴和，盖承文帝息民之志也。（《史存》卷九《孝景皇帝》）

李祖陶：其与匈奴和亲，亦文帝已行之法。然匈奴卒入寇，可知其非兵不服矣。（《史论五种·前汉书细读》卷一《景帝》）

龚　荫：这"和亲"之策是在匈奴强、汉朝弱的情况下，汉王朝不得不采取的一种政策。……在汉王朝方面，汉初，中央集权统治尚不巩固，由于连年战争，中原经济遭到严重破坏，对于北方匈奴势力的巨大威胁，汉王朝是无力再支撑同匈奴作战的。……"和亲"成为西汉对匈奴的重要政策。西汉的意图是：西汉以嫁"长公主"妻匈奴单于，谋求"单于阏氏"之贵，生子为"太子"，最终使匈奴大权落于太子即西汉"外孙"之手；西汉"以岁时汉所余、彼所鲜数问遗"，每年送给匈奴大量物品，这些是匈奴所缺乏的，从而使匈奴在经济上羡慕西汉，进而依赖西汉王朝；西汉"使辩士风谕以礼节"，宣扬中原的儒家"仁义""礼教"等观念，以改变匈奴的一些诸如冒顿"杀父代立，妻群母，以力为威，未可以仁义说"等落后习俗，与中原在文化上同一。这样，西汉在政治上通过嫁公主以谋取单于之权，在经济上通过大量送予物品以使匈奴依赖于汉，在文化上以宣教化达到同一，就逐渐达到使匈奴依赖、臣服、接受西汉王朝的统治。因此，"和亲"之策，这实际是汉、匈双方都需要的。（《民族史考辨：龚荫民族研究文集·关于西汉与匈奴政策之研究》）

薛瑞泽：汉景帝即位后，汉朝国力仍然没有强大到足以与匈奴抗衡的地步，所以汉景帝延续了汉文帝对匈奴和亲的政策。汉景帝前元元年四月，派遣御史大夫陶青至代与匈奴和亲，"匈奴入代，与约和亲"。到前元二年秋天"与匈奴和亲"完成。前元五年正月，"遣公主嫁匈奴单于"。……总的来看，汉景帝时期，汉朝与匈奴的关系相对稳定，为黄河文化的发展创造了一个相对安定的外部环境。深为后世史学家称道的"文景之治"的实现，与汉景帝所推行的对匈奴的忍让政策也有很大关系。汉景帝的主导思想实际上是利用和亲政策维持与匈奴的相安无事，而着力发展黄河流域的经济，为民众创造相对安定的生存环境。正是从汉文帝到汉景帝所采取的对待匈奴的和亲政策，才为汉朝赢得了相对稳定的北部边境安全，使黄河流域的百姓能够摆脱战争所带来的损伤，促使社会经济全面发展，也为此后汉武帝时期实现黄河文化的强力扩张奠定了坚实的物质基础。这也正展现出黄河文化在形成之后所具备的韬光养晦的文化风貌。(《秦汉魏晋南北朝黄河文化与草原文化的交融》第二章《西汉时期黄河文化与草原文化的交融》)

  二年春①，封故相国萧何孙係为武陵侯②。男子二十而得傅③。四月壬午④，孝文太后崩⑤。广川、长沙王皆之国⑥。丞相申屠嘉卒⑦。八月，以御史大夫开封侯陶青为丞相⑧。彗星出东北⑨。秋⑩，衡山雨雹⑪，大者五寸，深者二尺⑫。荧惑逆行⑬，守北辰⑭。月出北辰间⑮。岁星逆行天廷中⑯。置南陵及内史祋祤为县⑰。

① 【汇校】
  梁玉绳：《汉纪》书于六月，此在春，未知孰是。(《史记志疑·孝景本纪》)
【汇注】
  章　衡：丙戌，二年。十二月，有星孛于西南。六月，丞相申屠嘉薨，谥曰节侯。八月，以御史大夫陶青为丞相。九月，胶东人年七十生角，角有毛。荧惑逆行，守北辰。秋，衡山雨雹，大者五寸，深者二尺。与匈奴和亲。(《编年通载》卷三《汉·孝景皇帝》)

② 【汇校】
  司马贞：《汉书》亦作"係"，邹诞生本作"偯"。又按：《汉书·功臣表》及《萧何传》皆云封何孙嘉，疑其人有二名也。(《史记索隐·孝景本纪》)
  [日] **水泽利忠**：延久、大治、南化、桉、三、谦、狩"萧何孙萧係"。(《史记会注考证附校补·孝景本纪第十一》)
【汇注】
  徐天麟：孝景二年，封故相国萧何孙係为列侯。(《西汉会要》卷三十四《职官四·继绝世》)
  王钦若等：景帝二年，制诏御史："故相国萧何，高皇帝大功臣，所与为天下也。

今其祀绝，朕甚怜之。其以武陵县户二千封何孙喜为列侯。"(《册府元龟》卷一七三《帝王部·继绝》)

梁玉绳：按：《功臣表》及《汉书》表、传皆作"武阳侯萧嘉"，此作"武陵"，误。武陵乃郡名，即秦黔中郡，非所封也。或係或嘉，其人有二名，徐广言之矣。(《史记志疑·孝景本纪》)

郭嵩焘：封故相国萧何孙係为武陵侯，按：《汉书·功臣表》酂侯子禄嗣为侯，无后；吕后二年封何少子延为筑阳侯，文帝元年更为酂侯；子遗嗣，无后；文帝五年以遗弟则绍封为武阳侯，二十年有罪免，景帝二年以则弟嘉绍封。而《萧何传》称"景帝二年制诏御史，以千二百户封何孙嘉为武阳侯"。《史记·功臣表》与《何传》同，而《萧相国世家》但称后嗣以罪失侯者四，而不著其详，《景帝纪》则邑与名并误也。(《史记札记》卷一《孝景本纪》)

[日]泷川资言：考证：钱大昕曰：《功臣表》"武陵"作"武阳"，其名嘉，非係也。……又：《汉景纪》书于六月，此在春，未知孰是。张文虎曰：邹诞生，南齐人，裴氏无由引，且其文全同《索隐》，此俗本兼采二注而误入者。(《史记会注考证附校补·孝景本纪第十一》)

刘定山、龚浩康：封係为武陵侯，《高祖功臣侯者年表》谓"武阳，前二年，封炀侯弟幽侯嘉"，又《汉书·高惠高后文功臣表》谓"武阳，孝景二年，侯嘉以则弟绍封"。可见孝景二年所封者为武阳侯，而非武陵侯，故此处应为"武阳侯"。所封者究竟是萧係，还是萧嘉，据《集解》引徐广语说"疑其人有二名"。《汉书》的《功臣表》和《萧何传》都说是封萧何孙萧嘉。又，武陵系郡名，秦时称黔中郡，刘邦改为武陵郡，治所为义陵，在今湖南省溆浦县南；武阳则为县名，故城在今四川省彭山县东。(见王利器主编《史记注译·孝景本纪》)

③【汇校】

梁玉绳：按：《汉纪》在冬十二月，此书于春，亦异。"得"字当因下"傅"字误衍。(《史记志疑·孝景本纪》)

[日]水泽利忠：南化、枫、梭、三、谦、狩、野、高"男子年二十而得傅"。(《史记会注考证附校补·孝景本纪第十一》)

【汇注】

颜师古：旧法二十三，今此二十，更为□□□也。傅读曰附。(《汉书注·景帝纪第五》)

司马贞：荀悦曰："傅，正卒也。□□□颜云旧法二十三而傅，今改也。(《史记索隐·孝景本纪》)

丘濬：按：傅，著也。□□□名籍以给公家徭役也。汉制，民年二十二始傅，五

十六乃免。至是景帝立为异制,令男子二十始傅。(《世史正纲》卷三《汉世史·孝景皇帝》)

沈钦韩:本年十五以上,今宽假之,至年二十始出算钱。傅,谓著于版籍。《小宰》郑司农注云:"傅之,著约束于文书。"师古说年二十三为正卒,非此制也。(《汉书疏证》卷二《景帝纪》)

[日]泷川资言:枫、三本"子"下有"年"字。中井积德曰:傅,谓为丁受徭役也。沈钦韩曰:本年十五以上出算钱,今宽之至二十岁始。傅,谓著于版籍也。梁玉绳曰:《汉·景纪》在冬十二月。"得"字衍。愚按:古钞本"子"下有"年"字,《汉书》作"令天下男子年二十始傅"。(《史记会注考证附校补·孝景本纪第十一》)

王骏图、王骏观:观按:《汉书》师古注云"傅,著也,谓著名籍给公家役使也"。盖与今世及岁时准入仕籍之制同;"正卒"说非是。(《史记旧注平义·孝景本纪》)

王叔岷:案:《通鉴》与《汉书》同,亦书于冬十二月。《汉纪》作"今天下男子年二十始赋"。赋、傅古通(《左》僖二十七年传:"《夏书》曰:赋纳以言。"《汉书·文帝纪》"赋"作"傅",即其比)。惟书于冬十一月,"一"盖"二"之误。(《史记斠证·孝景本纪》)

施之勉:按:荀颜说是,沈说非也。徐天麟曰:《高纪》"发关中老弱未傅者,悉诣君"。如淳曰:律年二十三,傅之畴官。高不满六尺二寸以下为罢癃。《汉仪注》:民年二十三为正,一岁为卫士,一岁为材官骑士,习射御驰战阵,年五十六乃免为庶民,就田里。则知汉初民在官三十有三年也。今景帝更为异制,令男子年二十始傅,则在官三十有六年矣。见《西汉会要》。然则旧法二十三,今更二十,是重民之役也,岂得谓之宽乎?又,傅言著名籍,给公家徭役,为正卒,非谓算赋也。民年十五以上出算钱,至元帝时,贡禹始请年二十乃算。沈以傅为出算钱,景帝改为二十出赋,何其谬也。(《史记会注考证订补·孝景本纪第十一》)

吴国泰:傅者,"赋"之借字。《论语·公冶长》"可使治其赋也"。《释文》引梁武帝注云"鲁论作傅",是二字可以互相假借也。何晏《集解》(编者按:《论语集解》)引孔注云"赋,兵赋",是训赋为兵。《国语》"悉索敝赋",注皆训赋为兵,是其义矣。男子二十而赋者,谓男子二十而服兵役也。(《史记解诂·孝景本纪》)

张荣强:"傅"本来的意思是"登记""著籍",但学者对汉代"傅"的具体涵义有不同理解。《汉书·高帝纪》高祖二年(前205)五月,"萧何发关中老弱未傅者悉诣军"。如淳注引《汉仪注》:"民年二十三为正,一岁为卫士,一岁为材官骑士,习射御骑驰战阵。"《史记·孝景本纪》景帝二年(前155)令"男子二十而得傅",《索隐》引荀悦云:"傅,正卒也"。按:如淳、荀悦的理解,"傅"就是正卒,是注册服兵役的意思。《汉书·高帝纪》颜师古的注释略有不同，"傅，著也。言著名籍，给公家徭役也"。颜师古在此将"傅"说成是服徭役。这些都是古人的说法，今人对"傅"的理解也有歧义。宋杰、施伟青、杜正胜申如、荀之说，认为"傅"是正卒兵役，不是平常的力役。钱剑夫持颜说，称傅"就是服行更卒徭役"。多数学者如高敏、张金光、黄今言则折中两说，认为汉时徭役、兵役起役年龄及服役年龄段一致，傅籍就是服徭役与兵役。按：荀悦、如淳是汉魏间人，其所说"傅"即正卒，显然有充分依据。（《汉唐籍帐制度研究·〈二年律令〉与汉代课役身份》

又：其令（景帝二年令）谓"天下男子年二十始傅"，秦律中的"男子"有成年奴隶，也有成年自由人。但秦汉时期的奴隶是私人财产，据下引《亡律》，是"复使及算"，也就是说并不傅籍。汉代史籍屡见"赐天下男子爵"之语，秦汉爵制"吏民爵不得过公乘"，"过公乘者得贳与子若同产"。"公乘"为编户民所获爵位的最高界限，此中的"天下男子"与二年令同义，都是指身分低于公乘之下的自由男子。汉初傅籍标准与自身爵位有关，最低年龄"不更以下子""士伍"是二十而傅。景帝二年令规定，天下男子一律二十傅籍，不再考虑爵位问题，这自然是当时泛授民爵，导致爵位轻滥的结果。而从傅籍标准看，就低不就高，显示出封建政府最大限度控制人力资源的意图。（同上）

李恒全："傅籍"是秦汉力役征发制度中的重要一环。通常认为，秦汉男子达到一定年龄后，就要登记注册，即"傅籍"。开始承担更役和兵役，傅籍具有更役和兵役的性质。但事实似乎并非如此。秦汉"傅籍"的对象是男子。《史记·孝景本纪》："男子二十而得傅。"《汉书·景帝纪》亦载，景帝二年冬十二月"令天下男子年二十始傅。"云梦秦简《内史杂律》："除佐必当壮以上，毋除士伍新傅。"士伍，即无爵的男子。这些记载确证，"傅籍"者只是男子。（《战国秦汉经济问题考论》第三章《战国秦汉的赋役问题》）

④【汇注】
张大可：四月壬午，四月二十六日。（《史记全本新注·孝景本纪》）

⑤【汇注】
颜师古：服虔曰："文帝母薄太后也。"（《汉书注·景帝纪第五》）
司马贞：薄太后也。亦葬芷阳西，曰少陵也。（《史记索隐·孝景本纪》）

⑥【汇注】
司马贞：广川王彭祖、长沙王发皆景帝子，遣就国也。（《史记索隐·孝景本纪》）
梁玉绳：按：六王同封，而独广川、长沙二王之就国，岂其余四王仍居长安乎？抑《史》之疏脱也？（《史记志疑·孝景本纪》）
王叔岷：案：春三月六王同封，梁说本《汉书》。又见《汉纪》《通鉴》。（《史记

斠证·孝景本纪》）

施之勉：按：《汉诸侯王表》：河间国，孝景前二年，三月甲寅，初王献王德元年。二年，来朝。广川国，孝景前二年，三月甲寅，王彭祖元年。二年，来朝。是不但广川彭祖就国，河间王德亦遣就国也。下三年正月，燔雒阳东宫大殿城室。《集解》：徐广曰：雒，一作淮。《索隐》：《汉书》作淮阳王宫灾，故徙王于鲁。是淮阳王馀亦在二年就国，不居长安矣。（《史记会注考证订补·孝景本纪第十一》）

王　恢：广川国，故赵钜鹿郡，二年别为国，三月甲寅立皇子彭祖，治信都，今河北冀县。五年（前152），徙王赵，国除为信都郡。中二年（前148）复置，四月立皇子越，传子齐、孙去，悖虐、燔烧烹煮、生割剥人，杀其师父子，宣帝本始四年（前70）废迁上庸。国除复为郡。后四岁（前66），复置，立去兄文，传子汝阳（《传》作海阳），淫乱、杀人，甘露四年（前50），废迁房陵，国除，复为信都郡。元帝建昭二年（前27），更置为信都国。……《汉志》信都国，县十七。（《史记本纪地理图考·景帝本纪》）

又：长沙国，故吴芮国。芮五传，无后，国除为郡，时文帝之后七年也。越一年（前156），二年复置，三月甲寅立皇子发。《汉志》长沙国十二县，盖武陵、桂阳，景帝以支郡收，无南边郡。或如应劭引称发对帝曰："臣国小地狭，不足回旋。"至谓"帝以武陵、零陵、桂阳属焉"，则误也。零陵，武帝元鼎六年（前111）始分桂阳置也。发三传至建德，宣帝以猎纵火燔民九十六家，杀二人，削其八县，则未知并入何郡。再四传，王莽时绝。（同上）

刘定山、龚浩康：广川，汉初封国，原名信都，景帝前元二年改，辖今河北省武邑、景县以南，南宫县以北部分地区和山东省德州市一带，都城在信都（今河北省冀县）。这时的广川王是景帝的第八子刘彭祖。长沙，汉初封国，辖今湖南省溆浦县以东、衡山县以北地区，都城在临湘（今湖南省长沙市）。这时的长沙王是景帝的第十子刘发。（见王利器主编《史记注译·孝景本纪》）

⑦【汇注】

司马迁：申屠丞相嘉者，梁人，以材官蹶张从高帝击项籍，迁为队率。从击黥布军，为都尉。孝惠时，为淮阳守。孝文帝元年，举故吏士二千石从高皇帝者，悉以为关内侯，食邑二十四人，而申屠嘉食邑五百户。张苍已为丞相，嘉迁为御史大夫。张苍免相，孝文帝欲用皇后弟窦广国为丞相，曰："恐天下以吾私广国。"广国贤有行，故欲相之，念久之不可，而高帝时大臣又皆多死，余见无可者，乃以御史大夫嘉为丞相，因故邑封为故安侯。……嘉为丞相五岁，孝文帝崩，孝景帝即位。二年，晁错为内史，贵幸用事，诸法令多所请变更，议以谪罚侵削诸侯。而丞相嘉自绌所言不用，疾错。错为内史，门东出，不便，更穿一门南出。南出者，太上皇庙壖垣。嘉闻之，欲因此以法错擅穿宗庙垣为门，奏请诛错。错客有语错，错恐，夜入宫上谒，自归景帝。至朝，丞相奏请诛内史错，景帝曰："错所穿非真庙垣，乃外堧垣，故他官居其中，且又我使为之，错无罪。"罢朝，嘉谓长史曰："吾悔不先斩错，乃先请之，为错所卖。"至舍，因呕血而死。谥为节侯。（《史记·张丞相列传第三十六》）

葛 洪：汉文帝时，申屠嘉为丞相。时太中大夫邓通，方隆爱幸。丞相入朝，而通居上傍，有怠慢之礼。丞相奏事毕，因言曰："陛下爱幸臣，则富贵之。至朝廷之礼，不可以不肃。"上曰："君勿言，吾私之。"罢朝，嘉坐府中，为檄召邓通诣丞相府，不来且斩。通恐，入言文帝，帝曰："汝第往，吾令使使召若。"通至丞相府，免冠徒跣，顿首谢。嘉坐自如，故不为礼。责曰："夫朝廷者，高皇帝之朝廷也，通小臣，戏殿上，大不敬，当斩。"令吏行斩之。通顿首，首尽出血。不解。文帝度丞相已困通，使使持节召通而谢丞相曰："此吾弄臣，君释之。"邓通既至，为文帝泣曰："丞相几杀臣。"（《涉史随笔·申屠嘉召责邓通》）

黄 震：汉景二年，申屠嘉死，汉相之威权遂夺。（《黄氏日钞》卷五十四《读杂史》）

范 理：申屠嘉，丞相，时晁错贵幸用事，法令多更。劾之，错自归上。嘉以不先斩错，因呕血死。（《读史备忘》卷一《申屠嘉》）

吴玉搢："申徒、申屠、信都，司徒也。"《通雅》云："司徒，以官为氏。"《史记·留侯列传》项梁立韩成为韩王，以张良为韩申徒，即司徒。《庄子》有申徒嘉、申徒狄，皆复姓。西汉申屠嘉，东汉申徒刚，与申徒同。宋罗璧《识遗》云：《史通》讥迁、固谓韩王名信都，亦误矣。《潜夫论》拜良为信都。又曰：信都者司徒也。《楚汉春秋》作信都，注：信音申，此与《史记》申徒可互推。古人信与申通，司因信转之故。（《别雅》卷一）

【汇评】

葛 洪：按：嘉本传，嘉以材官蹶张从高帝击项籍，不过军行间勇健有材力人耳，及其为相，而风采号令威重乃如此。然则宰相之职业，其所关系顾不重耶！汉置丞相，仍秦之旧，其职号为无所不统。自高帝至于景帝，自萧何至于嘉，阅四世而相继为相者，无非高帝之旧臣，其人望之重，皆识权柄之所归。故其主亦不敢以庸常视之，而使得伸其威。帝虽不能因嘉之言以远通，终帝之世，嘉为相而通不敢辄启谗慝之口，其潜销密移于冥冥之中者，盖亦多矣。（《涉史随笔·申屠嘉召责邓通》）

钱 时：嘉为人廉直，门不受私谒。（《两汉笔记》卷三《文帝》）

吕祖谦：自嘉之死，汉相之威权遂夺矣。御史大夫虽副贰丞相之官，今晁错为之，陶青特充位而已。体统不正，盖自此始。（《大事记解题》卷一一）

张 宁：申屠嘉始欲斩邓通，而讪于孝文，终欲诛晁错而纵于孝景，由其黯于先知，缓于制变，以致奸佞得以深结于君，而宛转脱罪也。使文、景因嘉之言而彰示，疏斥通、错，惩嘉之责，而慎于幸用，则君有从正之美，相有不阿之功，而通、错他日亦无杀身之祸矣。顾不能也，奈何！然嘉志虽不伸，犹不失为刚毅守节，死无可贬。后之为卿相大臣，不能为嘉所为，反有因邪佞以进，相与引荐，交誉为固宠保位之谋者，斯又申屠嘉之奴隶也。（《方洲集》卷二十八《读史录·景帝二年》）

方　苞：申屠嘉、周亚夫皆以自卒书，信乎？此《纪》为褚少孙所补也。太史公实录，多直笔。此类不宜曲讳。（《史记注补正·景帝纪》）

⑧【汇校】

[日]泷川资言：《汉书·景纪》不载。（《史记会注考证附校补·孝景本纪第十一》）

施之勉：按：《公卿表》"孝景二年，八月丁未，御史大夫陶青为丞相"。（《史记会注考证订补·孝景本纪第十一》）

【汇注】

裴　骃：徐广曰：陶青，高祖功臣陶舍之子也，谥夷。（《史记集解·张丞相列传》）

胡三省：开封侯陶青，高祖功臣陶舍之子。班《志》，开封县属河南郡。《姓谱》：陶，陶唐氏之后。（见《资治通鉴》卷一五"景帝前二年"注）

吴汝纶：陶青，《汉纪》作陶青翟，后凡陶青，《汉纪》皆作陶青翟。盖陶与庄皆名青翟。《汉书》载"御史大夫青翟至代下与匈奴和亲"，文颖以为姓严，臣瓒、颜监皆以《汉书》为误，皆失考。陶名青翟，而《史》文多止称陶青者，犹刘郢客止称刘郢，省二名而称一字耳，《汉书》不误。（《点勘史记读本·孝景本纪》）

[日]水泽利忠：延久"陶青"旁注有"唐生"二字。（《史记会注考证附校补·孝景本纪第十一》）

【汇评】

司马迁：自申屠嘉死之后，景帝时开封侯陶青、桃侯刘舍为丞相。及今上时，柏至侯许昌、平棘侯薛泽、武强侯庄青翟、高陵侯赵周等为丞相。皆以列侯继嗣，娖娖廉谨，为丞相备员而已，无所能发明功名有著于当世者。（《史记·张丞相列传第三十六》）

⑨【汇校】

梁玉绳：按：《汉纪》及《天文志》并作"西南"，此言"东北"，误也。又《汉纪》书于十一月，此在八月，异。《天文志》云"是岁"。（《史记志疑·孝景本纪》）

王叔岷：案：《汉书·景帝纪》于十二月书"有星孛于西南"，《天文志》于十二月书"彗星出西南"，《汉纪》于十一月"有星孛于西南"，"一"盖"二"之误。《通鉴》于十二月书"有星孛于西南",与《汉书》合。又于八月书"彗星出东北",与《史记》合。盖兼采《史》《汉》之文,以为二事也。梁氏谓此"东北"为"西南"之误,则以为一事矣。(《史记斠证·孝景本纪》)

【汇注】

刘友益：书彗星,记异也。自是荧惑、岁星逆行。明年,长星出而七国反,兵满天下,此其应也。(见《御批资治通鉴纲目》卷四上《孝景皇帝·书法》)

⑩【汇校】

梁玉绳：按：上已书八月矣,何又言"秋",当衍。(《史记志疑·孝景本纪》)

[日]**泷川资言：**《汉志》不载。(《史记会注考证附校补·孝景本纪第十一》)

⑪【汇注】

董仲舒：气上薄为雨,下薄为雾。风其噫也,云其气也,雷其相击之声也,电其相击之光也。……寒有高下,上暖下寒,则上合为大雨,下凝为冰,霰雪是也。雹霰之至也,阴气暴上,雨则凝结成雹焉。(《雨雹对》,见《全上古三代秦汉三国六朝文》卷二十四)

刘　熙：雹,跑也,其所中物皆摧折,如人所蹴跑也。(《释名·释天》)

张守节：雨,于付反。(《史记正义·孝景本纪》)

李昉等：《孔丛子》曰：永初二年夏,河西县大雨雹,皆如桮杯。大者或如斗,杀畜生雉兔,折树木。于是天子责躬省过。(《太平御览》卷一四《雹》)

刘友益：书雹,记灾也。(见《御批资治通鉴纲目》卷四上《孝景皇帝·书法》)

胡三省：《大戴礼》曰：孔会子云：阳之专气为霰,阴之专气为雹。盛阳之气在雨水,则温暖而为雨,阴气薄而胁之不相入,则搏而为雹也。盛阴之气在雨水,则凝滞而为雪,阳气薄而胁之不相入,则消散而下,因水而为霰。(见《资治通鉴》卷一五"景帝前二年"注)

李克家：雨凝曰雹。雹,雨水也。……又曰：水有变,春雨雹；寒不降,夏雨雹；臣作奸,秋雨雹；臣逆命,冬雨雹。凡雨雹所起,必有欲怨不平之事。又曰：臣擅法则天雨雹。故雹皆冬之愆阳,夏之伏阴也。(《戎事类占》卷一八《雨电类》)

冯智舒：《一统志》(编者按：《大清一统志》)：衡山,汉初国名,治六县,后改为六安国。东汉国除,改为盛唐县,属庐江郡。(见《御批资治通鉴纲目》卷四上《质实》)

孙之騄：《易稽览图》曰："凡雹者过,由人君恶闻其过,抑贤不(易)[扬],内与邪人通,取财利蔽贤,并当雨不雨,故(电)[雹]反下也。(《考定竹书》卷九《雨雹,大如砺》)

刘定山、龚浩康：衡山,汉初封国,辖今湖北省东部、河南省南部和安徽省西部

地区，以境内有衡山（今安徽省境内的霍山）而得名。都城为邾，今湖北省黄冈县北。（见王利器主编《史记注译·孝景本纪》）

【汇评】

董仲舒：雹，霰之流也，阴气暴上，雨则凝结成雹焉。太平之世，则风不鸣条，开甲散萌而已；雨不破块，润叶津茎而已；雷不惊人，号令启发而已；电不眩目，宣示光耀而已；雾不寒望，浸淫被泊而已；雪不封条，凌殄毒害而已。云则五色而为庆，三色而成矞；露则结味而成甘，结润而成膏。此圣人之在上，则阴阳和，风雨时也。政多纰缪，则阴阳不调。风发屋，雨溢河，雪至牛目，雹杀驴马，此皆阴阳相荡，而为祲沴之妖也。（引自《西京杂记》卷五）

又：凡雹皆为有所胁，行专一之政故也。（引自《晋书·五行志》）

班　固：《左氏传》曰："圣人在上无雹，虽有不为灾。"说曰：凡物不为灾不书，书大言为灾也。凡雹，皆冬之愆阳，夏之伏阴也。（《汉书·五行志第七中之下》）

蔡　邕：臣闻天降灾异，缘象而至，霹雳雹数发，殆刑诛繁多之所生也。（引自《太平御览》卷一四《雹》）

⑫【汇校】

王念孙：二年秋，衡山雨雹，大者五寸，深者二尺：念孙按："深者二尺"，"者"字因上句而误衍也。雹有大小，故言大者五寸。若深二尺，则平地皆然，不得言"深者二尺"也。《秦始皇纪》：二十一年大雨雪，深二尺五寸。《汉书·五行志》：宣帝地节四年五月，山阳济阴雨雹如鸡子，深二尺五寸。皆不言"深者二尺五寸"也。又《五行志》，元帝建昭二年十一月，齐楚地大雪，深五尺，不言深者五尺也。《初学记》《太平御览·天部》引《史记》并无"者"字。（《读书杂志》二《史记第二·孝景本纪·深者二尺》）

沈家本：《杂志》云："者字因上句而衍，《初学记》《御览·天部》并无。"按：雹不必皆深二尺，有者字为是。诸书所引，未必无夺文也。（《沈寄簃先生遗书·诸史琐言》）

【汇注】

王华宝：《孝景本纪》："八月，以御史大夫开封陶青为丞相。彗星出东北。秋，衡山雨雹，大者五寸，深者二尺。"按：秋，《札记》（编者按：郭崇焘《史记札记》）："《志疑》云上已书'八月'，何又言'秋'，当衍。""深者"的"者"，《札记》："《杂志》云'者'因上句而衍，《初学记》《御览·天部》引并无"，程千帆、徐有富《校雠广义·校勘编》第182页举此例。吴金华先生认为：（1）"秋"字未必是衍文。因为这不是按月叙事，而是独立的一段。（2）"者"是衍文，王念孙之说可从。说地上积雹之厚，当云"深二尺"，不云"深者二尺"，是约定俗成的说法。类似的记载甚多，例如《秦始皇本纪》："二十一年……大雨雪，深二尺五寸。"……"深"是泛指，"深者"则属特指，史家记载积雹、积雪、积水的深，只用泛指，这是通例。(《古文献问学丛稿·点校本史记正文校议》)

⑬【汇注】

巫　咸：荧惑主忧患，过恶祸福所由生也。(引自《唐开元占经》卷三〇《荧惑占·荧惑名主》)

子　韦：荧惑者天罚也。(见《吕氏春秋·制乐》)

刘　安：荧惑常以十月入太微，受制而出，行列宿，司无道之国，为乱，为贼，为疾，为丧，为饥，为兵。出入无常，辨变其色，时见时匿。(《淮南子》卷三《天文训》)

董仲舒：天地之物，有不常之变者，谓之异；小者谓之灾。灾常先至而异乃随之。灾者，天之谴也；异者，天之威也。谴之而不知，乃畏之以威，诗云："畏天之威。"殆以谓也。凡灾异之本，尽生于国家之失。国家之失，乃始萌芽，而天出灾害以谴告之。谴告之而不知变，乃见怪异以惊骇之。惊骇之尚不知畏恐，其殃咎乃至，以此见天意之仁而不欲陷人也。(《春秋繁露》卷八《必仁且智》)

司马迁：荧惑为孛，外则理兵，内则理政。故曰"虽有明天子，必视荧惑所在"。(《史记·天官书第五》)

又：荧惑，失行是也，出则有兵，入则兵散。(同上)

班　固：荧惑出，则有大兵。(《汉书·天文志第六》)

高　诱：荧惑，五星之一，火之精也。(见《吕氏春秋·制乐》"荧惑在心"注)

李克家：其东行曰顺，西行曰逆。逆则迟，通而率之，终为东行矣。不东不西曰留，与日相近而不见曰伏，伏与日同度曰合。其留、行、逆、顺、掩、合，犯陵变色，芒角，凡其所主，皆以时政、五常、五官、五事之得失而见其变。(《戎事类占》卷十二《星类六》)

又：荧惑所在之国，不秋，起兵。若留守之，必有殃祸。(《戎事类占》卷十三《星类七》)

李　贤：荧惑，南方，主夏，为礼为视，礼亏视失，不行夏令，则荧惑逆行。(见《后汉书·郎𫖮传》注)

⑭【汇注】

何　休：北辰，北极，天之中也，常居其所。迷惑不知东西者，须视北辰。(《公羊传》昭公十七年注)

徐　彦：北极谓之北辰。李氏云：北极，天心。居北方，正四时，谓之北辰。孙氏、郭氏曰"北极，天之中，以正四时，谓之北辰"是也。云天中也者，以天面言之

故也；然则谓之极者，取于居中之义矣。（见《公羊传》昭公十七年疏）

李克家：北极五星，在紫微宫中。北辰，最尊者也。其纽星为天枢。天运无穷，三光迭耀，而极星不移。故曰："居其所而众星共之。"……客星入，为兵，丧。（《戎事类占》卷七《星类一》）

陈士元：邢昺氏曰：《尔雅·释文》云：北极谓之北辰。郭璞云：北极，天之中，以正四时，然则极，中也，辰，时也。以其居天之中，故曰北极；以正四时，故曰北辰。（《论语类考》卷一《天象考·北辰》）

又：朱子曰：北辰，北极天之枢也。辰旁小星谓之极星。天圆而动，包乎地外，故天形半覆地上，半绕地下。左旋不息，其极纽则在南北之端焉。南极入地三十六度，故周回七十二度，常隐不见，北极出地三十六度，故周回七十二度，常见不隐。北极之星正在常见不隐七十二度之中，其旁则经星随天左旋，日月五纬右转，众星皆左旋，惟北辰不动，在北极星之旁，据北极七十二度常见不隐之中，故有北辰之号，而常居其所。（同上）

又：元按：《星书》，北极五星在紫微宫中，一名天极，一名北辰，其纽星天之枢也。天运无穷，三光迭耀，而极星不移。第一星太子也，第二星帝座也，亦为太乙座，第三星庶子也，第四星后宫也，第五星为天枢，……故三者皆称辰焉。《左传》云：日月之会谓之辰。……故五行之时，亦称五辰。《书》云"抚于五辰"是也。然则星家岂专以天体无星处为辰哉？（同上）

汪之昌：《论语》"辟如北辰，居其所而众星共之"。……郑康成注："北极谓之北辰。"本《尔雅·释天》文。《尔雅》李巡注：北极，天心，居北方，正四时，谓之北辰。郭璞注：北极，天之中，以正四时。后人以曰心，曰中，遂谓北辰是无星处。陈氏懋龄云："凡天下之无星处曰辰。天有十二辰，自子毕亥，为日月所聚会之次舍，如十一月冬至，日月毕会于丑，必有所当之星宿。"……按：《经》明云"北辰居其所"，曰"居"、曰"所"，正就北辰居之而言，决非空洞无联处，则必确有所谓北辰者。《春秋繁露·奉本篇》"星莫大于北辰"，此即一证。窃就"居其所"之文以考，北辰，盖谓北辰虽周四游之极而枢星常居正中，即《史记·天官书》所云"中宫，天极星，其一明者太一常居也"。《周髀》云：欲知北极枢旋周四极，常以夏至夜半时，北极南游所极。冬至日加酉之时，西游所极……此北极璇玑。四游正北极，枢璇玑之中，正北天之中，正极之所游。《吕氏春秋·有始览》："极星与天俱游，而天枢不移。"天枢之名，虽不著于天官，而《吕览》《周髀》言之，大约古人星象疏阔，天极、天枢，本可包以北辰之名，正以运转不离于中，所居独尊，斡维斯系。伏生《大传》：旋者还也。机者，几也。其变几微，而所动者大。盖天枢本是默迹，非绝不动之谓。（《青学斋集》卷十《北辰解》）

⑮【汇注】

胡三省：荧惑，火星。北辰，中宫天极星也。月有九行，黑道二，出黄道北，自立冬、冬至行之；青道二，出黄道东，立春、春分行之；赤道二，出黄道南，立夏、夏至行之；白道二，出黄道西，立秋、秋分行之。其去极有远近，终不能出北辰之间；出北辰间，失其行也。（见《资治通鉴》卷十五"景帝前二年"注）

丘　濬：书月错行，始此。夫《春秋》，月食不书，此书"月出北辰何"？月行有常，北辰非其所行之道，错行至此，岂非大异乎？（《世史正纲》卷三《汉世史·孝景皇帝》）

邵泰衢：二年，荧惑守北辰，月出北辰间：星月出入黄道内外，至远不过十度，从未有失度上行直至枢辰间者，况月之合朔可推，食分可定者乎？如此，则历紊矣，此盖妖星之似火，妖气映云之似月者也，观象者讹之也。（《史记疑问》卷上《孝景纪》）

梁玉绳：按：荧惑何由守北辰？月何由出北辰间？真所难晓。邵氏《疑问》云"星月出入黄道内外，至远不过十度，从未有失度上行至枢辰间者，况月之合朔可推，食分可定者乎？此盖妖星之似火，妖气映云之似月者，观象者讹之也"。余谓非观象之讹，乃《史》讹耳。《汉·天文志》曰："孝景二年十月丙子，火与水晨出东方，因守斗。"此书于八月后，亦误。（《史记志疑·孝景本纪》）

钱大昕："二年，秋，荧惑逆行，守北辰。月出北辰间。"月、五星出入黄道间，必无失行而守北辰之理。予意"辰"当为"戍"之讹。《汉书·天文志》东井西曲星曰戍北，北河南，南河火，守南北河，兵起。又云：元封中，星孛于河戍，占曰：南戍为越门，北戍为胡门。盖北戍与黄道相近，故荧惑得守之，而月行亦或出入其间也。（《三史拾遗·孝景本纪》）

徐　发：月为太阴之精，女主之象，君明则依度，臣专则失道。或大臣用事，兵刑失理，则乍南乍北。或女主外戚专权，则或进或退。（《天元历理》卷三《观象辑要》）

⑯【汇注】

司马迁：察日月之行，以揆岁星顺逆。曰东方，木主春，日甲乙。义失者，罚出岁星。岁星赢缩，以其舍命国。所在国不可伐，可以罚人。其趋舍而前曰赢，退舍曰缩。赢，其国有兵不复；缩，其国有忧将亡，国倾败。其所在，五星皆从而聚于一舍，其下之国可以义致天下。（《史记·天官书第五》）

又：岁星所在，五谷逢昌。其对为冲，岁乃有殃。（同上）

班　固：岁星曰东方春木，于人五常仁也，五事貌也。仁亏貌失，逆春令，伤木气，罚见岁星。岁星所在国不可罚，可以罚人。超舍而前为赢，退舍为缩。赢，其国有兵不复。缩，其国有忧，其将死，国倾败。所去失地，所之得地。一曰：当居不居，国亡；所之国昌。已居之，又东西去之，国凶，不可举事用兵。安静中度，吉，出入不当其次，必有天袄见其舍也。（《汉书·天文志第六》）

张守节：岁星者，东方木之精，苍帝之象也。其色明而内黄，天下安宁。夫岁星欲春不动，动则农废。岁星盈缩，所在之国不可伐，可以罚人，失次则民多病，见则喜，其所居国，人主有福，不可以摇动。人主怒，无光，仁道失。岁星顺行，仁德加也。岁星农官，主五谷。《天文志》云：春日，甲乙，四时春也。五常，仁，五事，貌也。人主仁亏貌失，逆时令，伤木气，则罚见岁星。（《史记正义·天官书》）

又：《晋书·天文志》云："太微，天子宫庭也。太微为衡，衡，主平也，为天庭理，法平辞理也。"按：言三台、三衡者，皆天帝之庭，号令舒散评理也。故言三台、三衡。（同上）

胡三省：岁星，木星也。太微为天廷。据《天文志》：北极及太微，人君之位；或守之，或出之，或逆行经之，皆变也。又石氏《星传》曰：龙左角为天田，右角为天廷。孔颖达曰：《春秋纬》文：紫微宫为大帝，太微为天庭，中有五帝座。（见《资治通鉴》卷一五"景帝前二年"注）

梅文鼎：五星有迟疾留逆，而古惟知顺行，占以逆行为灾，曰未当居而居，当去而去；当居不居，未当去而去，皆变行也。五星之出入黄道，亦如日月，故所犯星座可预求。……曰：然则占验可废乎？将天变不足畏邪？曰：恶，是何言也！吾所谓辨惑，辨其诬也。若夫王者遇灾而惧，侧身修省，以答天戒，固钦若之精意也。古者日食修德，月食修刑，夫德刑固不以日月之食而始修也，遇其变，加警惕焉，此则理之当然，非以数之有常而或懈也。（引自《日知录集释》卷三十《天文》）

杨金鼎：岁星，即木星，简称为"岁"。我国古代认为木星十二年运行一周天（实际是11.86年），春秋时代并用以纪年。古人划分周天为十二次，木星每年行经一次，都有特定的名称。所以把木星叫做"岁星"，这种纪年法叫"岁星纪年"。（《中国文化史词典·天文历法·岁星》）

【汇评】

吕祖谦：《史记·景帝纪》载灾异甚悉。《汉书》皆略之，岂非以既见《五行志》，不复重出欤？失其旨矣。（《大事记解题》卷十一）

刘沅：天人一气也，故其感应甚速。景帝信晁错，将有七国之变，而灾异屡兆。故修德以怀柔，经纬以礼制，圣王自有弭灾之道。而景帝君臣不知天象，故如此也。（《史存》卷九《孝景皇帝》）

又：汉儒有言：一念之善，祥风和气；一念之恶，袄星厉鬼。帝失德未形，特以忌刻少恩，而变异应之，捷如影响。然则人君一念之间，所系若此，可不慎诸！（同

上）

编者按：康有为在《诸天讲》一书的《通论篇》中，以《古以占验言天之谬》为题，系统地总结了用天象占验人事的错误所在，以及产生的原因。他说："自殷巫咸言天，已主占验。春秋之梓慎、裨灶，战国之甘德、石申并以占天得名。直至近世，谈天虽寡，然皆知日月食之有定，而彗孛之见，人心犹惊。古言天文者，以张衡为古今第一，崔子玉推为数术穷天地，制作侔造化。今日本大学藏平子地动仪，遗制犹有验焉。然张衡云：在野象物，在朝象官，动系于占，实司王命。四布于方，为二十八星，日月运行历行示休咎，五纬经次，用彰祸福。北周克梁，获庾季才为太史令，撰《灵台秘苑》一百二十卷，占验益备。盖诸星千万，欲名无从，不得不假人事以名之，故其积久有自来。既为人事，自有崇卑得失，而占卜自生矣。其后，君主权大，先圣不得已以天统君。故藉天象以警戒之，亦不得已之事。故历代天官五行之志，皆主占卜。今以地球大通，百国平立，君主繁多，渐改民主，或只立议长。进而知吾地蕞尔，仅为日游星之一，岂能以诸恒星应一国百官之占卜乎？可笑事也，皆不必辨。"用天来限制君权，用天象来警诫国君，虽属良好愿望，但真能起作用的实属微乎其微。司马迁有鉴于此，虽在《孝景本纪》中大量罗列异常的自然现象，要各人自去联系社会实际，进行独立思考，该得出什么结论，司马迁并未加以点破。正是"此地无声胜有声"也。

⑰【汇校】

余有丁：按：内史，京兆治，非为县。云然者，以栎阳属内史耳。（引自《史记评林·孝景本纪》）

梁玉绳：按：《名臣表》及《汉·志》并云南陵文帝七年置。又高帝九年置内史，景帝二年置左、右内史，见《百官表》。此有缺误，当云"置左、右内史及栎阳为县"。余有丁谓"栎阳属内史，故云内史"，亦非。（《史记志疑·孝景本纪》）

[日] **水泽利忠**：延久无"为县"二字。大治"为县"傍注有"异本也"三字。（《史记会注考证附校补·孝景本纪第十一》）

【汇注】

裴　骃：徐广曰："《地理志》云文帝七年置。"骃按：《地理志》《百官表》南陵县文帝置也。分内史为左右，及栎阳为县，皆景帝二年，不得皆如徐所云。（《史记集解·孝景本纪》）

乐　史：栎阳故城在县东北一里，汉县也。宣帝神爵二年，凤凰集栎阳城是也。（《太平寰宇记》卷三十一《关西道七·耀州·华原县》）

王益之：夏四月壬午，太皇太后薄氏崩，天子朝臣并居重服，葬南陵。用吕后不合葬长陵，故特自起陵，近文帝。（《西汉年纪》卷九）

顾祖禹：栎阳，废县，在州治东北一里，汉景帝二年置，县属左冯翊。颜师古曰：

祋读丁活反，又丁外反；祤读翊，盖兵祷之名。（《读史方舆纪要·陕西·西安府·耀州》）

吴卓信：南陵，文帝七年置。《史记·将相名臣年表》孝文七年，四月丙子，初置南陵。本书《王嘉传》蔡廉为南陵丞。《汉旧仪》南陵，即薄太后葬之所，亦谓之南霸陵。因置县，以奉陵寝。后省霸为南陵。《括地志》南陵故城在万年县东南二十四里，本薄太后陵邑，陵在东北，去县六里。平帝元始四年，县为王莽所废。《类编长安志》南陵故城，在今咸宁县东南二十四里白鹿原上。《大清一统志》南陵废县，在今西安府咸宁县东南。按：《史记·景帝纪》二年，置南陵县。今据本《志》及《百官表》，又《史·将相表》并作文帝。盖文帝时置陵，景帝时置县也。薄太后以孝景前二年崩，以吕后合葬长陵，故特自起陵，近文帝霸陵，以在霸陵之南，故曰南陵。（《汉书地理志补注》卷一）

又：祋祤，景帝二年置。本书《郊祀志》宣帝神爵二年，凤凰集祋祤。《水经注》宜君水又东南流迳祋祤县故城西，南合铜官水。铜官水又西南迳祋祤县东，西南流注宜君水。师古曰："祋祤，盖军士祷祀之名。祋音丁活反，又音丁外反。祤音诩。"《史记索隐》："邹诞生上音都会反，又丁活反，下音羽。"《史记正义》："祋音都诲反"。《玉篇》祤，于矩切。祋祤，县名，属冯翊。《元和志》今京兆府华原、同官二县，并汉祋祤县地。故城在华原县东北一里。《寰宇记》祋祤故城，在今耀州华原县东北一里。江邻几《杂识》赵龙图师民来自耀州，说其地昔名祋祤，有祋祤庙。疑祋祤是一兵器，其秦铸兵之所乎？《寰宇通志》祋祤城在耀州治东北一里，汉县遗址略存。方以智《通雅》祤字，《说文》所无。《卫青传》又作栩。王厚之《集古印谱》有祋栩丞印，亦从木傍。《大清一统志》祋祤故城，在今西安府耀州东。《州志》云在州东一里，以汉宣帝时凤凰所集，今人犹呼为凤凰台。（《汉书地理志补注》卷二）

周寿昌：寿昌案：此薄太后陵也。《史记·将相名臣年表》孝文七年，四月丙子，初置南陵，未置县也。《史记·景帝纪》二年置南陵县，是文帝时置陵，景帝时始置县也。曰南陵以在霸陵之南，故初谓之南霸陵。置县后即谓之南陵也。《志》似误，当从《史记·表》及《本纪》。观下云陵，昭帝初置，三年始置县。平陵，昭帝置，至宣帝时始置县，可证也。（《汉书注校补》卷二十一《地理志第八上》）

李廷宝：祋祤故城，景帝始置县于此。……东北一里，有……步寿原，东二里故惠政坊，有祋祤庙，盖祀祋祤令有遗爱者，亡其名。庙南有祋祤冢，即其令葬处。往州官毁寺庙，将及祋祤，祋祤庙火。（见《耀州志》卷二《古迹》）

黎锦照：汉景帝二年，置"祋祤县"，分内史为左右，属左内史；县与今之耀县皆汉祋祤地也。按：江邻幾《杂识》：赵龙图师民自耀过同，（说）[设]祋祤庙，疑祋祤亦是一兵器，其秦铸兵之所乎？（见《同官县志》卷二《建置沿革志》）

陈　直：《索隐》：邹诞生祋音都会反，又音丁活反。祤音羽，又音诩。直按：《居延汉简释文》卷三，四十二页，有简文云："施刑士冯诩带羽掖落里王□。"带羽当为祋祤之俗字，然可证汉人读祤字为都会反，不读丁活反（会当读如会计之会）。（《史记新证·孝景本纪》）

王　恢：南陵，二年（前155）置南陵。《将相表》，文帝七年（前173）"四月初置南陵"（《汉志》同）。吴卓信《汉志补注》："盖文帝置陵，景帝置县也。薄太后以孝景前二年崩，以吕后合葬长陵，故特起陵，近文帝霸陵，在霸陵南，故曰南陵。"谭其骧《汉志选释》："故城在今西安城东南二十四里白鹿原上。陵县不属郡国，而直属于中央九卿中掌宗庙的太常。"（《史记本纪地理图考·景帝本纪》）

又：内史，内史周官，秦因之，掌治京师。《汉志》三辅并云"高帝九年（前198）复为内史，武帝建元六年（前135）分为左右内史"。《志》误；《百官表》景帝二年八月，左内史晁错为御史大夫（文帝十四年则只云内史董赤）。《志疑》曰："当云'置左右内史及祋祤为县。'"（同上）

又：祋祤，《汉志》左冯翊"祋祤景帝二年置"。《清统志》故城今耀县东一里。（同上）

刘定山、龚浩康：南陵，《汉兴以来将相名臣年表》载，孝文七年"四月丙子，初置南陵"。与此处记载不符。南陵，在今陕西省长安县东南。因在文帝霸陵之南，故名南陵。为文帝母薄太后葬处。内史，政区名，辖当时京城附近地区，治所在咸阳（今陕西省咸阳市东北）。因为由内史（掌管京城民政的长官，相当于后来的京兆尹）治理，故以官为名，而不称郡。景帝时分设左、右内史。祋祤，县名，治所在今陕西省耀县东，当时属京畿地区。按：内史、南陵分别设于高祖九年、文帝七年，《史记志疑》认为此句应为"置左右内史及祋祤为县"。（见王利器主编《史记注译·孝景本纪》）

三年正月乙巳①，赦天下②。长星出西方③。天火燔雒阳东宫大殿城室④。吴王濞、楚王戊、赵王遂、胶西王卬、济南王辟光、菑川王贤、胶东王雄渠反⑤，发兵西向⑥。天子为诛晁错⑦，遣袁盎谕告⑧，不止⑨，遂西围梁⑩。上乃遣大将军窦婴、太尉周亚夫将兵诛之⑪。六月乙亥，赦亡军及楚元王子蓺等与谋反者⑫。封大将军窦婴为魏其侯⑬。立楚元王子平陆侯礼为楚王⑭。立皇子端为胶西王⑮，子胜为中山王⑯。徙济北王志为菑川王⑰，淮阳王馀为鲁王⑱，汝南王非为江都王⑲。齐王将庐、燕王嘉皆薨⑳。

① 【汇注】

　　章　衡：丁亥，三年。五月，长星出于西方。吴王濞、胶西王卬、楚王戊、赵王遂、济南王辟光、菑川王贤、胶东王雄渠反，天下震动。遣太尉周亚夫、大将军窦婴，将三十六将军击之。大赦天下。用袁盎谮，斩御史大夫晁错，以谢七国。二月壬子晦，日有食之。诸将破七国兵，追斩吴王濞于丹徒，余皆自杀。立皇子端为胶西王，胜为中山王，徙济北王志为菑川王，余为鲁王，非为江都王。赐民爵一级。（《编年通载》卷三《汉·孝景皇帝》）

　　张大可：正月乙巳，正月二十二日。（《史记全本新注·孝景本纪》）

② 【汇注】

　　王钦若等：三年正月，吴王濞、胶西王卬、楚王戊、赵王遂、济南王辟光、菑川王贤、胶东王雄渠，皆举兵反。大赦天下。二月，破七国。六月，诏曰："乃者，吴王濞等为逆，起兵相胁，诖误吏民，不得已。今濞等已灭，吏民当坐濞等及逋逃亡军者，皆赦之。"（《册府元龟》卷八二《赦宥一》）

　　沈家本：景帝（元年、三年、四年，中元年、五年，后元年）。按：景帝在位十六年，凡赦六，又曲赦一，减死一，赦徙一，详彼门。（《历代刑法考（上）》卷十二《赦考·汉世诸帝赦之次数》）

③ 【汇注】

　　司马迁：吴楚七国叛逆。彗星数丈。（《史记·天官书第五》）

　　颜师古：文颖曰：孛、彗、长三星，其占略同，然其形象小异。孛星光芒短，其光四出蓬蓬孛孛也。彗星光芒长，参参如扫彗。长星光芒有一直指，或竟天，或十丈，或三丈，或二丈，无常也。大法，孛、彗多为除旧布新，火灾，长星多主兵革事。（《汉书注·文帝纪第四》）

　　李克家：流星之尾长二三丈，晖然有光，光白长竟天者，人主之使也。（《戎事类占》卷十四《星类八》）

　　徐　发：彗星小者数尺，长者或竟天，见则兵起，大水，除旧布新之兆也。（《天元历理》卷三《观象辑要·五星总论》）

④ 【汇校】

　　裴　骃：徐广曰："雏，一作'淮'。"（《史记集解·孝景本纪》）

　　梁玉绳：徐广云"雏，一作'淮'"，是也。《汉书》作"淮阳王宫正殿灾"，《索隐》曰"淮阳王宫灾，故徙王于鲁"。（《史记志疑·孝景本纪》）

张文虎：单本如此，下云"灾，故徙王于鲁也"，文义本明。各本误以"灾"字上属，遂于"淮阳"下加"王宫"二字，而删去"雒阳"字，大失小司马意。（《校刊史记集解索隐正义札记》卷一《孝景本纪》）

编者按：荀悦《汉纪》卷九《孝景》谓"春正月，淮阳王正殿灾。""雒阳"亦作"淮阳"，与《汉书》同。

【汇注】

左丘明：凡火，人火曰火，天火曰灾。（见《春秋左传注》宣十六年）

董仲舒：火有变，冬温夏寒，此王者不明，善者不赏，恶者不细，不肖在位，贤者伏匿。则寒暑失序，而民疾疫。救之者，举贤良，赏有功，封有德。（《春秋繁露》卷十四《五行变救》）

郎　颛：《易》天人应曰：君子不思遵利，兹谓无泽，厥灾孽火烧其宫。又曰：君高台府，犯阴侵阳，厥灾火。又曰：上不俭，下不节，炎火并作，烧君室。（引自贺复徵编《文章辨体汇选》卷一百二十三《上灾异章》）

班　固：三年……春正月，淮阳王宫正殿灾。（《汉书·景帝纪第五》）

又：《传》曰："弃法律，逐功臣，杀太子，以妾为妻，则火不炎上。"说曰：火，南方，扬光辉为明者也。其于王者，南面向明而治。《书》云："知人则哲，能官人。"故尧、舜举群贤而命之朝，远四佞而放诸野。孔子曰："浸润之谮，肤受之诉不行焉，可谓明矣。"贤佞分别，官人有序，帅由旧章，敬重功勋，殊别适庶，如此则火得其性矣。若乃信道不笃，或耀虚伪，逸夫昌，邪胜正，则火失其性矣。自上而降，及滥炎妄起，灾宗庙，烧宫馆，虽兴师众，弗能救也。是为火不炎上。（《汉书·五行志第七上》）

孔颖达：《正义》曰：人火，从人而起，人失火而为害，本其火之所来，故指火体而谓之为火。天火则自然而起，不能本其火体。故以其所害者言之谓之为灾。圣人重天变，故异其名。（引自《十三经注疏·春秋左传正义》卷第二十四）

司马贞：雒阳，《汉书》作"淮阳"。灾，故徙王于鲁也。（《史记索隐·孝景本纪》）

郑　樵：春正月，淮阳王宫正殿灾。（《通志》卷五下）

编者按：雒阳，司马光不认为是"淮阳"，在《资治通鉴》中仍肯定为"洛阳东宫灾"，胡三省注曰："洛阳县，河南郡治所。高祖先居洛阳，因筑宫室，有南宫、北宫、东宫。"

郭嵩焘：天火燔雒阳东宫大殿城室。按：《汉志》作"淮阳王宫殿灾"，而《五行志》皆不载。此云"大殿城室"，"城室"字未详何义。据《封禅书》："作甘泉宫中为台室。"《武帝纪》："甘泉更置前殿，有芝生殿防内。"《说文》："防，隄也。"殿外或有复道若隧,此"大殿城室",当谓殿夹室殿壁四周若城也。又按:陈子龙云:"《武帝纪》'殿防内','防'即'房'字,古防字作㕁,去其下而为防。《仙人唐公防碑》可证。《项羽纪》'封阳武侯为吴防侯',《索隐》曰:'古房子国',《年表》亦作'吴房',是'房'字亦作'防'。汉时甘泉宫中,《宣纪》正作'房',是'房'即宫中夹室也。"(《史记札记》卷一《孝景本纪》)

王叔岷:案:《汉纪》亦作"淮阳王宫正殿灾"("宫"字就脱),亦可证此作"雒"之误。盖由"淮"误为"洛"(《通鉴·汉纪八》作"洛阳东宫灾"),复易为"雒"耳。(《史记斠证·孝景本纪》)

王　恢:雒阳宫殿,天火。徐广曰:"雒,一作'淮'。"《汉书·景纪》正作"淮阳王宫正殿灾"。《索隐》曰:"淮阳王宫灾,故徙王于鲁。"徙鲁,未必因于火灾。(《史记本纪地理图考·景帝本纪》)

解惠全、白晓红:天火,指由雷电或物体自燃引起的大火。燔,焚烧。雒阳,《索隐》:"《汉书》作淮阳。"此事指景帝三年淮阳王刘馀的宫殿被大火焚毁。(引自金源编译《全译史记·孝景本纪》)

【汇评】

董仲舒:如人君惑于谗邪,内离骨肉,外疏忠臣,至杀世子,诛杀不辜,逐忠臣,以妾为妻,弃法令,妇妾为政,赐予不当,则民病血壅,肿目不明,咎及于火,则大旱,必有火灾。(《春秋繁露》第六〇《五行顺逆》)

胡　寅:景帝即位才三年,孛彗、雨雹、荧惑、岁星之变,纷纷见于史册。至是又书长星出西方,天火燔淮阳王东宫大殿城室,未几果有七国之变,汉几不保。帝岂有舛政逆令,以干天地之和者乎?盖一念之善,祥风和气;一念之恶,妖星厉鬼。景帝失德未形,特以忌刻少恩,而变异应之,捷如影响矣。其后十二年间,书日食七,地震四,星孛、蝗各一,雨雹、冬雷、大水、淫雨、春雨雪、东阙灾、秋大旱皆一。后三年,所书日月皆赤等灾尤为可畏。盖晁错以忠谋杀,皇后、太子以无罪废,丞相亚夫以守正不阿死,此皆非小故也。上天变异,夫岂适然哉?(引自《历代名家评注史记集说·孝景本纪》)

袁　燮:大抵天人本只是一件物事,故人君失德,天变随应。非天变也,我先自变也。在天许多祥善,便由在我有许多善政;在天许多变异,便由在我许多过失。三光全,寒暑平,我实为之也。日月薄蚀,星辰失行,我实先变也。此无他,只缘天人本是一理,今须是晓得真是一理始得。(《絜斋家塾书钞》卷一《舜典》)

尹起莘:景帝失德未形,特以忌刻少恩,而变异应之,捷如影响。然则人君一念之间,所系若此,观之《纲目》所书,则知微之显,诚之不可掩也。如是可不谨诸!(见《御批资治通鉴纲目》卷四上《孝景皇帝·发明》)

⑤【汇校】

　　王叔岷：梁玉绳云："王名各处作：'雄渠'，惟《汉书·年表》作'熊渠'，盖古通借用字。《左传》八元仲熊，《潜夫论·五德志》作'仲雄'。《易系疏》引《世纪》：'伏羲，一号皇雄氏'，《月令疏》又引作'黄熊'。《魏书·羊祉传》：'熊武斯裁'，'雄武'也。"案：《汉纪》"菑"作"淄"，"雄"亦作"熊"。菑、淄古今字。（《史记斠证·孝景本纪》）

【汇注】

　　班　固：文帝后五年六月，齐雍城门外有狗生角。……犬不当生角，犹诸侯不当举兵向京师也。天之戒人蚤矣，诸侯不寤。后六年，吴楚畔。济南、胶西、胶东三国应之，举兵至齐，齐王犹与城守。三国围之，会汉破吴、楚，因诛四王，故天狗下梁，而吴、楚攻梁。狗生角于齐，而三国围齐。汉卒破吴、楚于梁，诛四王于齐。京房《易传》曰："执政失，下将害之。厥妖狗生角。君子苟免，小人陷之，厥妖狗生角。"（《汉书·五行志第七中之上》）

　　又：文帝元年，四月，齐、楚地山二十九所同日俱大发水，溃出。刘向以为近水沴土也。天戒若曰："勿盛齐、楚之君，今失制度，将为乱。"后十六年，帝庶兄齐悼惠王之孙文王则薨，无子。帝分齐地立悼惠王庶子六人（颜师古注曰：谓齐孝王将闾、济北王志、菑川王贤、胶东王雄渠、胶西王卬、济南王辟光皆为王）。贾谊、晁错谏以为违古制，恐为乱。至景帝三年，齐、楚七国起兵百余万，汉皆破之。（《汉书·五行志下之上》）

　　又：文帝十二年，有马生角于吴。角在耳前，上向。右角长三寸，左角长二寸，皆大二寸。刘向以为马不当生角，犹吴不当举兵向上也。是时，吴王濞封有四郡五十余城，内怀骄恣，变见于外，天戒早矣。王不寤。后卒举兵，诛灭。（同上）

　　又：景帝二年九月，胶东下密人年七十余，生角，角有毛。时胶东、胶西、济南、齐四王，有举兵反谋。谋由吴王濞起，连楚、赵，凡七国。下密县居四齐之中。角，兵象，上向者也。老人，吴王象也。年七十，七国象也。天戒若曰：人不当生角，犹诸侯不当举兵以向京师也。祸从老人生，七国俱败云。诸侯不寤。明年，吴王先起，诸侯从之。七国俱灭。（同上）

　　又：文帝五年，吴暴风雨，坏城官府民室。时吴王濞谋为逆乱，天戒数见，终不改寤，后卒诛灭。五年十月，楚王都彭城，大风从东南来，毁市门，杀人。是月王戊初嗣立，后坐淫削国，与吴王谋反，刑僇谏者。吴在楚东南。天戒若曰：勿与吴为恶，将败市朝。王戊不寤，卒随吴亡。（同上）

　　荀　悦：三年，冬十月，胶东下密人年七十余，生角，角有毛。本志（编者按：《汉书·五行志》，下同）曰：老人，吴王象也。年七十，七国象也。人不当生角，犹

诸侯不当举兵向京师，七国将反之应也。（《汉纪·前汉纪孝景皇帝纪卷九》）

又：十有一月，白项乌与黑项乌共斗楚国苦县，白项乌不胜，堕泗水中，死者过半。十有二月，吴城门自倾，大船自覆。本志以为金沴木也，吴地以船为家，天戒若曰：国家将倾覆矣。（同上）

又：初，上为太子，时吴王太子入朝，与上博，争道，无礼于上，上以博局掷之而死，送丧至吴。吴王怒曰："天下一家，何必来葬？"复遣还长安，后称疾不朝，阴怀逆谋。时齐人邹阳、淮阴人枚乘皆游吴，乘谏曰：夫以一缕之丝，系千钧之重，上悬无极之高，下垂不测之深，虽至愚之人，犹知其绝矣。以君所为，危于累卵，难于上天；若变所为，易于反掌，安于太山。今欲极天命之寿，弊无穷之乐，终万乘之权，不出反掌之易，以居太山之安，而欲乘累卵之危，走上天之难，此愚臣之所大惑也。阳亦数谏，吴王不听。乘、阳皆去，游梁。晁错说上曰："吴王骄恣，阴有逆谋，今削之亦反，不削亦反。削之其反疾而祸小，不削则其反迟而祸大。"于是楚、赵有罪先削，吴王恐祸及身，已为使者，自见胶西王，合谋。发使约诸侯七国，同谋。南使南越，北连匈奴。吴王下令国中曰："寡人年六十二，身自将，小儿年十四，亦为士卒先。诸君年上与寡人同，下与小儿等，皆发。"移书郡国曰："汉贼臣晁错，侵夺诸侯地。陛下多疾，志逸不能省察。欲举兵诛之。敝国虽小，精兵可得五十万人。南越分其卒半，以随寡人，寡人又得三十万。赵王固与胡王有约。寡人节衣积金钱，修甲兵，聚粮食，夜以继日，至今三十余年。寡人金钱布天下，诸侯王日用之不能尽。今人有能得大将者，赐金五千金，封邑万户。以城邑降者，封万户；若率万人降者，如大将军科。他皆以差受爵。"（同上）

张守节：（编者按：吴王濞）音匹备反。高祖兄仲子，故汉高祖十二年封，三十三年反。《年表》云都吴，其实在江都也。（编者按：楚王戊）高祖弟楚王交孙，嗣二十一年反，都彭城。（编者按：赵王遂）高祖孙，幽王友子，嗣二十六年反，都邯郸。（编者按：胶西王卬）卬，五郎反。高祖孙，齐悼惠王子，故平昌侯，十年反，都密州高密县。（编者按：济南王辟光）辟音壁。高祖孙，齐悼惠王子，故（初）［扐］侯，立十一年反。《括地志》云："济南故城在淄川长山县西北三十里。"（编者按：菑川王贤）高祖孙，齐悼惠王子，故武城侯，立十一年反，都剧。《括地志》云："菑州县也。故剧城在青州寿光县南三十一里，故纪国。"（编者按：胶东王雄渠）高祖孙，齐悼惠王子，故白石侯，立十一年反，都即墨。《括地志》云："即墨故城在密州胶水县东南六十里，即胶东国也。"（《史记正义·孝景本纪》）

江 贽：永嘉陈氏曰：吴王濞之谋反也，其志盖萌于太子博局之时，而停蓄含忍于文帝几杖之赐，西向之心，未尝不欲逞也。景帝之立，濞之侧目京师，猖然而噬者屡矣。而晁错削地之策适犯其怒，而泄其不逞之谋，卒死逆锋，为言事者戒。错诚可

悲也哉！（《少微家塾点校附音通鉴节要》卷八《孝景皇帝》）

又：吴王招纳亡叛，反形已具，汉固不可不为之虑也。其他若楚、赵、常山、胶西之徒，初曷尝有反谋者哉？向使错之议止于削吴，则其所反也独一吴耳。今也削地之令未加之谋反之吴，而先加之未反之国，使吴王得以借口，诱诸侯为左右手，几于危刘氏之社稷，然则扬子云以错为愚，诚可谓愚矣。（同上）

又：楚王戊来朝，错因言戊往年为薄太后服，私奸服舍，削东海郡。前年赵王有罪，削其常山郡，胶西王卬以卖爵事有奸，削其六县。廷臣方议削吴，吴王恐削地无已，因发谋举事，说胶西王，约齐、菑川、胶东、济南、楚、赵，皆反。发使遗诸侯书，罪状晁错，欲合兵诛之。（同上）

姚允明：御史大夫晁错，变法令以刻削诸侯，而名安刘。曰：三庶封，半天下。制不古。今吴逾骄，丛诸奸，久不发，崇为祸，盍谪削地，早速之反，犹可制也。削吴地，遂并及楚、赵、胶西。诸侯皆危，心汉之不能容己也。故吴使所及，齐、楚、赵皆应，齐孝王未即合从，即胶西、东、菑川、济南共围之。济北以城坏见劫，赵军其国以待。吴王取供山海，无赋于其国，以行媚于民，思有所用之也。悉发国中兵，得二十万，闽东、粤兵皆从反。起广陵，涉淮，则楚兵会，名诛错，而西攻。（《史书》卷二《汉景帝》）

赵　翼：七国反时，《史记》谓胶西王听吴王计，约同反。遂发使约齐、临菑、胶东、济南、济北，皆许诺。《汉书》独无济北。按：《齐孝王传》，是时孝王狐疑不同反，寻被临菑等三国围，急，阴与三国通谋，会路中大夫来，告汉兵且至，遂坚守。及汉将栾布等解三国围后，闻齐亦通谋，将伐之，孝王惧，自杀。而济北王以城坏未完，郎中令劫守其王，不得发兵，故亦不同反。后闻齐王自杀，济北王亦欲自杀，梁孝王为之辨雪，乃得不坐（《邹阳传》）。据此，则齐与济北二王，亦非必能坚守之人。《史记》谓"胶西来约同反"时，齐、济北皆许诺，从其实也。《汉书》独无济北，则以其未成反也。然以其未成反而遂不列于约反之内，则齐王不惟不反，且有坚守之功，何以转列于从反之内乎？岂以齐王自杀，遂坐以反谋？济北免罪，则并其先欲从而不得反之处，概为隐讳耶？（《廿二史札记》卷一《史汉互有得失》）

瞿方梅：方梅案：《正义》失之。高祖十二年，即吴王濞之元年，凡中间惠帝七年，高后八年，文帝二十三年，景帝又三年，然则吴封四十二年反也。《诸侯王表》可证。（《史记三家正补正·孝景本纪第十一》）

陈　直：《正义》：辟音壁。直按：辟光疑用庄子首篇"宋人有善不龟手之药者，世世以洴澼絖为事"而命名，《正义》音璧，于义无取。（《史记新证·孝景本纪》）

王　恢：赵国，故赵王遂国。三年，因削其常山郡，乃与吴楚反，诛，国除为郡。五年复置，四月徙广川王彭祖来王，五传，王莽时绝。中六年（前144），分赵之东部置广平郡，仍属之赵。武帝征和二年（前91）置为平干国，立彭祖子偃，传子元。宣帝五凤二年（前56），以暴虐无道，国除复为郡。哀帝建平三年（前4），更置为广平国，正月立中山王胜六世孙汉，王莽时绝。（《史记本纪地理图考·景帝本纪》）

又：胶西国，齐王肥子卬国，都高密。二年，景帝削其六县，三年，因与吴楚反，诛，六月立皇子端。端数犯法，削其国，去大半。故胶西小国（《景十三王传》），一削再削，是其初国，不止如《汉志》（编者按：《汉书·地理志》）之高密国五县也。武帝元封三年（前108）卒，无子，国除为郡。宣帝本始元年（前73），更名高密国。十月立武帝子广陵王胥少子弘，三传，王莽时绝。（同上）

又：胶东国，齐王肥子雄渠国。三年，与吴楚反，诛，国除为郡。四年四月复置，立皇子彻，七年（前150）四月，彻入为皇太子（武帝），国除，复为郡。中二年（前148）复置，四月立皇子寄。淮南王安谋反（前122），寄私作军器，备战守，吏治淮南。寄自伤，病死，复立其子贤（并封寄少子庆为六安国王），传四世，王莽时绝。（同上）

又：楚则既削东海，吴楚乱平，即置鲁国与江都，而徙淮阳、汝南王王之，西接临江，南连长沙。使淮南孤立其间，一有反动，即可"封杀"。旋又分梁为五，燕更微弱单外，不足轻重。（同上）

刘定山、龚浩康：吴王濞，即高祖次兄刘仲之子刘濞。曾随高祖破黥布，以功封为吴王。景帝时，他反对削夺诸侯封地，联合楚、赵等六国发动叛乱，兵败后逃入东越，为越人所杀。事详《吴王刘濞列传》。楚王戊，即高祖异母弟刘交的孙子刘戊。赵王遂，即高祖第六子赵幽王刘友之子刘遂。胶西王刘卬、济南王刘辟光、菑川王刘贤、胶东王刘雄渠都是高祖长子齐悼惠王刘肥的儿子。以上七王所在国的都城分别为：吴国都在广陵（今江苏省江都县东北），楚国都在彭城（今江苏省徐州市），赵国都在邯郸（今河北省邯郸市），胶西国都在宛（今山东省章丘县东北），济南国都在东平陵（今山东省济南市东），菑川国都在剧（今山东省寿光县东南），胶东国都在即墨（今山东省平度县东南）。（见王利器主编《史记注译·孝景本纪》）

【汇评】

陆唐老：林曰：晁错在文帝时，亦尝有更定法令、裁削诸侯之议，而文帝不从。及景帝即位，错亦以此说之，而景帝辄从之。盖文帝之资宽厚，故刻薄之言无自而入；景帝之资忌刻，故晁错之言有间而入也。景帝之为太子也，贾谊窥见其心术矣，观其上书文帝曰："秦始皇使赵高傅胡亥，其所学者，无非劓人、杀人之事，故胡亥今日即位，而明日杀人，所以教之者然也。"其意亦以景帝既有刻薄之资，苟不得正人而与之居，则将刻薄残忍，无所不至，谊之所以窥其心术者，岂非以杀吴太子而得之邪？夫以再从父弟之亲，一旦以博棋争道之故，引博局而杀之，其为太子也，杀其亲戚而无所顾惜，则其即位也，欲为刻薄，又将何所不至哉！谊欲文帝遇之于其始，择正人而与之居，而文帝乃以晁错为家令，是以刻薄之臣辅刻薄之君也。安得不为刻薄之事乎？（《陆状元增节音注精议资治通鉴》卷二九《前汉五》）

钱孟浚：老泉曰，昔者高祖急于灭项，故举数千里之地以王诸将。项籍死，天下定，而诸将之地因遂不可削。当是时，非刘氏而王者八国，高祖惧其且为变，故大封吴、楚、齐、赵同姓之国以制之，既而信、越、绾皆诛死，而吴、楚、齐、赵之强反无以制。当是时，诸侯王虽名为臣，而其实莫不有帝制之心，胶东、胶西、济南又从而和之，于是擅爵人，赦死罪，戴黄屋，刺客公行，匕首交于京师，罪至彰也，势至逼也。然当时之人，犹且倘佯容与，若不足虑。月不图岁，朝不计夕，循循而摩之，煦煦而吹之，幸而无变。以及于孝景之世，有谋臣曰晁错，始议削诸侯地，以损其权。天下皆曰"诸侯必且反"，错曰："固也，削亦反，不削亦反。削之则反疾而祸小，不削则反迟而祸大。吾惧其不及今反也。"……虽然，错之谋犹有遗憾。何者？错知七国必反，而不为备反之计云云。（引自《历代名贤确论》卷四二《晁错》）

又：何去非曰：当孝文之世，濞之不朝，发于死子之隙，而反端著矣。贾谊固尝为之痛哭矣。然而孝文一切包匿，不穷其奸，而以恩礼羁之，是以迄孝文之世三十余年，而濞无他变也。濞之反于孝景之三年，而其王吴者四十二年矣，齿发固已就衰，而乡之勇决之气与夫骄悍之情、窥觊之奸，皆已沮释矣。今一旦奋然空国西向，计不反顾者，濞岂得已哉？有错之鞭趣其后以起之也。昔高帝之王濞者三郡，且南面而抚其国者四十余年，错之任事，一旦而削其二郡，楚、赵、诸齐皆以暗隐微慝，夺其封国之半，彼固知其地尽而要领随之。是以出于计之无聊，为一决耳。向使景帝袭孝文之宽假，而恩礼有加焉，而错出于主父偃之策，使诸侯皆得以其封地分侯支庶，以弱其势，则濞亦何事乎白首称兵，冀所非望，而楚、赵、诸齐不安南面之乐，而甘为濞役也。吴王反虏也，固天人之所共弃，未有不至于败灭者。（同上）

钱　时：汉惩秦孤立之败，大封同姓，跨州兼郡，连城数十，宫室百官，同制京师，史氏谓矫枉过正，是矣。贾谊请众建诸侯而少其力，可为当时的论，其言苟用，安有七国之变哉？主父偃窃取而行于元朔间，已后矣。论者未免为文帝惜之。然以余观于事势，则盖有说也。自帝而上，异姓之王相继以反诛，而同姓固未有一人叛者。高后临朝，擅王诸吕，汉祚中绝者八年矣。微朱虚、东牟与二三大臣共起而诛诸吕，定刘氏，则汉之为汉，今何如也？帝自藩邸入继大统，然已寒之灰，续垂亡之脉，尾大之祸未见，而宗强之助方新。后虽有济北、淮南之衅，而兴居发于失职夺功，旋即败死。厉王长者，当时之论，往往咎在不为置严傅相，骄蹇弗度，以至于是。然亦事觉即废徙，无能为，皆非由地大也。贾生年少痛哭而言，于帝之心宜未尽合。自七国叛，其祸方著。天下无异姓强大之忧，而所可虑者独在同姓，惟见其害而不见其利，与文帝时大不侔矣。此主父偃之说所以得行欤！虽然责之以先见之明，以义断恩，知几弭祸，则文帝亦不为无罪也。(《两汉笔记》卷三《文帝》)

张　宁：七国之乱，其兆本在孝文之世，而事则成于孝景之朝。考之当时，天道示警，灾异甚多，吴王不朝，反迹已具。特以文帝宽仁，克谨天戒，恩礼优洽，无衅可乘，是以衷恶隐匿，蓄至于景帝，迫胁于晁错之谋而后发。故曰"惟德动天"，又曰"人定亦能胜天"，文帝之谓也。自昔奸臣贼子，非固有无，亦惟上之所以制驭者，得其道与否耳。(《方洲集》卷二十八《读史集·景帝三年》)

谢　铎：君人者有以服天下之心，则无所施而不可。不然，将惠之而褒，威之而格矣。故在文帝可以赐几杖，而铁券之恩适足以怨怀光；在宋祖可以罢藩镇，而削地之谋适足以祸晁错。然则文帝之于吴，赐之可，削之亦可，而何独有见于几杖之芒刃，而无见于髋髀之斧斤乎？濞之反，帝亦不能无憾焉。(引自《史记评林·孝景本纪》)

李祖陶：吴王濞擅山海之饶，贵极富溢，其谋反也，孝文帝实酿成之。何也？藩王不朝京师，罪固当削，而反赐之几杖，不益滋之玩乎！即谓提杀其太子，咎实在汉，然藩王子敢与皇太子争道，亦为不恭。而吴王敢与王朝较曲直，弥为不顺，文帝优容之，姑幸无事。不知适以成反，迟祸大之衅已矣。然吴谋反而实不知所以反，使其用桓将军之计，先条侯而至雒阳，据武库之兵，食敖仓之粟；而又用田禄伯之计，以一军别循江淮而上，是楚、汉之争复起于今日。而出奇计者，且并汉祖出武关之计而尽塞之也。不知赵婴、周勃诸人，其何以处之？而袁盎乃徒欲斩晁错以谢天下，不亦谬乎！(《史论五种·前汉书细读》卷二《荆燕吴列传》)

又：盖分封过大，则嚣然有自负之心；分封过小，则芥然无自强之势。有自负之心，则汉之七国，晋之八王，皆为明鉴。(《史论五种·前汉书细读》卷一《诸侯王表》)

⑥【汇评】

王　恢：景帝即位，即曾加戒备，王其七子于江淮燕赵间：发王长沙，阏于王临江，馀王淮阳，非王汝南，德王河间，彭祖王广川，胜王中山。晁错为国远虑，还是主张积极的削地。景帝亦较乃父激烈，从错议，藉机会，先后削楚东海郡，赵常山郡，胶西六县。晁错认为："吴王谋作乱，削之亦反，不削之亦反。削之，其反亟，祸小；不削，反迟，祸大。"不让他从容备战，迫他仓卒发难。汉廷方议削鄣郡（原误豫章）、会稽郡，吴王濞恐削地不已，果联胶西、胶东、菑川、济南、楚、赵六国以反。七国之变，盖启于齐襄之讨诸吕；济北之叛，乃愤懑之发作，淮南王长之逐汉所置吏，吴王濞之桀骜不驯，"三庶孽（齐、楚、吴）分天下半"，其不安分之情，实远过于韩彭。文帝谦和优容，只暂安其反侧而难弭大欲。濞自言积谋三十余年，一发自能震撼半壁河山。三年正月，吴王起兵广陵，大将军田禄伯请以五万人别循江淮而上，收淮南、长沙，入武关；少将桓将军以吴多步兵利险，汉多车骑利平地，请疾西据洛阳武库，食敖仓粟，阻山河之险以令诸侯。果如是，将真成东西汉矣。幸皆不许，乃涉淮，并楚兵，宣告胶西、胶东、菑川、济南、楚、淮南、衡山、庐江诸国，故长沙王子，已具精兵五十万，又发南越兵三十万，越与长沙由蜀向汉中；号召齐、赵定河间、河内，或入临晋关，或会洛阳；燕定代、云中，与胡众入萧关，走长安。胶西、胶东、菑川、济南皆发兵响应，围临淄。赵亦遣使联匈奴。吴楚锐师直西攻梁；吴又别遣周丘降下邳，略地至成阳：声势浩大，八面威胁，半壁山河，遽然变色——远胜管蔡之以殷叛。（《汉王国与侯国之演变》上篇《王国之演变·敉平吕祸与七国之乱》）

高　锐：七国之乱是同姓王封国势力与中央政权的一次较量。这可以说是分封制与中央集权郡县制最后的一场大斗争。汉初统治者在解除异姓王的祸患后，代之以同姓诸王，不过是战后巩固刘氏政权的一种权宜措施。但它毕竟有悖于专制主义中央集权制度发展的总趋势，所以在文、景、武帝三世，巩固和加强中央政权的过程中，削弱同姓王的斗争也就不可避免。（《中国军事史略》第二章《西汉军事·周亚夫平定吴楚七国之乱》）

⑦【汇注】

司马迁：吴、楚反书闻，兵未发，窦婴未行，言故吴相袁盎。盎时家居，诏召入见。……上卒问盎，盎对曰："吴、楚相遗书，曰'高帝王子弟各有分地，今贼臣晁错擅适过诸侯，削夺之地'。故以反为名，西共诛晁错，复故地而罢。方今计独斩晁错，发使赦吴、楚七国，复其故削地，则兵可无血刃而俱罢。"于是上默然良久，曰："顾诚何如，吾不爱一人以谢天下。"盎曰："臣愚计无出此，愿上孰计之。"……后十余日，上使中尉召错，绐载行东市。错衣朝衣斩东市。（《史记·吴王濞列传第四十六》）

荀　悦：吴楚反书上闻，晁错议欲令上自将兵，身留居守。计未定。错素与袁盎有隙。错言盎前为吴相，宜知王谋而蔽匿不言，使至于是。于是欲请治盎，计未定。盎密闻之，乃夜告窦婴，因求见上，言吴所以反故。错方与上调兵食，上问盎，盎对曰："吴王无能为也。"上曰："吴王即山铸钱，煮海为盐，诱天下豪杰，白头举事，何以言吴无能为也？"盎对曰："吴王铜盐之利则有之，安得豪杰而诱之？吴王若得豪杰，亦将转而为义，则不反矣。吴之所以诱者，无赖子弟亡命，铸钱奸人，故相诱以反。"错曰："盎策之善。"上问"计将安出？"盎曰："愿屏左右。"上屏人，独错在。盎曰："臣所言，人臣不得知。"乃屏错。错趋避东厢，意甚恨。盎对曰："吴、楚言晁错擅削诸侯地，故先共诛错，复其故地而罢兵。今计独斩错，发使使吴、楚七国，赦其罪，复其故地，则兵可无血刃而俱罢。"上默然良久，遂从其计，斩错东市。（《汉纪·前汉纪孝景皇帝纪卷九》）

司马光：上令丞相青、中尉嘉、廷尉欧劾奏错："不称主上德信，欲疏群臣、百姓,又欲以城邑予吴,无臣子礼,大逆无道,错当要斩,父母、妻子、同产无少长皆弃市。"制曰"可。"错殊不知。壬子,上使中尉召错,绐载行市,错衣朝衣斩东市。上乃使袁盎与吴王弟子宗正德侯通使吴。(《资治通鉴》卷十六"景帝前三年")

范　理：晁错,颍川人,学申商刑名于张恢。以文学为太常掌故,拜太子家令,以辩得幸,号曰"智囊"。数上书言兵事,及入粟,募民边塞,免农人租,皆其计也。累迁御史大夫,因议削七国地,所更令三十章,诸侯灌哗。错父来责让,错曰："不如此,天子不尊。"父曰："刘氏安而晁氏危。吾不忍见祸逮身。"遂饮药死。后十余日,七国反,以诛错为名。上以袁盎言,斩错东市。(《读史备忘》卷一《晁错》)

【汇评】

杨　时：晁错曰："人君必知术数。"又曰："五帝神圣,其臣莫能及而自亲事。"操是说盖未尝知治体也。夫天下大器,非智力所能胜也。舜之厚五典、庸五礼、用五刑,皆因天而已,未尝自为也。虽股肱耳目,付之臣而不自用,况以术数而自亲事乎?使后世怀诸者误其君,挟术以自用,必资是言也。其为祸岂浅哉?若吴、楚之反不在错,天下已知之矣,景帝用逸邪之谋以诛错,其失计不已甚乎?当是时,兵之胜负,国之安危,未可知也,而诛其谋首,岂不殆哉!而在庭之臣,无一人为错言者,盖变起仓卒,各欲侥幸于无事而莫敢以身任之也。然而错亦有以取之矣。……错无硕德重望以镇服其心,而强为之谋,其召乱而取祸,盖无足怪者。(《龟山集》卷九史论《晁错》)

桓　宽：大夫曰：《春秋》之法,君亲无将,将而必诛。故臣罪莫重于弑君,子罪莫重于弑父。日者,淮南、衡山修文学,招四方游士,山东儒墨,咸聚于江、淮之间,讲议集论,著书数十篇,然卒于背义不臣,谋叛逆,诛及宗族。使晁错变法易常,不用制度,迫蹙宗族,侵削诸侯,蕃臣不附,骨肉不亲,吴楚积怨,斩错东市,以慰三军之士而谢诸侯,斯亦谁杀之乎?(《盐铁论·晁错》)

又：文学曰：……晁生言诸侯之地大,富则骄奢,急则合从,故因吴之过而削之会稽,因楚之罪而夺之东海,所以均轻重、分其权而为万世虑也。弦高诞于秦而信于郑,晁生忠于汉而雠于诸侯,人臣各死其主,为其国。(同上)

苏　轼：昔者晁错尽忠为汉,谋弱山东之诸侯。山东诸侯并起,以诛错为名。天子不察,以错为说。天下悲错之以忠而受祸,而不知错之有以取之也。……夫以七国之强而骤削之,其为变岂足怪哉!错不于此时捐其身,为天下当大难之冲,而制吴楚之命,乃为自全之计,欲使天子自将,而己居守。且夫发七国之难者,谁乎?己欲求其名,安所逃其患。以自将之至危,与居守之至安,己为难首,择其至安,而遗天子以其至危,此忠臣义士所以愤惋而不平者也。当此之时,虽无袁盎,错亦不免于祸。何者?己欲居守,而使人主自将,以情而言,天子固已难之矣。而重违其议,是以袁盎之说，得行于其间。使吴楚反，错以身任其危，日夜淬砺，东向而待之，使不至于累其君，则天子将恃之以为无恐，虽有百袁盎，可得而间哉？嗟夫，世之君子，欲求非常之功，则无务为自全之计。使错自将而击吴楚，未必无功。唯其欲自固其身，而天子不悦，奸臣得以乘其隙。错之所以自全者，乃其所以自祸欤！（《苏轼文集》卷四《晁错论》）

胡　宏：晁错小有才，未闻君子之大道，遂致灭宗，岂特景帝寡恩哉？错若自请讨吴，以周亚夫为己副，军事一以委之，岂至若此？（《五峰集》卷三《晁错》）

王　楙：袁盎与晁错素不相能。自吴王所归，道逢丞相申屠嘉，下车拜谒，愿请间者，盖欲以错恶密启嘉，而嘉虑其以吴私事见告，难以区处也，拒之曰："使君所言，公事之曹，与长史掾议，吾且奏之；即私邪，吾不受私。"盎薄以语讥之，嘉遂引为上客。而请间之说得行。想从容燕侍，力陈错恶。异时嘉奏请诛错，未必不自盎日夜从臾之故。奈何帝为错言先入，嘉奏沮格，发愤而死，得非盎有以误之乎？盎恨嘉死，益忿错之所为，求其害错者而不可得。窦婴亦与错有隙，会七国反，乃以盎荐上，上召见盎，问计安出，正投其害错之机。盎又请间，而错竟不能免矣。盎之请间，无非言错，委蛇曲折，为计甚密，故卒遂其所图。盎亦可谓深矣，嘉惟不密，反为错所陷，盎肯蹈其故辙哉！错计出于嘉上，而盎计又出于错上。信乎，天下无第一手也。（《野客丛谈》卷四《晁错》）

洪　迈：袁盎真小人，每事皆借公言而报私怨，初非尽忠一意为君上者也。……素不好晁错，故因吴反事请诛之。盖盎本安陵群盗，宜其忮心忍戾如此，死于刺客，非不幸也。（《容斋随笔·容斋续笔》卷十《袁盎小人》）

又：汉景帝为人，甚有可议。晁错为内史，门东出，不便，更穿一门南出。南出者，太上皇庙堧垣也。丞相申屠嘉闻错穿宗庙垣，为奏请诛错。错恐，夜入宫上谒，自归。上至朝，嘉请诛错。上曰："错所穿非真庙垣，乃外堧垣，且又我使为之，错无罪。"临江王荣以皇太子废为王，坐侵太宗庙堧地为宫，诣中尉府对簿责讯，王遂自杀。两者均为侵宗庙，荣以废黜失宠，至于杀之，错方贵幸，故略不问罪，其不公不慈如此！及用袁盎一言，错即夷族，其寡恩忍杀复如此。（《容斋随笔·容斋续笔》卷九《汉景帝》）

尹起莘：濞为逆已久，特因晁错而发尔。然使错徐为之计，又不并削诸国，则濞亦无以为兴兵之端，故书错死于七国反之下，以见祸变之兴，由错而发。然则书杀而不书去官，何哉？错之为谋，虽曰失于轻举，要之为宗社大计，非为一己计也。景帝闻变，仓皇无策，一闻小人之说，遽尔轻杀，后之臣子，孰敢尽心为国谋虑者哉？世儒论错，或以为忠，或以为愚，其说不一。今观《纲目》所书，则错无罪见杀，较然甚明。后之论错者，要当以是为的。（见《御批资治通鉴纲目》卷四上《孝景皇帝·

发明》)

杨维祯：错号"智囊"，而不能保其躯，何也？错之智，岂不知口语多怨耶？错患诸侯王强大，不可制，即贾谊之忧于帝者，故请削地以尊天子，安宗庙，所谓万世利者是也。七国反，以诛错为名，帝又信谗于袁盎，故错斩东市。世不悲其智，而哀其忠。良史如太史公，犹以变古乱常取亡其躯，病错也。呜呼！错志不白矣。故予为错赋《忠乌》，乌鸣鬼雀，以其鸣告凶咎也。异乎飞驳之乌，专媚人以喜兆，而骄人于覆亡者，予以错比乌，而盎则为驳耳。(《史义拾遗》卷下《忠乌赋·序》)

唐顺之：错为景帝谋，欲削六国，而六国反。卒以谗口见杀。论者或讥其自取，或惜其忠，果忠欤？自取欤？解曰：晁错之计，忠则忠矣，要皆出于急功名之心为之也。何言之？求忠臣者必于孝子之门。当错之谋削六国，结怨诸侯，欲安刘氏也。父曰"刘氏安，晁氏危矣"。错不听而父自杀。此时错功名盖世，亦可死矣。乃毅然为之，令天子自将而己居守，然错之心既不知有父矣，又何知有天子？不过欲借此以侥幸于功名之会，一旦被谗而族诛，不知何面目以见父于地下耶！其死也，固柱也。意者杀父之贼，天故假手于袁盎之口耶？忠不可法，而不孝之名已彰，彰于万世矣。自取不自取，何足论哉！吾于是而谓人子，苟处天伦不得已之际，宁如徐庶之方寸，勿效温峤之绝裾。苟不然者，即功成如汉高亦不足以赎分羹之罪。况区区晁错忠孝两无当者乎？(《两汉解疑》上《晁错》)

夏之蓉：景帝听袁盎之言，斩错罢兵，脱当日吴楚兵竟罢，则直赦之乎？抑徐图之乎？赦之，则藩镇跋扈未有艾也。赦而徐图之，白头举事者，不应若是之易愚也。何阔汶一至于此。(《读史提要录·西汉》)

又：晁错谋七国以激变诛，亚夫平七国者以结怨，梁王而亦诛。忠直之臣，使辱朝市，天下谁复有竭节殚谋以殉国家之难者？此邓公所为拊心也。(同上)

又：欲削七国，杀机固先发自错，然盎先事私仇，快一时而取讥后世，何其谬也？况诛错后，七国未闻罢兵，是盎言欺也，将何以自免？虽错诛泄忿，其计事亦疏，而自策亦殆哉！(同上)

刘鸿翱：苏子曰，晁错发七国之难，欲使天子自将而己居守，是以袁盎之说得行于其间。天下悲错之以忠而受祸，不知错有以取之。刘子曰：世谓错之忠于汉者妄也。错即自将，亦不免于祸。何也？此天道也。《传》曰：太上以德服民，其次亲亲以相及也。汉高帝百战以有天下，非刘氏而王者，天下共击之。七国皆高帝子侄，于汉为最亲，晁错何人，乃出削夺之谋哉？且夫七国果叛也。待其既叛发兵以诛之可也；如其不叛，七国固无罪。……汉高帝观吴王濞有反像，曰："五十年后，东南有乱者，其汝乎？"然亦未尝不封也。文帝时，吴不朝，至赐几杖以愧其心。贾生，洛阳之少年，乃比之措火积薪，过矣。景帝以刻薄之资，待骨肉本易于寡恩，错果忠于汉，固当告帝以亲亲之谊。七国无变，宜如文帝之处吴；即帝虑其有变，亦宜举周公之处三监者以相劝勉，谓高帝亲属，我国家断不忍为祸始。如是，七国必不叛，即叛，亦必不以诛错为名。计不出此，顾云"削亦叛，不削亦叛"，呜呼！高帝之子孙几尽于错之手，错之罪上通于天矣。即使自将，错能免祸否乎？（《绿野斋文集》卷一《苏东坡晁错论》）

李祖陶： 袁盎、晁错，皆文景时用事之臣，其人皆挟智数。两智相遇则相倾，而国之得失置不问矣。当淮南厉王之杀辟阳侯也，盎谓诸侯大，骄必生患，可适削地，此即晁错请诸侯罪过，削其支郡之策所以出者也。乃吴楚举兵，盎言宜斩错以谢之，不与初心相刺谬乎？盖第欲借公事以报私仇，而不顾长奸锋而失国体矣。逮后其言不售，景帝亦不能罪盎以谢错，错其何以瞑目哉？虽然，错之削七国是，而所以削之术则非也。读宁都魏叔子之论，错可以无恨于地下矣。（《史论五种·前汉书细读》卷二《袁盎晁错传》）

⑧【汇注】

范　理： 袁盎，字丝，楚人。为郎中，数以直谏为吴相。与晁错素不好，未尝同堂语。错为御史大夫，使吏按盎受吴王财物，免为庶人。吴楚反，以计杀错。初，文帝欲以梁王武为嗣。盎进说止。王怨之，使刺客杀盎。（《读史备忘》卷一《袁盎》）

【汇评】

钱孟浚： 少游曰：世之论者皆以为汉用袁盎之谋，斩晁错以谢天下为非是。以臣观之：汉斩错，七国之兵所以破也。何则？胜败之机，系于理之曲直，理直则师壮，师壮，胜之机也。理曲则师老，师老，败之机也。善战者战理。……夫汉之诸侯，连城数十，地方千里，虽号强大，然皆高帝之封也。一旦用错计，谪其罪过而削夺之，则天下忿然，皆有不直汉之心。当此之时，诸侯直而汉曲，故吴王得以藉口反也。然吴即山铸钱，煮海为盐，以其子故招致天下亡命，欲为反者三十余年。其称兵也，发愤削地，以诛错为名耳。汉斩错而兵不罢，则逆节暴露，天下亦忿然有不直七国之心。当此之时，诸侯曲而汉直，故太尉得以破其兵也。虽然，汉之斩错也，其谋发于袁盎，盎与错有隙，故世之论者以错死为冤，此正楼缓所谓以母言之则为是，以妻言之则为妒。夫言之者异，而其言同也。使盎与错素无眦睚之嫌，其为汉计，亦当出此。然则汉不斩错奈何？即七国之兵未易破也。（引自《历代名贤确论》卷四十二《晁错》）

⑨【汇评】

田　锡： 孝景始用晁错之言，从之如顺流，将削七国之封，弱枝而强本。一旦七国共叛，遽听袁盎之言，诛错以谢七国。错既诛而乱不息，岂非孝景无断于用人，而反惑谗谮之言哉？若成与败，但思一决，而不图始终，慨然自谓决断，不其谬哉？……是知智计明然后决断，则事无不济矣！（见《涵芬楼古今文钞》卷二《断论》）

杨循吉： "为诛晁错"也，而曰"谕告，不止"，罪盎也。此《春秋》法也。（引

自《史记评林·孝景本纪》)

凌稚隆：隆按：七国之反，不但以削地故，而袁盎乘衅诛错，以快其私，声为谢七国，而兵卒不解，岂非冤哉！(《汉书评林·景帝纪》)

李　贽：众适诸侯而少其力，此说甚是。削地致反，错之不善谋也。然袁盎借此以报私仇，其业何如！(《史纲评要》卷六《汉纪·孝景二年》)

⑩【汇注】

张守节：梁孝王都睢阳，今宋州。(《史记正义·孝景本纪》)

王　恢：刘大既诛，二年二月乙卯，立皇子揖王梁。十一年六月卒，无后国除。十二年，徙淮阳王武来王，是为孝王，始自定陶迁都睢阳，今河南商丘。以亲爱故，王膏腴之地，北界泰山，西至高阳（杞县西）四十余城，皆多大县（《梁孝王世家》)。传八世，王莽时绝。(《史记本纪地理图考·文帝本纪》)

⑪【汇注】

司马迁：孝景三年，吴楚反，上察宗室诸窦毋如窦婴贤，乃召婴。婴入见，固辞，谢病不足任。……乃拜婴为大将军……窦婴守荥阳，监齐赵兵。七国兵已尽破，封婴为魏其侯。(《史记·魏其武安侯列传第四十七》)

班　固：诸将破七国，斩首十余万级。追斩吴王濞于丹徒。胶西王卬、楚王戊、赵王遂、济南王辟光、菑川王贤、胶东王雄渠皆自杀。(《汉书·景帝纪第五》)

又：景帝三年十二月，吴二城门自倾，大船自覆。刘向以为近金沴木，木动也。先是，吴王濞以太子死于汉，称疾不朝，阴与楚王戊谋为逆乱。城犹国也，其一门名曰楚门，一门曰鱼门。吴地以船为家，以鱼为食，天戒若曰：与楚所谋，倾国覆家，吴王不寤。正月，与楚俱起兵，身死国亡。京房《易传》曰："上下咸悖，厥妖，城门坏。"(《汉书·五行志第七中之上》)

荀　悦：绛侯周勃子亚夫为太尉，将三十六军击吴、楚。窦婴为大将军，赐金五十斤。婴陈金庑下，军吏过辄令取为用，金无入家者。婴屯兵荥阳。曲周侯郦寄击赵，将军栾布击齐。太尉至霸上，赵涉以布衣遮道，说太尉曰："吴、楚闻将军出兵，必置伏兵奸人于崤、渑阨塞之间，且兵事尚神密，将军何不从此右关去趣蓝田，出武关，指洛阳，不过差一二日，直入武库，击橛鸣鼓，诸侯闻之，以将军从天降而下也。"亚夫从之。已而使之搜崤、渑间，果得吴伏兵，乃请涉为护军。亚夫既至洛阳，见剧孟，喜曰："七国举事而不用孟，吾知其无能为也。"孟者，洛阳人。为任侠，行似鲁朱家。亚夫问故父客邓都尉："计策安出？"对曰："吴、楚兵锐，甚难与争锋。莫若引兵东北，壁昌邑，以梁委吴，吴必尽锐攻之。将军深沟高垒，勿与战。使轻兵绝淮、泗之口，断吴饷道。使吴、梁相弊而粮食竭，以全制其虚，吴必破矣。"从之。吴攻梁，梁王急，请救亚夫，亚夫不往。梁王上书请救，上诏亚夫救梁王，亚夫不奉诏，坚壁昌邑，而使其淮、泗口兵，绝吴饷道。楚乏粮，挑战，亚夫终不出。夜，军中惊而内相攻击，扰乱至于帐下，亚夫坚卧不起。有顷，乃自定矣。吴夜攻营壁东南，亚夫使为备西北，吴精兵果奔西北，不得入。吴、楚既饥乏，乃引兵去。亚夫出精兵追击，大破之。（《汉纪·前汉纪孝景皇帝纪卷九》）

又：胶东、胶西、济南、淄川、赵王，皆伏诛。（同上）

又：初，七国反，连齐。齐王城守，留。济南、胶东、淄川三国兵共围齐。齐王使路中大夫使于天子，天子令还，报齐坚守。路中大夫还，三国将劫而与之盟，令反其言曰："吴已破汉矣。"大夫既许，至城下，望见齐王，言"汉发兵百万，使太尉击破吴楚，方引兵救齐，必坚守。"三国之兵杀之。齐被围急，阴与三国约，未定，会路中大夫至，复坚守。汉将闻齐初有谋，欲击齐，齐王将闾惧，自杀。上以齐迫胁，非其罪，乃立其太子寿为齐王。（同上）

杜　佑：汉景帝初，吴王濞反。总兵渡淮，与楚战，遂败棘壁，乘胜前，锐甚。梁孝王恐，遣六将军击吴，又败梁两将，士卒皆还走。梁数使使报汉大将周亚夫求救，亚夫不许，又使使恶亚夫于帝。帝使人告之救梁，亚夫复守便宜，不行。梁使韩安国及楚死事相弟张羽为将军（楚相张尚谏吴王而死），乃得颇败吴兵。吴兵欲西，梁城守坚，不敢西。即走亚夫军。会下邑，吴师欲战，亚夫坚壁，不肯战。吴粮绝，卒饥，数挑战，遂死奔亚夫壁，亚夫终不出。军中夜惊，内相攻扰乱，至帐下，亚夫卧不起，顷之复定。吴士卒多饥死，遂以叛散。（《通典》卷一百五十五"坚壁挫锐"）

徐天麟：太尉，秦官，掌武事。……孝景三年，置太尉官。（《西汉会要》卷三十一《职官一·太尉》）

王钦若等：二月壬子，诸将破七国，斩首十余万级。追斩吴王濞于丹徒。胶西王卬、楚王戊、赵王遂、济南王辟光、菑川王贤、胶东王雄渠皆自杀。（《册府元龟》卷一二一《征讨一》）

司马光：吴王之弃军亡也，军遂溃，往往稍降太尉条侯及梁军。吴王渡淮，走丹徒，保东越，兵可万余人，收聚亡卒。汉使人以利啗东越，东越即绐吴王出劳军，使人纵杀吴王，盛其头，驰传以闻。吴太子驹亡走闽越。吴楚反凡三月，皆破灭。（《资治通鉴》卷十六"景帝前三年"）

郑　樵：诸将破七国兵，斩首十余万级。（《通志》卷五下）

吕祖谦：吴王濞、楚王戊、赵王遂、胶西王卬、济南王辟光、菑川王贤、胶东王雄渠反，南连越，北连匈奴。吴楚围梁，胶西、济南、菑川、胶东围齐。帝以中尉周亚夫为太尉，将三十六将军，击吴楚；故詹事窦婴为大将军，屯荥阳；曲周侯郦寄击赵；将军栾布救齐。赦天下，斩御史大夫晁错以谢七国。周亚夫壁昌邑南，以梁委吴，而绝其粮道。二月，吴楚食尽，引去。亚夫追击，大破之。楚王戊自杀。壬午晦，日有食之。三月，东越斩吴王濞于丹徒，栾布败诸侯兵，解齐围。齐王将闾自杀。胶西王卬、济南王辟光、菑川王贤、胶东王雄渠皆伏诛。立齐太子寿为齐王。夏六月乙亥，徙淮阳王馀为鲁王，汝南王非为江都王，立子端为胶西王，胜为中山王。宗正礼为楚王。秋九月，郦寄、栾布灭赵，赵王遂自杀。（《大事记解题》卷十一）

王　恢：其时长安之情况，《货殖传》云："长安中列侯封君行从军旅，赍贷子钱。子钱家以为侯邑国在关东，关东成败未决，莫肯与。"足见其惶恐之情，亦可见列侯之效命王室，侯国错置王国间之善。然亦有响应之者，如阳都、魏其、台、辟阳、昌、下相、高陵、纪、营、氏丘、管、鲋、休、宛朐是也（见《侯表》）。此一系汉安危之大乱，景帝运筹廊庙：以窦婴为大将军屯重兵于荥阳之战略要点，为进攻退守之策源；太尉周亚夫将三十六将军为主力，击吴楚；别遣郦寄击赵；栾布击齐。亚夫请"以梁委之，绝其粮道"（委梁以敝吴，吴敝而梁亦敝，此景帝之默许也）。间道武关趋荥阳，急据昌邑（金乡西北）以为犄角，威胁吴楚之肩背，阻周丘之西进，断齐赵之连络，遣轻骑绝淮泗之口。月余，吴楚食尽，驱饥卒转攻昌邑，亚夫出其精锐，一举而大破之。吴王濞欲保东越，走死丹徒，楚王戊自杀。吴楚既平，转旆东征，菑川、济南、胶东、胶西四王皆伏诛。乘胜攻赵，赵王自杀。自吴首反，至大乱戡平，不过三月。武功之盛，或以为过于周公之东征。盖汉兴已四十年，国基已固，重以文帝仁厚，省刑薄敛，德洽天下，故能胜残去杀也。至是，原本维护封建之儒者，亦转成郡县制之拥护者矣。（《汉王国与侯国之演变》上篇《王国之演变·戡平吕祸与七国之乱》）

【汇评】

吕祖谦：按：《史记·本纪》：吴王濞、楚王戊、赵王遂、胶西王卬、济南王辟光、菑川王贤、胶东王雄渠反，发兵西向。天子为诛晁错，遣袁盎谕告，不止，遂西围梁。上乃遣大将军窦婴，太尉周亚夫将兵诛之。《汉书·本纪》则曰：吴王濞、胶西王卬、楚王戊、赵王遂、济南王辟光、菑川王贤、胶东王雄渠皆举兵反。大赦天下。遣太尉亚夫、大将军窦婴将兵击之。斩御史大夫晁错以谢七国。二月壬子晦，日有蚀之。诸将破七国，斩首十余万级。追斩吴王濞于丹徒。胶西王卬、楚王戊、赵王遂、济南王辟光、菑川王贤、胶东王雄渠皆自杀。合二《纪》而观之，叙次之先后，去取之详略，孰优孰劣，必有能辨之者矣。（《大事记解题》卷十一）

刘绍攽：大臣用兵，必为万全之计，未有以地与人，委敌以成吾功者也。况天子之亲乎？微论所亲不平，天子亦不平。于是乎交相构，而大臣之能自全者鲜矣。条侯亚夫，立朝不阿，庶几古大臣之风，独为太尉，以梁委吴、楚，则非计之得也。夫梁王武，景帝之弟，窦太后之爱子也，当其被兵，王即不言，帝与太后必有食不甘味、卧不安枕，冀得一释其困者。亚夫承命伐罪，帅师以来，固敌是求，乌有梁使请之，帝使诏之，竟守便宜，不奉诏哉！将以楚兵剽轻，难与争锋耶？独不思用兵之道，有当守者，有当战者。敌自远来，利在速战，而我之土地人民，复无所困，则可俟其老而承其敝，此当守也。虽自远来，彼利于战，我利于守，而我之土地人民，为其所困，几几乎有累卵之忧，则不得不赴其急而拯其危，此又当战也。况楚兵虽盛，不过数郡之众，汉以天下之全，又有梁以佐之，亚夫驰其前，梁必承其后，吴楚之师，有不倒戈以北者哉！何至置梁不顾，无异吴人之视越人也。梁之不为所屠戮者盖亦幸矣。方是时，帝与太后必有大不能平者，特以老成凋零，鲜可代将；又以文帝崩时，"有亚夫可任将兵"之语，故隐忍图成耳。七国已定，然后思快前忿。物腐虫生，事之理也。岂待梁王之短哉？及后罢相，人皆知以封王信、侯徐卢故，而不知实由于此也。盖徐、卢五人，帝虽爱之，终不若其弟，王信虽亲，太后视之，终不及其少子。特以彼当折冲之会，此值燕安之秋，故废黜之举，不见于彼见于此，而推原所由，在彼不在此也。虽然，人才有全有不全，亚夫之用兵也二：一备胡，一距吴、楚，率皆以逸待劳，不战而胜，意其才有所偏，能守而不能战，故不能为万全之计也夫！（《九畹古文》卷三《周亚夫论》）

钱　穆：秦灭六国，二世而亡，此乃古代贵族封建势力之逐步崩溃，而秦亡为其最后之一幕。直至汉兴，始为中国史上平民政权之初创。……直到景帝削平吴、楚七国之乱，平民政府之统一事业始告完成。……汉政府之实际统一，始于景帝。（《国史大纲》第七章《大一统政府之创建·平民政府之产生》）

吕思勉：吴王盖本无远略，亦且不能用兵，观其违田禄伯、桓将军，弃周丘可知。果能广罗奇谲之士，率其轻果之众，分途并进，正军则乘锐深入，一亚夫果足以御之乎？然则文帝之不听晁错，特因循惮发难而已，非真有深谋奇计也。至景帝之举动，则更为错乱，不足论矣。然则七国之乱，汉殆幸而获济也。然文、景同不失为中主，策治安者，必植遗腹朝委裘而天下不乱，安所得英武之主继世以持之？宜乎文、景时之局势，贾、晁观之，蹙然若不可终日也。（《秦汉史（上）》第四章《汉初事迹》）

范文澜：半割据的诸王国，经五六十年休息，统治者也很富强了。吴王刘濞采铜铸钱，与汉皇帝有同样富力。前154年，吴、胶西、楚、赵、济南、菑川、胶东七国国王联兵反叛，汉大将周亚夫击败七国叛军，灭诸国。此后，朝廷制定更严格的制度，皇子受封为王，只是征收租税，不管政事，王国与侯国无异。七国的灭亡，结束了西周以来合法的诸侯割据制度，加强了西汉朝廷中央集权的力量，汉朝确是统一了。经济繁荣与全国统一，使统治者改变政治方针，自与民休息的前期转入用尽民力的中期。（《中国通史·西汉的政治概况前期》）

又：历时约三个月的吴楚七国之乱，终于被平定下去了。平定吴楚七国之乱，是实行统一集权制度的中央政府战胜了地方封建割据势力。从此，汉朝才真正成为一个统一的封建帝国，社会才进一步得到安定，经济和文化的发展才有了可靠的保障，人

民才能安居乐业。（同上）

黄仁宇：在文景之治的阶段里，最重要的一个变动，乃是公元前154年"七国之乱"。吴王刘濞是汉高祖的侄子，他的长子刘贤在文帝时侍从皇太子，即与后来的景帝饮酒博弈，两人发生争执，刘贤被景帝打死，皇室将他的尸体送还吴国归葬，而吴王坚持送他回长安埋葬，有让文帝、景帝受道德责谴的样子，并且兹后即称病不朝。因此这纠葛及人命案可以视作以后吴楚叛变私下里的一个原因。实际上还有一个原因，则是吴国处于长江下游，煎矿得铜，煮水为盐，吴王即利用这商业的财富，减轻并替代人民的赋税，因之得民心。他又收容人才，接纳各地"豪杰"。根据当时的观念，造反不一定要有存心叛变的证据，只要有叛变的能力也可以算数。所以御史大夫晁错就说："削之亦反，不削亦反。削之反亟，祸小；不削反迟，祸大。"已指出一个地方政治经济和法制因素不能任之自由发展的道理。（《赫逊河畔谈中国历史·文景之治》）

[日]**宫崎市定**：这次内乱（七国之乱）对汉朝来说，反而因祸得福，盖乘此机会将企图反抗中央的诸侯消灭殆尽，另行建立为数众多的小诸侯。其领地一旦被细分化之后，便不再有反抗中央的力量。至于一般诸侯势力的衰微，虽是由于武帝时采纳主父偃之策而颁行推恩之令，将诸侯的领土分割而让其子孙继承所致，实则推恩政策在景帝时业已实行，此事正如《史记》的《诸侯年表第五》所见的样子。……根据事实，也许主父偃不是向武帝劝说，而是他对景帝的献策被采用的。无论如何，驾驭强大诸侯的问题在景帝时代已获得解决乃是事实。否则，虽然煞费苦心地平定了七国之乱，却又不能有效地运用当时的情势，则对景帝时代的政治家而言，实在应说是不光彩的事了。（《中国史》第一编《古代史·前汉·吴楚七国之乱》）

[日]**大庭脩**：吴楚七国之乱的直接原因是由于汉王朝采取削夺诸侯王领地的政策，齐国的领地相继被分割为四国，由齐王诸子淄川、胶东、胶西、济南四王分领，吴、楚、赵与其联合，同姓诸侯共计七国发动叛乱。间接的原因是，齐国诸王的父亲悼惠王肥是汉高祖刘邦的嫡长子，对文帝的继位表示不满。当时的很多诸侯王，与景帝同是高祖的孙子，与其说是刘邦所期待的同姓意识，不如说它已成为诸侯王力图谋求本国利益的时期。……如把齐的四王看作一个齐国，七国就是吴、楚、赵和齐四国；如把汉王朝看作是在战国时代以来在秦的故地上建立的，那么，从地域上看，这次叛乱是战国时代秦与六国对立的再现，在中国古代史上可算是一次典型的东西之争。……公元前202年，刘邦从与其他七王同等的地位而登上了皇帝的宝座，因此，汉初的王国具有很强的独立性。刘邦虽然用同姓王取代了异姓王，由刘氏一族来统治郡国，但王国制度没有变化，从而导致了吴楚七国之乱。……汉王朝在平定大敌之后，就将大部分的领地划归自己的郡管辖，实际上将对抗势力的王国改编为与郡同等的地位，使汉王朝的势力大为增强，叛乱以后汉朝的繁荣得到保证。吴楚七国之乱上溯六十七

年,正是秦始皇统一之年;叛乱之后六十七年,又是汉武帝去世的一年,这完全是偶然的巧合。从宏观上看,这一时期的前半段是秦创立以来皇帝统治反复动摇的时期;随后经过后半段的武帝时代,可以说皇帝的统治大体上奠定了基础。吴楚七国之乱恰好处于这个转折点。(《秦汉法制史研究》第一编第二章《汉王朝的统治机构》)

编者按:徐卫民在《文景之治》一书中认为,西汉政权从诞生之日起,就存在分裂割据危机,不论异姓王还是同姓王,只要存在握有实权的诸侯王,中央集权就得不到真正巩固与加强,分裂割据的危险就依然存在。因此,汉景帝平定七国之乱后,着手削弱诸侯王的权力,继续执行贾谊提出的"众建诸侯而少其力"的方针。即使对他的儿子也不例外。一是进一步分散、缩小诸侯王势力范围,其弟梁王死后,分梁为五国,立梁王五子为王。二是诸侯王不居国理事,留在京城,置于皇帝眼皮底下,便于随时监督。三是取消诸侯王理民治国权力,改由朝廷所任相国与内史治事,直接听命朝廷指挥,同郡一样。至汉武帝时,又颁行"推恩令",规定诸侯死后,除嫡系长子袭封外,其余子弟分得王国中的一块地为侯,归郡管辖,使王国进一步缩小,而中央直接管辖范围进一步扩大。使宗室子弟得到封侯,可达到一举两得的目的,宗室子弟有名有利,千恩万谢感激皇帝,有利于增强向心力,巩固统治政权。经过一系列改制,诸侯王的封国仅为食邑、衣食租赋而已,权力全部集中于朝廷手中,从而结束了自西周以来延续千余年的诸侯割据体制,皇权空前加强,使西汉真正成为封建专制集权国家。

⑫ **【汇注】**

班 固:三年……夏六月,诏曰:"乃者吴王濞等为逆,起兵相胁,诖误吏民,吏民不得已。今濞等已灭,吏民当坐濞等及逋逃亡军者,皆赦之。楚元王子蓺等与濞等为逆,朕不忍加法;除其籍,毋令污宗室。"(《汉书·景帝纪第五》)

刘定山、龚浩康:楚元王,即高祖异母弟刘交。"元"是他的谥号。(见王利器主编《史记注译·孝景本纪》)

【汇评】

刘 沅:反不书王,此何以书,病帝也。帝为太子,以博戏杀吴太子,自反不缩,吴之谋反有由。既即位,不引咎自责,安抚吴王,推诚诸国,乃信晁错,急于削地,非主德之失乎?错不劝帝推仁仗义,恩礼交尽,以为怀柔,其取死有由。而不去其官者,错之失在不知怀柔之术,而非帝信任又何能召乱?故系杀错于反之下,以见七国反之由削地;而不去其官,以咎帝之不明。(《史存》卷九《孝景本纪》)

⑬ **【汇注】**

张守节:《地理志》云魏其属琅邪。(《史记正义·孝景本纪》)

范 理:窦婴,太后弟,为丞相。田蚡为太尉,与婴俱好儒雅。推毂赵绾为御史

大夫，王臧为郎中令。（《读史备忘》卷一《窦婴》）

[日] 泷川资言：考证：徐孚远曰：对魏其侯不言其捕反者，然文法自连属。（《史记会注考证附校补·孝景本纪第十一》）

王　恢：魏其，窦婴。皇太后昆弟子。三年六月，以大将军屯荥阳，扞破吴楚七国，侯。武帝元光四年（前131），坐争灌夫事，上书称为先帝诏，矫制害，弃市，国除。《汉志》琅玡郡县，今山东临沂县南。汉初论功定封，非武功不得侯，载在盟府。"是以高后欲王诸吕，王陵廷争；孝景将侯王氏，脩侯犯色。卒用废黜。是后薄昭、上官、卫、霍之侯，以功受爵。"（《汉书·外戚恩泽表·序》）窦婴以大将军挥军破七国受爵，何乃抑之恩幸之《外戚》，与王信等？若卫、霍之征匈奴，丰功伟绩，亦不缘于椒房。李贰师明见《外戚传》，实因女宠以伐大宛，得天马，而降匈奴，不终臣节而列之《功臣》。城阳王子刘福，初封海常在《王子》，坐酎金免后，以击南越功封缭嫈，又入《功臣》，判若两人。中山靖王子刘屈厘以丞相封澎侯入《王子》，刘德以宗正封阳城，与惠帝四子又在《外戚恩泽》。申屠嘉用丞相封故安，又在《功臣》。诚如《文献通考》（二六七）所云："功臣以勋绩显著而得，外戚以遭逢忝窃而致，夷裔降虏，有何勋庸，乃侪之《功臣》。宰相而封侯，未必恩倖，乃侪之恩泽。抑扬之意，殊所未喻。"（《史记本纪地理图考·景帝本纪》）

刘定山、龚浩康：魏其，县名，治所在今山东省临沂县东南。（见王利器主编《史记注译·孝景本纪》）

【汇评】

张　耒：景帝称窦婴沾沾自喜，多易，不足以任宰相，因持重而相卫绾。夫自喜多易，固不足以持重是也，而求持重者必如卫绾，则已甚矣。古之知人者，不观其形而察其情，得其妙而遗其似。夫天下之善恶，其似者固必未是，而其真者或不可以形求也。绾，车戏之贱士也，其椎鲁庸钝偶似夫敦厚长者之形耳。夫敦厚之士，其用之也，必有蒙其利者矣，岂谓其无是非可否，如偶人而已者也。苟以是为长者而用之，则世之可谓持重者多矣。夫恶马之奔踬不可矣，求其无奔踬可也，得偶马而爱之，可乎？景帝之相绾也，是爱偶马之类也。帝之恶周亚夫也，曰此鞅鞅非少主臣也，卒杀之。夫天下之情，其未见于利害之际者，举不可知而要之；易劫以势者，易动以利；不轻许人之私者，不轻行其私。亚夫之不纳文帝于细柳，与夫不肯侯王，信可谓不可以势劫而无私意矣。仗节死义与夫见利而心不动，非轻势而灭私者，莫能可以相少主共危难者，意非亚夫不可，而帝乃反之，是徒以其刚劲不苟，其形若难制而嫚上者，故杀之而不疑。呜呼！景帝求人于形似而失之者也。盖昔高祖求傅如意者而不可得，得一周昌能强项面折，而高祖遂以赵委之。夫昌之不能脱如意于死，其势盖有所迫，而所以任昌者，固相危弱之道也。嗟夫！周昌以此见取而亚夫乃用是不免，则景帝与

高祖其观人也亦异矣。(《柯山集》卷三十六《汉景帝论》)

⑭【汇校】

[日]泷川资言：张文虎曰："礼"上各本衍"礼"字，《索隐》本无。愚按：《汉书》亦衍"礼"字。(《史记会注考证附校补·孝景本纪第十一》)

[日]水泽利忠：《索隐》、金陵同。各本"礼"上有"刘"字。(《史记会注考证附校补·孝景本纪第十一》)

王叔岷：案：景祐本、黄善夫本、殿本"礼"上并有"刘"字，《汉书》同。《考证》引张说及谓《汉书》所衍"礼"字，盖"刘"字之误(《汉纪》《通鉴》并无"刘"字，与《索隐》本合)。(《史记斠证·孝景本纪》)

【汇注】

荀　悦：夏六月，立元王子平陆侯礼为楚王，续元王后。初，诸侯得自除吏，御史大夫已下官属，拟于天子。国家惟置丞相，黄金印。自吴、楚反之后，夺诸侯权为置二千石，去丞相曰相，银印，其后惟得衣食租税而已。贫或乘牛车。(《汉纪·前汉纪孝景皇帝纪卷九》)

司马贞：韦昭云："平陆，西河县。礼即向之从曾祖王父也。"(《史记索隐·孝景本纪》)

郑　樵：夏六月，诏诸吏民为吴王濞等所诖误，及逋逃亡军者，皆赦之。又楚元王子蓺等与濞等为逆，朕不忍加法，除其籍，毋令污宗室。立平陆侯刘礼为楚王，续元王后。(《通志》卷五下)

胡三省：礼时封平陆侯，为宗正。(见《资治通鉴》卷十六《景帝前三年》注)

傅　恒：帝以将间迫劫有谋，非其罪也，乃召立其太子寿，欲续吴楚。太后曰："吴王首为纷乱，奈何续其后!"不许。乃立礼(时封平陆侯，为宗正)，奉元王后。(见《御批历代通鉴辑览》卷十四《孝景皇帝》)

钱大昕："三年，立楚元王子平陆侯刘礼为楚王。"《正义》云："应劭云：平陆，西河县。"按：东平国有东平陆县，此刘礼所封邑也。《水经注》据《陈留风俗传》以尉氏之陵树乡，故平陆县指为刘礼所封者，失之。若应劭、韦昭辈以为西河之平陆，则谬甚矣。(《廿二史考异》卷一《孝景本纪》)

钱　穆：案：楚王子不应封西河。东平，故梁国，景帝中六年别为济东国。刘礼封在景帝元年，其时梁孝王方鼎盛，岂有楚王子封其国中？《水经·渠水注》："长明沟水东经尉氏县故城南。自是三分，北分为康沟，东经平陆县故城北，刘礼封国。建武元年，罢为尉氏县之陵树乡。故《陈留风俗传》曰：'陵树乡，故平陆县。'"据此，汉初陈留有平陆，刘礼所封，而《汉志》失之。故城今尉氏县东北三十五里。(《史记地名考·汉侯邑名》)

王　恢：楚国：楚王戊既自杀，四年（前153）复立楚元王交子平陆侯礼。礼四传至玄孙延寿，以"今地邑益少"（《汉志》仅有彭城七县），与广陵王胥谋反，宣帝地节元年（前69），自杀，国除为彭城郡。黄龙元年（前49）复置，宣帝徙其子定陶王嚣来王，三传，王莽时绝。但已非元王之裔矣。元鼎三年（前114），武帝又分东海郡凌、泗阳、于三县置。（《史记本纪地理图考·景帝本纪》）

又：平陆，元年（前156）四月乙巳，礼以楚元王子侯。三年徙王楚。《渠水注》：故城在今河南尉氏县东。景帝即位之初，似有意寻求楚为与国，隐消吴濞觊觎之念。与礼同日封其昆弟富为休侯（孟子居休，在滕县西北。三年，免，更封红。《获水注》，今萧县西。《史》《汉》误为二人），岁为沈犹侯（地不详），蓺为宛朐侯（疑宛字衍。朐今东海县。三年反，诛）。三年，既更封富为红侯，又封调为棘乐侯（河南永成县？）。景帝一代，封王子七人，楚占其五。余为中五年（前145）封梁孝王子买为乘氏侯（钜野县西南），明为桓邑侯（长垣县）。似又欲其制衡也。此外功臣、外戚侯者凡四十一人。《本纪》所举不过十五，又曰"封四侯""封十侯"，有《侯表》在，固不必悉举（但漏列阳陵侯岑迈，见《将相表》）。惟举一挂三，转增迷惘。（同上）

又：七国之乱，是诸侯王隆替之分野，亦即汉代实际之统一。在此以前，中央直辖不过十五郡，而王国各自领郡（王国亦有太守），大者七八郡，小者二三郡，总计凡三十九郡。……盖景帝即位，即采晁错硬性的削地主张，削赵之常山郡，二年，又削楚之东海郡，三年，削吴之会稽、鄣郡，七国反时，汉亦不过"廿四郡"（《枚乘传》），反既平，以其余威削诸侯，"于是始得平原、千乘、济南、北海、东莱之地于齐；得涿、渤海、上谷、渔阳、右北平、辽西、辽东之地于燕；得钜鹿、清河于赵；得太原、雁门于代；得沛郡于楚；得庐江、豫章于淮南；得武陵、桂阳于长沙。而诸侯之地以新封皇子者，尚不与焉。"（王氏《汉郡考》上）又续采贾谊众建政策，分赵为常山、中山、广川、河间、清河六国；分梁为济阴、济川、济东、山阳五国。从此王国不再兼辖二郡以上。（《汉王国与侯国之演变》上篇《王国之演变·敉平吕祸与七国之乱》）

林剑鸣：吴楚七国之乱的发生，表明地主阶级内部中央政权和地方势力之间的矛盾已经到必须彻底解决的时候了。镇压叛乱之后，景帝趁这一有利时机，采取了一系列削弱和控制诸侯王国势力的办法，以加强中央集权。首先，景帝继续实行贾谊提出的"众建诸侯而少其力"的计划，在吴、楚、赵、齐四国旧地，又陆续封皇子十三人为诸侯王。这样做既收以亲易疏之效，又有削弱诸侯王势力的作用，使新建的诸侯王国远不如旧王国之强大。景帝以后，汉武帝继续采取这种措施，诸侯王地日蹙，势益弱，终于不能与中央分庭抗礼了。（《秦汉史（上）》第六章《西汉王朝的诞生和汉初的统治》）

黎东方：汉景帝在处分有罪的诸侯，明令其"国除"之外，也对其他王国进行了必要的政治整理。首先，汉景帝乘势收夺诸侯王国之支郡、边郡属汉，此外又有改封、徙封等调整措施。而当时总的趋势，是诸侯地方分据势力显著削弱。例如，特意以续楚元王之后的刘礼为楚王，而其实当时他的楚国仅有彭城（今江苏徐州）及其邻近数县之地。而代国其实也只剩下太原（郡治在今山西太原西南）一郡，其定襄郡（郡治在今内蒙古和林格尔西北）、雁门郡（郡治在今山西左云西）、代郡（郡治在今河北蔚县东北）三个边郡都已经归属中央。（《细说秦汉·平了七国之乱》）

刘定山、龚浩康：平陆，韦昭云"平陆，西河县"，误，此为东平陆。梁玉绳说为邑名，故城在今山东汶上县北。钱穆说为县名，故城在今河南尉氏县东北。（见王利器主编《史记注译·孝景本纪》）

【汇评】

刘 沅：帝欲立吴楚后，窦太后曰："吴王首率天下纷乱。"不许。帝仍欲立吴楚后，可见其宽仁。而晁错必以刻道之，其取祸宜矣。（《史存》卷九《孝景皇帝》）

黎东方：汉景帝三年的空前动乱，一时使帝王为诸侯的强悍所震惊，而叛乱的平定，又使得削藩成为顺理成章的事。不过，我们看到，在一些诸侯国"国除"和一些诸侯王的封地有所调整之后，汉景帝又分封了自己的儿子为新的诸侯王。一些旧有的诸侯国被翦灭，一些新立的诸侯国又出现了。尽管总的趋势是中央政府的实际行政权力有明显的增强，不过汉景帝继续封王的做法，说明他对于地方诸侯威胁中央的历史有切身的感觉，但是其内心有关中央集权政体的进步意义的觉悟程度，其实依然是有限的。（《细说秦汉·平了七国之乱》）

编者按：徐卫民在《文景之治》一书中认为，对"削藩"一事古今皆有人认为操之过急。明人张燧在《千百年眼》卷五"七国缓削则不反"条中认为："汉景初年，七国后强，晁错之议曰：'削之亦反，不削亦反。'愚则曰：亟削则必反，缓削则可以不反。"台湾学者徐复观先生认为："景帝削吴两郡令下，'吴王濞恐削地无已，因此发谋'。可知若削地而予以明令保障，亦无七国之变。"岳庆平先生认为晁错的削藩是加速战争的爆发，是一种下策。上述看法均为一家之言，同时我们也应注意景帝本身"多病"、继位后又没有册立太子、朝中军功集团权势尚未肃清以及外部匈奴侵扰的现实情况。欲有作为的汉景帝，对诸侯王打击势在必行。吴楚七国之乱爆发后，景帝任用周亚夫为太尉、窦婴为大将军率军平叛。经过三个月的战斗，叛乱被平定，避免了分裂局面出现，"西周以来习以为常的诸侯割据制度算是结束了"。七国之乱平定后，一部分参与叛乱的王国被除国改郡。七国之乱前后，景帝又先后分封13个儿子为王，再加上对梁等大国的分藩，到景帝中六年（公元前144年）诸侯王数量达到20多个，但王国领土则大为缩小，一般仅限于一郡或汉郡的一部分。同时"汉政府不再满足于依靠诸王来防御敌人或在对付入侵者时让他们充当缓冲者"；中央政府显然希望自己来监管那些有受袭击和有破坏可能的地区"。于是收回了对边地的控制，加强了对边郡战备的管理，解除了诸侯王国与匈奴等少数民族联结侵扰内地之患，并为日后反击匈奴做好坚实准备。汉郡交错夹杂于诸侯王国之间，"帝国最富饶的部分已被分成官员可以对它们行使权力的较多小单位。"

⑮【汇注】

　　班　固：胶西王端，景帝子，三年六月乙巳立，四十七年，元封三年薨，亡后。（《汉书·诸侯王表第二》）

　　又：胶西于端，孝景前三年立。为人贼戾……强足以距谏，知足以饰非。相二千石从王治，则汉绳以法。故胶西小国，而所杀伤二千石甚众。立四十七年薨，无子国除，地入于汉，为胶西郡。（《汉书·景十三王传第二十三》）

　　王　恢：胶西国，齐王肥子卬国，都高密。二年，景帝削其六县，三年，因与吴、楚反，诛，六月立皇子端。端数犯法，削其国，去大半，故胶西小国。一削再削，是其初国，不止如《汉志》之高密国五县也。武帝元封三年，无子，国除为郡。（《史记本纪地理图考·景帝本纪》）

⑯【汇注】

　　班　固：中山靖王胜，景帝子，六月乙巳立，四十二年薨。（《汉书·诸侯王表第二》）

　　又：中山靖王胜以孝景前三年立。……胜为人，乐酒好内，有子百二十余人。常与赵王彭祖相非曰："兄为王，专代吏治事！王者当日听音乐，御声色。"赵王亦曰："中山王但奢淫，不佐天子拊循百姓，何以称为藩臣？"四十三年薨。（《汉书·景十三王传第二十三》）

　　徐天麟：中山国，高帝置中山郡。景帝封中山靖王胜，更为国。（《西汉会要》卷六十四《方域一·中山国》）

　　王钦若等：三年十二月，立皇子端为胶西王，胜为中山王，赐民爵一级。四年六月，赦天下，赐民爵一级。（《册府元龟》卷七九《厌赐一》）

　　王　恢：中山国，故秦代郡地，高帝分置中山郡，属赵国。三年（前154）别为国，六月乙亥立皇子胜，都卢奴（今河北定县）。五传至修，宣帝五凤三年（前55）卒，无子，国除为郡。（《史记本纪地理图考·景帝本纪》）

　　刘定山、龚浩康：中山，汉初封国，辖今河北省满城县至无极县一带地区，都城在卢奴（今河北省定县）。（见王利器主编《史记注译·孝景本纪》）

【汇评】

　　长谷真逸：西汉景帝男中山靖王胜，为人淫酱，乐酒好（肉）[内]，生子一百二

十余人。宋徽宗止及其半。(《农田余话》卷下)

⑰【汇注】

　　荀　悦：济北王志亦初与诸侯通谋，后乃坚守。闻齐王自杀，而得立嗣。志亦欲自杀。齐人公孙玃止之，因为说梁王曰："夫济北之地，东接强齐，南当吴、越，北胁燕、赵，此四分五裂之国，权不足以自守，势不足以扞寇，虽坠犹失也，言于吴，非其正计也。昔郑祭仲许宋人立公子突以全其君，《春秋》贤之，为其以生易死，以存易亡。向使济北先见情实，则吴必先屠济北，招燕、赵而总之。如此，山东之从结而无隙矣。今吴、楚之王，练诸侯之兵，驱徒众而与天子争衡，济北独厉节坚守不下，使吴失据而无助，跬行而独进，瓦解土崩，败而无救者，未必非济北之力！以区区之济北，而与诸侯争强，是犹羔犊而扞虎狼也。守职志不挠，可谓诚一矣。功议如此，尚见疑于上，愿大王详思惟之。"梁孝王悦，驰以闻。济北王得不坐，徙封于菑川。(《汉纪·前汉纪孝景皇帝纪卷九》)

　　张守节：济，子礼反。济北国今济州卢县，即济北王所都。(《史记正义·孝景本纪》)

⑱【汇注】

　　班　固：鲁恭王馀，以孝景前二年立为淮阳王。吴、楚反，破后，以孝景前三年徙王鲁。好治宫室苑囿狗马。季年好音，不喜辞，为人口吃难言。二十八年薨。(《汉书·景十三王传第二十三》)

　　张守节：淮阳国今陈州。鲁，今兖州曲阜县。(《史记正义·孝景本纪》)

　　徐天麟：鲁国，故秦薛郡。高后元年，封张敖子偃，为鲁国。孝景二年，封共王馀。(《西汉会要》卷六十四《方域一·鲁国》)

　　王　恢：淮阳国，文帝子武故国，二年复置，三月甲寅立皇子馀，明年(前154)徙鲁，国除复为郡。宣帝元康三年(前63)复置，立皇子钦，传孙纘，王莽时绝。(《史记本纪地理图说·景帝本纪》)

　　又：鲁，张偃故国。三年复置，六月，徙淮阳王馀来王。馀五传，王莽时绝。《汉志》鲁国六县，疑恭王时当全有薛郡，后或有收入邻郡。(同上)

⑲【汇注】

　　班　固：江都易王非，(高)[景]帝子。三月甲寅，立为汝南王。二年，徙江都。二十八年薨。(《汉书·诸侯王表第二》)

　　又：江都易王非，以孝景前二年立为汝南王。吴、楚反时，非年十五，有材气，上书自请击吴。景帝赐非将军印，击吴。吴已破，徙王江都，治故吴国。以军功赐天子旗。元光中，匈奴大入汉边，非上书愿击匈奴，上不许。非好气力，治宫馆，招四方豪杰，骄奢甚。二十七年薨。(《汉书·景十三王传第二十三》)

荀　悦：徙……汝南王非为江都王，王故吴国也。非年十五，有才气。吴之反也，非上书请击吴，上赐非将军印，吴破，以军功封，赐天子旌旗。(《汉纪·前汉纪孝景皇帝纪卷九》)

张守节：汝南国今豫州。江都国今扬州也，吴王濞所都，反，诛，景帝改为江都国，封皇子非也。(《史记正义·孝景本纪》)

徐天麟：孝景三年，立皇子为王，赐民爵一级。(《西汉会要》卷三十五《职官五·王皇子》)

吕祖谦：按：《世家》江都易王非，以孝景前二年用皇子为汝南王，吴、楚反时，非年十五，有材力，上书愿击吴。景帝赐非将军印击吴。吴已破，徙为江都王，治吴故国，以军功赐天子旌旗。梁孝王亦以破吴有功，故有是赐。景帝之意，不过假至亲光宠，以镇服南方耳。然天子旌旗岂假人之具哉？二王卒皆骄纵，或累其身，或杀其子（江都王子建立为王，佩其父所赐将军印，戴天子旗以出。淮南事发，治党与，颇及江都王建，遂自杀），盖爱之者非其道也。(《大事记解题》卷十一)

王　恢：汝南国，汉初分淮阳国置汝南郡，仍属淮阳国。惠帝元年国除，一直为汝南郡。二年别为国，三月甲寅立皇子非，明年（前154），非徙王江都，国除为郡。《汉志》汝南郡县三十七，户口居全国第一位。(《史记本纪地理图考·景帝本纪》)

又：江都国，吴王濞故国。三年六月，更名江都，徙汝南王非来王。以鄣郡为支郡。传子建。武帝元狩二年（前121），以谋反论，自杀，国除为广陵郡。六年（前117）四月，置广陵国，立皇子胥。地节元年（前69）与楚谋反，宣帝不忍致诸法，只诛首恶楚王延寿。五凤四年（前54）又谋反，自杀，国除复为郡。后七年，初元二年（前46）三月，元帝复立胥子霸，传子及孙。鸿嘉四年（前17）卒，无子，绝。后六年（前11），元延二年四月，复立霸子守，传子宏，王莽时绝。(同上)

刘定山、龚浩康：江都，秦时为广陵县，汉改为江都。治所在今江苏省扬州市东南。(见王利器主编《史记注译·孝景本纪》)

⑳【汇校】

裴　骃：徐广曰："《表》云五年薨。"(《史记集解·孝景本纪》)

梁玉绳：按：齐王之名，诸处并作"将间"，盖古通用，犹吴王阖间之为"阖庐"也。而燕康王嘉在位二十六年，以景帝五年卒，《史》《汉》《表》《传》《世家》俱可据。此言与齐孝王同薨于景帝三年，误。(《史记志疑·孝景本纪》)

【汇注】

司马贞：（编者按：齐王将庐）悼惠王之孙，齐王襄之子。庐，《汉书》作"间"。（编者按：燕王嘉）刘泽之子。(《史记索隐·孝景本纪》)

张守节：齐国，青州临淄也。将庐，齐悼惠王之孙，襄王之子，《年表》云。

（《史记正义·孝景本纪》）

　　[日]泷川资言：古钞本、枫山本"庐"作"间"。梁玉绳曰：齐王之名，诸处并作"将间"，盖古通用，犹吴王"阖间"之为"阖庐"也。中井积德曰：按：《齐悼惠世家》，哀王名襄，无襄王，将间是悼惠之子。薨年亦异。愚按：《正义》"云"下有脱文，不然"年表云"三字衍。（《史记会注考证附校补·孝景本纪第十一》）

　　[日]水泽利忠：按：延久本、大治本并不作"间"，泷川考证误。（《史记会注考证附校补·孝景本纪第十一》）

　　王叔岷：案：庐、间古通，梁说是也。《庄子·让王篇》"颜阖守陋间"，《御览》八九九引"间"作"庐"，亦其此。《庄子·天地篇》有"将间蔿"，将间，姓也（见成玄英疏及《释文》）。齐王则以将间为名耳。（《史记斠证·孝景本纪》）

　　　　四年夏①，立太子②。立皇子彻为胶东王③。六月甲戌④，赦天下⑤。后九月，更以（弋）[易]阳为阳陵⑥。复置津关⑦，用传出入⑧。冬，以赵国为邯郸郡⑨。

① 【汇注】
　　章　衡：戊子，四年，四月己巳，立皇子荣为皇太子，彻为胶东王。六月甲戌，赦天下。十月戊戌，晦，日有食之。（《编年通载》卷三《汉·孝景皇帝》）

② 【汇注】
　　班　固：夏四月己巳，立皇子荣为皇太子。（《汉书·景帝纪第五》）
　　吕祖谦：荣，景帝长子也；彻，武帝也。按：《五宗世家》：景帝子凡十三人为王，而母五人，同母者为宗亲。栗姬子曰荣、德、阏。程姬子曰余、非、端。贾夫人子曰彭祖、胜。唐姬子曰发。王夫人儿姁子曰越、寄、乘、舜。独不数武帝者承宗庙大统，故不别而为宗也（武帝母王太后乃王夫人儿姁之姊）。《史记·帝纪》书立太子而不著名，盖言荣长子当主匕鬯，天下所共知，不待名也。（《大事记解题》卷十一）
　　王益之：四年夏四月己巳，立皇子荣为皇太子，使魏其侯窦婴为太子太傅。（《西汉年纪》卷九）
　　姚允明：四年，夏四月，立子荣为太子。（《史书》卷二《汉景帝》）
　　刘定山、龚浩康：太子，指栗太子刘荣，为栗姬所生。后于景帝七年被废。（见王利器主编《史记注译·孝景本纪》）

③ 【汇注】
　　班　固：胶东王，景帝子，四年四月己巳立，四年为皇太子。（《汉书·诸侯王表

第二》）

凌稚隆：按：书"立太子"，下又书"立皇子"，盖为后废立张本也。（《史记评林·孝景本纪》）

王之枢、周清源等：胶东王彻，以皇次子封，即孝武皇帝。至帝七年，入正位东宫。（《御定历代纪事年表》卷二十三"孝景皇帝四年"）

梁玉绳："彻"字当讳，说在《高纪》《汉武内传》称武帝名吉，则彻其改名欤？似不可信，姑记异闻。（《史记志疑·孝景本纪》）

王　恢：七年（前150）四月，彻入为皇太子，国除复为郡。中二年（前148）复置，四月立皇子寄。淮南王安谋反（前122），寄私作军器，备战守，吏治淮南，寄自伤，病死，复立其子贤（并封寄少子庆为六安国王），传四世，王莽时绝。《汉志》胶东国十一县，其初东莱为齐支郡，后本国亦有削入琅琊者。（（《史记本纪地理图考·孝文本纪》）

④【汇注】

张大可：六月甲戌，六月二十九日。（《史记全本新注·孝景本纪》）

⑤【汇注】

王钦若等：（孝景）四年六月，赦天下，赐民爵一级。（《册府元龟》卷八二《赦宥一》）

吕祖谦：以立太子故也。（《大事记解题》卷十一）

⑥【汇校】

梁玉绳："弋阳"是"易阳"之误，《汉·地理志》可证。（《史记志疑·孝景本纪》）

王　辉："阳陵□丞（《考古与文物》1997年第1期第48页图130）"，《汉书·地理志》左冯翊："阳陵，故弋阳，景帝更名，莽曰渭阳。"（《史记·孝景本纪》："四年……后九月，更以弋阳为阳陵。"《汉书·景帝纪》："五年春正月，作阳陵邑。"《汉书补注》："先谦曰：……《一统志》（编者按：《大清一统志》）：'故城今咸阳县东四十里。'吴卓信云：'咸阳县东，高陵县西南，鹿苑原自咸阳来，当泾渭二水间，即阳陵所在。'"秦亦有阳陵。阳陵虎符："甲兵之符，右才（在）皇帝，左才阳陵。"王国维《秦阳陵虎符跋》："《汉志》阳陵虽云景帝所置，然《史记·高祖功臣侯年表》有阳陵侯，《傅宽列传》亦同。《索隐》云：'阳陵，《楚汉春秋》作阴陵。'然潍县郭氏有阳陵邑丞封泥，邑丞者，侯国之丞，足证傅宽所封为阳陵而非阴陵，是高帝时已有阳陵，其因秦故名，盖无可疑。"可见阳陵之名不始于汉景帝之后。（《新出秦封泥选释》，载《秦文化论丛》第6辑）

【汇注】

张守节：《括地志》云："汉景帝陵也，在雍州咸阳县东三十里。"按：豫作寿陵也。（《史记正义·孝景本纪》）

乐　史：阳陵城故弋阳地，景帝改为阳陵县，属冯翊。废城在县东北四十一里，东至景帝陵二里。曹魏省之。（《太平寰宇记》卷二十六《关西道·咸阳》）

胡三省：班《志》，阳陵县属冯翊，本弋阳县。《索隐》曰：帝豫作寿陵于此，因更县名，在长安东北四十五里。（见《资治通鉴》卷十六《景帝前五年》注）

王　恢：阳陵，四年（前152）后九月，更以弋阳为阳陵，五年三月，作阳陵，渭桥，后三年（前141）二月，帝葬阳陵。《括地志》"故城在咸阳县东三十里"。《寰宇记》（二六）作"东北四十一里。东至景帝陵二里"。（《史记本纪地理图考·景帝本纪》）

刘庆柱、李毓芳：阳陵位于汉长安城东北，西南距未央宫前殿遗址34里，西距汉高祖长陵12里，其东为泾渭汇流处。阳陵是咸阳原上西汉九座帝陵中最东面的一座，在今咸阳市秦都区肖家村乡张家湾村。陵区范围，向北伸进泾阳县高庄乡，向东至高陵县马家湾乡。……景帝陵园边长410米，陵园四面中央各辟一门，各门距帝陵封土均为110米，门外有双阙，在门两边对称分布，四对门阙的大小、形状基本相同。其中东、西、南门外阙址保存较好。以东门外阙址为例，底部东西长20米，南北长40米，高4—5米。二阙址间距约12—14米。门道和阙址附近露出墙壁、柱洞、铺地砖、卵石散水等。门两边有配廊，廊道方砖铺地，廊道外为卵石铺设的散水。文化层堆积中有汉代板瓦、筒瓦、瓦当和铺地砖等建筑遗物。（《西汉十一陵·景帝阳陵》）

王丕忠等：阳陵为汉景帝刘启的陵墓。《史记·孝景本纪》记载："前元四年（前153）后九月，更以（弋）[易]阳为阳陵。"即以弋阳乡得名。《汉书·景帝本纪》记载：后元三年（前141）"甲子，帝崩于未央宫"，"二月癸酉，葬阳陵"。《史记》《汉书》注释及《三辅黄图》记载：阳陵"去长安四十五里"和"在长安东北四十五里"。……陵冢覆斗状，平面为正方形。底部每边长160米，顶部东西长54米、南北宽55米、冢高31.8米。整个陵冢为夯土筑成。陵园的东、西、南底边正中，各有两个土阙（北边已被削平）。两阙之间为阙门。南、西两阙门保持较好。南门现存宽14米。西门现存宽12.7米。东门已被破坏，残宽19米。东阙门中间原有一米多宽的河卵石路面，直达陵冢。各阙（内边）距陵冢底边均为120米。（《汉景帝阳陵调查简报》，载《考古与文物》1980年第1期）

又：（阳陵）第一排陪葬墓中2、3号墓，不但距阳陵近，而且位于阳陵左右两侧。可见墓主与景帝有特殊的关系。《咸阳县志》景帝后陵条记载："在阳陵一百步废太子临江王母。"我们认为此排可能为姬妃陪葬区。3号墓可能为栗姬之墓。（同上）

张永禄：弋阳，县名，在今高陵县西南部和咸阳市东南部，秦置。汉景帝五年（前152）于弋阳境筑陵墓，名阳陵，故亦改弋阳县为阳陵县。（《汉代长安词典》一《地理环境·弋阳》）

陕西省考古研究院：阳陵是西汉第四位皇帝景帝刘启和王皇后"同茔异穴"合葬陵园，地跨咸阳市渭城区、泾阳县、高陵县三县区，东邻"泾渭分明"，北濒泾河，南隔渭水与今西安市、汉长安城相望，西与汉高祖长陵接壤，是咸阳原上九座西汉帝陵中最东端的一座陵园。这里地势高亢平缓，土厚水深，物产丰富，交通便利，堪称"风水宝地"。阳陵陵区由包含中部的帝、后陵园，西北、东南的外藏坑群，南部的礼制建筑群等组成的阳陵陵园和位于陵园北侧、东侧的陪葬墓群，东部的阳陵邑及西北侧的刑徒墓地等四大部分组成，东西长约6公里，南北宽约1—3公里，总面积约12平方公里。（《汉阳陵帝陵陵园南门遗址发掘简报》，载《考古与文物》2011年第5期）

编者按：徐卫民在《文景之治》一书中解释说，阳陵是汉景帝的陵墓，位于咸阳原上汉帝陵的最东边，靠近泾渭之汇。通过考古钻探和发掘研究得知：阳陵陵园平面呈不规则葫芦形，东西长而南北窄。东西长近6公里，南北宽1公里~3公里，面积约12平方公里。由帝陵、后陵、南区和北区从葬坑、刑徒墓地、陵庙等礼制建筑、陪葬墓及阳陵邑等部分组成。目前汉景帝阳陵是考古工作者在汉代帝陵中做工作最多的一个，也是对汉代帝陵了解最深刻的一个。……帝陵坐西面东，居于陵园的中部偏西。后陵、南区从葬坑、北区从葬坑、一号建筑基址等距分布于帝陵四角。嫔妃陪葬墓区和罗经石遗址位于帝陵南北两侧，左右对称。刑徒墓地及三处建筑遗址在帝陵西侧，南北一字排列。陪葬墓园棋盘状分布于帝陵东侧的司马道两侧。阳陵邑则设置在陵园的东端。整个陵园以帝陵为中心，四角拱卫，南北对称，东西相连，布局规整，结构严谨，显示了唯我独尊的皇权意识和严格的等级观念。（《文景之治》第六章《汉景帝其人其事》）

又：阳陵帝陵陵园平面为正方形，边长417.5米—418米。四边有夯土围墙，墙宽3.00米—3.50米；四墙中部均有"三出"阙门（这是表示陵墓高级的标志），四角隅无角楼之类建筑基址。陵园中部为封土堆，呈覆斗形，上小底大，底部东边长167.5米、南边长168.5米、西边长167.5米、北边长168.5米。封土顶部边长分别为：东边63.5米、南边56米、西边63.5米、北边56米。封土高32.28米。封土底部四边距围墙距离大致相等，约120米。（同上）

又：从阳陵的发掘和勘探情况，结合前面讲到的霸陵情况来看，西汉时期的帝陵具有以下特点：(1) 西汉帝陵均有高大的封土（霸陵除外，霸陵系依山为陵），多为覆斗形，陵顶无"享堂"类建筑遗迹。(2) 陵墓形制为"亚"字形，有四条墓道。(3) 西汉前期，帝、后陵为同一个陵园，从阳陵以后，帝、后则各自为园。(4) 帝、后实行"同茔异穴"的合葬制度,帝陵居中,后陵多在其东北,帝陵的封土要大于后陵。(5)陵园内均有陵庙、寝殿、便殿等建筑,祭祀形式复杂多样。(6)西汉早中期均设置有陵邑。11个帝陵中有七个陵邑。(7)大多实行厚葬制度,有众多的陪葬坑和陪葬墓。(同上)

⑦【汇校】

[日]泷川资言:《汉书·景纪》"津"作"渚"。(《史记会注考证附校补·孝景本纪第十一》)

【汇注】

张家英:"津"为江河渡口,"关"为险阻要隘。"津关"为在水陆要冲的处所特设的关口;设置"津关"主要起战略上的防守作用。《秦始皇本纪·赞》中引贾谊《过秦论》中语:"秦并兼诸侯山东三十余郡,缮津关,据险塞,修甲兵而守之。"即用此意。《集解》引应劭曰:"文帝十二年,除关,无用传。至此复置传,以七国新反,备非常也。"这说的是"用传出入"的原由。……《史记》中"津"与"关"主要是分别使用,组合成词者只有二例,已见如上所引。"津关"倒过来说,就成了"关津",含义相同。(《〈史记〉十二本纪疑诂·孝景本纪》)

⑧【汇注】

裴　骃:应劭曰:"文帝十二年,除关,无用传,至此复置传,以七国新反,备非常也。"张晏曰:"传,信也,若今过所也。"如淳曰:"传音'檄传'之'传',两行书缯帛,分持其一,出入关,合之乃得过,谓之传。"(《史记集解·孝景本纪》)

颜师古:传,所以出关之符也。(《汉书注·酷吏列传第六十》)

徐天麟:文帝十二年,除关,无用传。景帝四年,复置诸关,用传出入。(《西汉会要》卷二十四《舆服下·关传》)

杨　侃:张晏曰:"传,信也,若今过所也。"如淳曰:"两行书缯帛,分持其一,出入关,合之乃得过,谓之传也。"师古曰:"古者或用棨,或用缯帛。棨者,刻木为合符也。传音张恋反。棨音启。"(《两汉博闻》卷二《关用传》)

蒋廷锡:臣按:汉人所谓"传",即今符验,文引之类。(见《古今图书集成·经济类编·戎政典》卷二六四《驿递部·总论》)

陈　直:《十钟山房印举》举二,五十四页,有"宜阳津印"。西安马氏藏有"函谷关印"封泥,皆为关津吏所用之印。又按:汉代人民过关,皆用符传,有四种不同形式。一曰符(见《居延汉简释文》卷一,八十二页,有橐佗隧长孙时符),二曰传(见同书同页,有四月戊午入关传),三曰过所(见同书同页,有元延二年,居延令丞忠移过所),四曰缯(见《汉书·终军传》),其质料符,过所用木竹质,传用木质兼用缯帛,缯则专用缯帛。考其实际,符与传,性质名称均相近,在《史记》《汉书》之记载用传出入者,不称为用符出

入，恐后人与虎符相混为一谈也。（《史记新证·孝景本纪》）

又：《汉书·宣帝纪》本始四年，"民以车船载谷入关者，得毋用传"。颜师古注：传，传符也。符与传本为一事，但文献多称为传，而木简则传符并称。例如《居延汉简释文》卷一，八十二页，有简文云："永始五年四月戊午，入关传。"又同页有永光四年正月己酉橐他燧长张彭祖符，永光四年正月己酉橐驼延寿燧长孙时符。以木简来分析，其区别在符有齿、传无齿，符纪数、传不纪数（附带有家属之符，则不纪数）。汉代过关津者所用之符信，计有传、符、过所、繻四种名称。（《史记新证·酷吏列传》）

⑨【汇注】

裴　骃：《地理志》赵国景帝以为邯郸郡。（《史记集解·孝景本纪》）

徐天麟：赵国，高帝四年，封张耳为赵王。八年，国除。九年，封子如意，又封幽王友。高后封共王恢。文帝元年，封幽王子遂。景帝三年，国除，为邯郸郡。五年，封赵敬肃王彭祖，复为国。（《西汉会要》卷六十四《方域一·郡国沿革》）

梁玉绳：按：此年独书冬于年终，误。考《汉纪》四年及中四年，亦并误书十月于年终，不可晓也。又：《地理志》赵国景帝三年为邯郸郡，五年复故，此《纪》既误书为郡于四年之冬，而于五年不书复为赵国，疎矣。或问：《诸侯王表》亦书于四年，何也？曰：各表之例，凡书灭国及为郡，有书于当年当月者，有书于明年明月者，以地悉定始称灭，以置官守始称郡也。不独此年赵之为郡。如是，故不得指以为误。（《史记志疑·孝景本纪》）

王　恢：《汉志》："赵国邯郸，赵敬侯自中牟徙此。"邯郸始见《左》定十年，战国属赵，赵为争河北形胜，敬侯元年（《左》定九年，前386），自中牟徙都之。魏拔（前353）而复归之（前351）。始皇十九年（前228）灭赵，置邯郸郡。汉为赵国、邯郸郡治。（《韩非子·外储说左下》："中牟三国之股肱，邯郸之肩髀。"旧注三国"赵齐燕"，顾氏《大事表》因谓在邢台、邯郸间。按：本卫地，"佛肸以中牟叛"。《赵世家》《正义》说"在汤阴西"。是。）（《史记本纪地理图考·秦本纪》）

刘定山、龚浩康：邯郸，郡名，辖今河北省南部地区，郡治邯郸，即今邯郸市。（见王利器主编《史记注译·孝景本纪》）

韩兆琦：按：当时以十月为岁首，冬季之事不能书于是年末。梁玉绳曰："书'冬'于年终，误。《汉纪》四年及中四年亦并误书'十月'于年终，不可晓也。"按：景帝三年赵王遂因谋反被灭，故赵国遂被改为邯郸郡，今乃书于次年之初。梁玉绳曰："凡书灭国及为郡，有书于当年当月者，有书于明年明月者，以地悉定始称灭，以置官守始称郡也。"（《史记笺证·孝景本纪》）

五年三月①，作阳陵、渭桥②。五月，募徙阳陵③，予钱二十万④。江都大暴风从西方来⑤，坏城十二丈⑥。丁卯⑦，封长公主子蟜为隆虑侯⑧。徙广川王为赵王⑨。

① 【汇校】
　　梁玉绳：渭桥之作，《汉纪》不书。而作阳陵在正月，此云三月，小异。（《史记志疑·孝景本纪》）
　　王叔岷：《汉纪》《通鉴》并作"五年春正月，作阳陵邑"，与《汉书》同。（《史记斠证·孝景本纪》）
【汇注】
　　章　衡：己丑，五年，春，遣翁主嫁匈奴单于。（《编年通载》卷三《汉·孝景皇帝》）
　　程馀庆：《汉书》载：景帝五年，遣公主嫁匈奴单于；六年，皇后薄氏废；中二年，改磔曰弃市，勿复磔；六年，灭笞法，定箠令。此皆大事，不得不书者，《史记》皆略之。（《历代名家评注史记集说·孝景本纪》）

② 【汇校】
　　［日］泷川资言：《汉书·景纪》云：五年春正月，作阳陵邑，无"渭桥"二字，与此异。（《史记会注考证附校补·孝景本纪第十一》）
【汇注】
　　颜师古：张晏曰："景帝作寿陵，起邑。"（《汉书注·景帝纪第五》）
　　司马贞：景帝豫作寿陵也。按：《赵系家》赵肃侯十五年起寿陵，后代遂因之也。（《史记索隐·孝景本纪》）
　　程大昌：秦宫殿多在咸阳。咸阳，渭北也。至其阿房、长乐宫，则在渭南。南北正隔渭水，故长乐宫北有桥跨渭。而长安、咸阳始通。是以亦名便桥也。《三辅黄图》曰："渭水贯都，以象天汉；横桥南度，以法牵牛。"盖指此之中桥而为若言也。桥之广至及六丈，其柱之多至七百五十。约其地望，即唐太极宫之西而太仓之北也。此桥旧止单名渭桥。《水经》叙渭曰："水上有梁，谓之桥"者是也。后世加中以冠桥上者，为长安之西别有便门桥，万年县之东更有东渭桥，故不得不以"中"别也。（《雍录》卷六《中渭桥》）
　　郑　樵：五年春正月，作阳陵邑。夏，募民徙阳陵，赐钱二十万。（《通志》卷五下）
　　顾祖禹：东渭桥，在府东北五十里，汉高祖造此，以通栎阳之道。或曰：景帝时所作也。《史记》景五年三月，作阳陵、渭桥。《索隐》云：渭桥有三：通咸阳者曰西

渭桥，通高陵路者曰东渭桥，在长安城北者曰中渭桥。阳陵即今高陵县境。（《读史方舆纪要·陕西·西安府·长安县》）

程馀庆：此东渭桥，在西安府东北五十里，高帝所造。（《历代名家评注史记集说·孝景本纪》）

王　恢：汉时长安附近横跨渭水的大桥，有中、东、西三桥。中桥在今咸阳县二十里，秦时称"横桥"，汉改名"渭桥"（即本《纪》所称者）。又因与汉长安城西的横门相对，称为横门桥或石柱桥。历代屡毁屡建，唐时始坏。东渭桥在今西安市东北的灞水、泾水、渭水的交汇处。汉景帝五年（前152）建，见于《景纪》。唐咸亨中置渭桥于此，凡东莱漕粮皆聚于此，再转运长安。唐后废。西渭桥汉武帝建元三年（前138）建（《汉书·武纪》），在今咸阳县南，因与汉长安城便门相对，称为便桥，又名便门桥，唐时称咸阳桥。天宝十年鲜于仲通征南诏，所募兵勇从长安经此桥南下，杜甫《兵车行》"耶娘妻女走相送，尘埃不见咸阳桥"即此。（《史记本纪地理图考·孝文本纪》）

编者按：袁仲一在《秦代金文、陶文杂考三则》（载《考古与文物》1982年第4期）一文中认为，秦汉时期，建陵邑的目的，《汉书·地理志》说："盖亦以强干弱枝，非独奉山园也。"《汉书·元帝纪》："顷者有司缘臣子之义，奏徙郡国民以奉园陵……"又：《汉书·陈汤传》记载：汤上封事说，"初陵，京师之地，最为肥美，可立一县。天下民不徙诸陵三十余岁矣，关东富人益众，多规良田，役使贫民，可徙初陵，以强京师，衰弱诸侯，又使中家以下得均贫富。汤愿与妻子家属徙初陵，为天下先"。"于是天子从其计，果起昌陵邑，后徙内郡国民"。可见建陵邑的目的一是奉侍陵园；二是强干弱枝，即削弱地方诸侯豪强势力，促使中央权力、财力、人力的集中，所谓"内实京师，外销奸猾"。

王学理：西汉景帝阳陵在今陕西咸阳东接高陵县的鹿苑原上，据说得名于当时的"弋阳县"。王国维据汉高祖封傅宽阳陵侯推定，汉阳陵是沿秦阳陵而来（王国维：《观堂集林·秦阳陵虎符跋》）。可知秦阳陵虎符是秦始皇颁给内史驻守阳陵某将军的兵符。（《秦物质文化史》第四章《军事·军权》）

③【汇注】

赵　翼：汉制，天子即位即营陵寝，而徙富民以实之。《汉书》景帝五年作阳陵，募民徙陵，户赐钱二十万；武帝初置茂陵，赐徙者户钱二十万，田二顷；昭帝为母起云陵，募徙者赐钱田宅，盖其时仅徙民而不皆富人也。帝又徙三辅富人平陵，则渐及富民矣。宣帝时，募吏民赀百万以上徙于昭帝平陵，以水衡钱为起第宅，宣帝自作杜陵，徙丞相、下将军、列侯、吏二千石赀百万以上者，则并及于达官矣。元帝筑寿陵，乃勿徙。诏曰："安土重迁，民之性也。今使其弃坟墓，破产失业，非计也。今所为

陵，勿置县邑，使天下咸安土乐业。"（《陔余丛考》卷十六《汉时陵寝徙民之令》）

刘庆柱、李毓芳：阳陵邑位于阳陵以东，约在今高陵县马家湾乡一带。《古诗源》卷三蔡邕在《〈樊惠渠歌〉序》中写道：樊惠渠在"阳陵县东，其地衍隩，土气辛螫，嘉谷不殖，而泾水长流"。樊惠渠虽早已废弃，但从记载的相对位置来看，它应在泾河西南、原地东北的泾河河谷谷地。阳陵邑位于樊惠渠西南的原地上。文献记载，阳陵邑与阳陵东西只相距二里。……当时的徙民主要来自关东，其中的大家有田氏、革氏、爰氏、单父氏、秘氏、郦氏、奚氏、周氏、张氏和翟氏等。此外，景帝和武帝时期有些达官显贵、豪杰巨富也徙居阳陵邑。（《西汉十一陵·景帝阳陵》）

王学理：在阳陵开工的时间上，有的学者把《史记》一书上四年后九月"更以弋阳为阳陵"当做筑陵起始的时间，我以为这是一种误解。实际上，因为陵址选定在弋阳县，不但改了县名，连陵墓也随县称做"阳陵"。我们只能把这些看作是浩大工程开始前的一种预备，一种措施。因此，这不应算做阳陵破土动工的时间。在这里，我申述一下自己的理解：首先，就《史记·孝景本纪》所载作一连贯性的摘录。"四年……后九月，更以弋阳为阳陵。……五年三月，作阳陵、渭桥。五月，募徙阳陵，予钱二十万。……七年十一月晦，日有食之。春，免徒隶作阳陵者。"其次，就文献所载作一分析。文中有两处"作阳陵"，一在五年，一在七年。同前者对应的是《汉书·景帝纪》作"五年春正月，作阳陵邑。夏，募民徙阳陵，赐钱二十万。"很明白，这是"阳陵邑"工程的始筑时间。我们再返回看《史记》，就知道筑"阳陵邑"与加固或重修"中渭桥"同样重要，都是修筑阳陵的前期准备工程，而且又是同年展开的；而后者，才是修陵的时间。修陵的劳动力靠判了刑的社会罪犯，因此才有"免除"他们罪犯身份的优待。同一道理，在后来的时间里景帝也是这么做的。……于此，我们就可以把修建陵墓的工程列出一个时间顺序来，图示如：公元前153年弋阳改名"阳陵"——公元前152年筑陵邑、修渭桥、安置徙民——公元前150年阳陵开工——公元前146年建德阳宫……（《汉景帝与阳陵》—《汉景帝其人·安寝阳陵》）

又：修筑陵墓，是一项内容多、上劳多、材料多、费时多、具有连续性特点的大型工程，涉及面广，需要各方同心协力配合。在破土动工之前，充分的准备尤为重要。"阳陵邑"的设立，是施工的基地。虽然当年弋阳的这块土地上有可能是林茂草丰、泾渭安澜，但毕竟还是一片狐兔出没的空旷原野。所以工程开始仅有两个月时间，就通过补偿的办法来招募和迁徙老百姓充实陵区，既为当前，更着眼阳陵将来的繁兴。为了京城和施工现场联系和运输物资的方便，加固或重修中渭桥，更是不可忽视的大问题。从这里我们不难看出：阳陵工程的进程是有序的，总体把握是有方的。给徙民"予钱"（或作"赐钱"）、赦免刑徒……等措施，也显示出汉景帝不烦民、不扰民，性格具有宽厚仁慈的一面。固然和秦始皇迁徙三万家到丽邑免去他们十年的徭役负担

（复）做法相同。但更多的具有一种人情味。（同上）

王丕忠等：景帝在修建陵墓的同时，筑陵邑，迁五千户为其守陵。东汉末，蔡邕在《樊惠渠歌》序言中说，光和五年（182），樊君于阳陵县东修渠，引渭水溉田，阳陵县即阳陵邑，可证阳陵邑位于泾河河谷地带。《汉书·地理志》安定郡条记载："幵头山在西，《禹贡》泾水所出，东南至阳陵入渭"，说明阳陵邑不但靠近泾河，而且接近泾、渭交汇之处。米家崖附近即位于此。我们认为米家崖汉代遗址应是阳陵邑的所在地。（《汉景帝阳陵调查简报》，载《考古与文物》1980年第1期）

④【汇注】

傅　恒：自是，诸帝皆豫作寿陵。（见《御批历代通鉴辑览》卷十四《孝景皇帝》）

王之枢、周清源：春正月作阳陵邑，夏募民徙居之，赐钱二十万。豫作寿陵也。豫作寿陵，自帝始。（《御定历代纪事年表》卷二十三"孝景皇帝五年"）

⑤【汇注】

张大可：江都，王国名，即广陵，在今江苏扬州市。（《史记全本新注·孝景本纪》）

【汇评】

李克家：风者天之号令，顺其时则枯者荣，荣者实，此天令之喜也。不顺其时，则伤人折木，毁屋害稼，此天令之怒也。大抵顺时生物者吉，非时杀物者凶。（《戎事类占》卷十五《风类一》）

⑥【汇校】

［日］泷川资言：《汉书》不载。（《史记会注考证附校补·孝景本纪第十一》）

王叔岷：案：《汉纪》《通鉴》亦并不载。（《史记斠证·孝景本纪》）

⑦【汇校】

梁玉绳：按：卢学士曰"《史》《汉》《表》俱在中五年五月丁丑，此书于前五年五月丁卯，误也。徐广反据此以疑《表》，亦失于不考耳。高祖时功臣有隆虑侯窦，其子通嗣侯，中元年有罪国除，则不得于通未失侯之前以封蟜，一也。《表》云'元鼎元年蟜自杀'，《汉·表》云'二十九年'，自中五年至元鼎元年，年数方合，则不得于前五年封，二也。故以为《本纪》之误无疑"。余因考此侯之名，《史记·表》并作"蟜"，而《汉·表》作"融"，《索隐》本《史·表》讹作"蝺"，当作"螎"，与"融"同，岂"蟜"字误欤？又此《纪》于封年虽误，而月日不误，盖中五年五月己未朔，丁丑在丁卯之后，必隆虑与乘氏、桓邑同以丁卯封，不然，《表》何以叙隆虑于乘氏、桓邑之前乎？《表》作"丁丑"，非。（《史记志疑·孝景本纪》）

【汇注】
张大可：丁卯，五月二十八日。(《史记全本新注·孝景本纪》)

⑧【汇校】
钱大昕：按：《年表》，中元五年五月丁丑，隆虑侯蛴元年。徐广据《本纪》以证《表》之非，予考《功臣表》，隆虑侯周通，以中元元年有罪国除，则蛴之封隆虑，必在中元年以后，《纪》书于前五年者，非矣。《汉书·年表》："景帝中五年，隆虑侯融以长公主子侯，二十九年，坐母丧未除服奸，自杀。"馆陶公主卒于元鼎元年，距孝景中五年，正二十九岁，又足证《史记》之《表》是而《纪》非也。融与蛴字形相涉而讹。(《廿二史考异》卷一《孝景本纪》)

吴汝纶：梁云《汉·表》蛴作融，钱云隆虑侯封，《年表》在中五年，《纪》书于前五年，非也。(《点勘史记读本·孝景本纪》)

[日] 泷川资言：《汉书》不载。(《史记会注考证附校补·孝景本纪第十一》)

[日] 水泽利忠：景、衲、绍、毛无"主"字。(《史记会注考证附校补·孝景本纪第十一》)

【汇注】
司马迁：以长公主嫖子侯，户四千一百二十六。(《史记·惠景间侯者年表第七》)

班　固：孝景中五年，侯融以长公主子侯，万五千户。二十九年，坐母丧未除服奸，自杀。(《汉书·高惠高后文功臣表第五》)

编者按：封隆虑侯者蛴？抑是融？或一人有二名乎？

司马贞：音林间。避殇帝讳改之。(《史记索隐·孝景本纪》)

又：隆虑，县名，属河内。音林间。隆，避殇帝讳改也。(同上)

吕祖谦：长公主嫖，窦太后女，景帝诸美人皆因长公主见。栗姬太子荣之斥，王皇后武帝之立，长公主有力焉。《史记·本纪》特书其子封侯，以著其权宠也。《汉书》削之。(《大事记解题》卷一一)

梁玉绳：侯蛴，按：侯姓陈，此失书，即堂邑侯陈婴之曾孙也。(《史记志疑》卷一二)

又：隆虑，附按：县属河内。《索隐》本作"隆卢"，古通。(同上)

王　恢：赵国，故赵王遂国，三年，因削其常山郡，乃与吴、楚反，诛，国除为郡。五年复置，四月徙广川王彭祖来王，五传，王莽时绝。(《史记本纪地理图考·景帝本纪》)

赵帆声：临虑（林虑、隆虑）：临虑，县名。《荀子·强国》："在韩者，逾常山乃有临虑。"注："《汉书·地理志》：临虑，县名，属河内，今属相州也。"临虑即"林虑"。《史记·外戚世家》："王太后长女曰平阳公主，次为林虑公主。"《索隐》："（林虑），县名，属河内。本名隆虑，避殇帝讳，改名林虑。虑音庐。"《正义》："林虑，相州县也。"此言林虑即"隆虑"。虑为鱼韵，古音当同庐。《史记·孝景帝本纪》："丁卯，封长公主子蟜为隆虑侯。"《索隐》："（编者按：隆虑）音林闾，避殇帝讳改之。"《汉书·地理志》河内郡有隆虑。注引应劭曰："隆虑山在北。避殇帝名，故曰林虑。"隆之所以改作"林"者，虽言避殇帝讳，也由二字音近。二者于古音均为来母侵韵，为同音字。林又作"临"者，音全同。（《古史音释·临虑》）

解惠全、白晓红：长公主，指皇帝的姐姐刘嫖，窦太后所生。汉代称皇帝的女儿为公主，皇帝的姐妹为长公主，皇帝的姑姑为大长公主。（引自金源编译《全译史记·孝景本纪》）

⑨【汇注】

司马迁：赵王彭祖，以孝景前二年用皇子为广川王。赵王遂反破后，彭祖王广川。四年，徙为赵王。（《史记·五宗世家第二十九》）

又：彭祖为人巧佞卑谄，足恭而心刻深。好法律，持诡辩以中人。彭祖多内宠姬及子孙。相、二千石欲奉汉法以治，则害于王家。是以每相、二千石至，彭祖衣皂布衣，自行迎，除二千石舍，多设疑事以作动之，得二千石失言，中忌讳，辄书之。二千石欲治者，则以此迫劫；不听，乃上书告，及污以奸利事。彭祖立五十余年，相、二千石无能满二岁，辄以罪去，大者死，小者刑，以故二千石莫敢治。（同上）

王之枢、周清源：自广川王徙封，是为敬肃王。广川国除，为信都，至武帝征和元年再见。（《御定历代纪事年表》卷二十三"孝景皇帝五年"）

【汇评】

刘　沅：周家大封同姓，然皆以德选，非尽人而分封也。汉高误袭其制，惟亲不惟德，故骄纵不法。帝既平七国，当乘时择贤而予之，乃仍封以国都，其皆能宣外敷治乎？虽易其地以防患，实非经国子民之道也。（《史存》卷九《孝景本纪》）

　　六年春①，封中尉（赵）绾为建陵侯②，江都丞相嘉为建平侯③，陇西太守浑邪为平曲侯④，赵丞相嘉为江陵侯⑤，故将军布为鄃侯⑥。梁楚二王皆薨⑦。后九月⑧，伐驰道树⑨，殖兰池⑩。

①【汇注】

章　衡：庚寅，六年，十二月，雷霖雨。九月，皇后薄氏，无子，无宠，废。（《编年通载》卷三《汉·孝景皇帝》）

【汇评】

徐克范：六年废皇后薄氏不书，讳也。《外戚世家》云：景帝为太子时，薄太后以薄氏女为之妃，及即位，立为后，无子，无宠。薄太后崩，废薄皇后。夫后不闻有罪，又太后所立，太后崩即废，帝亦忍矣！帝本纪缺其事，或武帝削之欤？（《读史记十表》卷十《读汉兴以来将相名臣年表补》）

② 【汇校】

梁玉绳：按：五侯之封，《年表》在四月，此误云"春"。而尤误者，以卫绾为赵绾，较《水经注》二十六卷误为"石绾"更甚。卢学士云"此'赵'字是后人妄增，观下江都丞相嘉、陇西太守浑邪、赵丞相嘉、故将军布皆不书姓，知本无此一字"。盖此乃卫绾非赵绾也，赵绾未尝封侯，武帝建元二年以御史大夫坐请毋奏事太皇太后下狱自杀。而卫绾封侯，《史》《汉·表》昭然可据，乃妄诞之徒于此增一"赵"字，至后元年"以御史大夫绾为丞相"下，又讹易作"封为建陵侯"五字，不知后元年所封者塞侯直不疑也。诸家但疑为复出而惮于详考，无有明辨其非，其非者今穷其颠末《表》而出之。（《史记志疑·孝景本纪》）

王叔岷：案：五侯之封，《汉书·功臣表》亦在四月。"中尉赵绾"，钱大昕曰："《表》'江陵'作'江阳'。"卢氏据下文皆不书姓，知本无此"赵"字，是也。惟"赵"字盖涉上文"赵王"而衍，恐非后人妄增。"赵丞相嘉"，《汉·表》"嘉"作"息"。"鄃侯"，《史》《汉·表》并作"俞侯"，《栾布传》同。鄃、俞正假字。（《史记斠证·孝景本纪》）

【汇注】

司马迁：以将军击吴楚功，用中尉侯，户一千三百一十。（《史记·惠景间侯者年表第七》）

又：六年四月丁卯，敬侯卫绾元年。（同上）

班　固：卫绾，代大陵人也。以戏车为郎，事文帝，功次迁中郎将，醇谨无它。……吴楚反，诏绾为将，将河间兵击吴楚，有功，拜为中尉。三岁，以军功封绾为建陵侯。（《汉书·万石卫直周张传第十六》）

郦道元：沭水又南迳东海厚丘县，王莽更之祝其亭也。分为二渎：西南出今无水，世谓之枯沭；一渎南迳建陵县故城东。汉景帝八年，封石绾为侯国（孙潜夫校云：按：《史记·年表》，景帝六年，卫绾封建陵侯），王莽更之曰付亭也。（《水经注》卷二十六《沭水》）

张守节：《括地志》云："建陵故县在沂州承县界。"（《史记正义·孝景本纪》）

李景星：本纪体例，书封王不书封侯，而此书封赵绾等五侯，所以著录其讨吴楚之功也。故御史大夫周苛孙平、故御史大夫周昌子左车亦以封侯书者，所以著录其忠

臣之后也。(《四史评议·孝景本纪》)

牛运震："以御史大夫绾为丞相，封为建陵侯。"此即卫绾也。六年已封为建陵侯，此处不应复叙，当作"以御史大夫建陵侯绾为丞相"可矣。(《读史纠谬》卷一《孝景本纪》)

又：按："赵绾"当作"卫绾"，此因武帝时有赵绾而误之也。(同上)

崔　适：按：各本下有"封为建陵侯"句，衍也。建陵侯用中尉封，在前六年春，至此八年矣。(《史记探源》卷三《孝景本纪》)

王　恢：卫绾，六年四月丁卯，以将军击吴楚，用中尉侯。子信，武帝元鼎五年(前121)，坐酎金免。(《史记本纪地理图考·景帝本纪》)

又：建陵，《汉志》东海郡县，侯国。并见《沭水注》。后景帝封卫绾，宣帝封刘遂。今江苏沭阳县西北。(《史记本纪地理图考·吕太后本纪·建陵》)

③【汇注】

裴　骃：徐广曰："姓程。"(《史记集解·孝景本纪》)

王　恢：建平，程嘉，六年四月丁卯，以将军击吴楚，用江都相侯。武帝元光四年(前131)，孙回，卒，无后。《汉志》沛郡县。《淮水注》建平故城在河南永城县西南。(《史记本纪地理图考·景帝本纪》)

④【汇校】

[日] 水泽利忠："邪"，延久、大治"耶"。(《史记会注考证附校补·孝景本纪第十一》)

【汇注】

司马迁：以将军击吴楚功，用陇西太守侯，户三千二百二十。(《史记·惠景间侯者年表第七》)

又：六年四月己巳，侯公孙昆邪元年。(同上)

张守节：《括地志》云："平曲县故城在瀛州文安县北七十里。"(《史记正义·孝景本纪》)

王钦若等：(景帝)六年，以绛侯周勃子坚为平曲侯，续绛侯后(以勃子亚夫有罪死，国除)。(《册府元龟》卷一七三《帝王都·继绝》)

程馀庆：浑邪，公孙浑邪。(《历代名家评注史记集说·孝景本纪》)

钱　穆：案：《汉志》东海有二平曲：一注"侯国。莽曰端平"，一"莽曰平端"；不应一郡二县同名。莽改端平者，或当作"曲平"，《后书·万脩传》有"曲平亭侯"是也。又宣帝封广陵厉王子曾为平曲侯，东海平曲之为侯国者，指此。《魏书·地形志》："文安县有平曲城。"在今河北霸县东，于汉属勃海。周亚夫封脩，在信都；其子坚封平曲，在勃海为近。《索隐》谓"《汉·表》在高城"，高城乃勃海都尉所治，盖

亦指文安平曲。其地先封公孙，此封周坚，皆不在东海。(《史记地名考·汉侯邑名》)

王　恢：平曲，公孙浑邪。六年四月己巳，以将军击吴楚，用陇西太守侯。中四年（前146）有罪，免。《汉志》东海郡有二平曲：第一注"莽曰平端"，第二注"侯国。莽曰端平"。平曲故城在今江苏省沭阳县东北。《括地志》所谓在文安县北，《寰宇记》云永清县东者，疑系绛侯周勃子坚侯国。(《史记本纪地理图考·景帝本纪》)

刘定山、龚浩康：陇西，郡名，郡治狄道，在今甘肃省临洮县境内。太守，官名，一郡的最高行政长官。浑邪，公孙浑邪。平曲，邑名，在今河北省霸县东。(见王利器主编《史记注译·孝景本纪》)

⑤【汇校】

牛运震：赵丞相嘉为江陵侯，"江陵"当作"江阳"。(《读史纠谬》卷一《孝景本纪》)

王　恢：江阳，《本纪》作江陵，《史》《汉》《表》皆作江阳。《索隐》"县，在东海"。东海无江阳县。犍为有江阳，而其时犹未开。不知所在。嘉，《汉·表》作息，未知孰是。(《史记本纪地理图考·景帝本纪》)

【汇注】

裴　骃：徐广曰："姓苏。"(《史记集解·孝景本纪》)

王之枢、周清源：江（阳）[陵]侯苏嘉，以击吴、楚功封，是为康侯。《传》懿侯卢及侯明及侯雕，至武帝元鼎五年，坐酎金国除。"嘉"《汉书》作"息"。(《御定历代纪事年表》卷二十三"孝景皇帝六年")

钱大昕："六年，封赵丞相嘉为江陵侯"，《表》作江阳。(《廿二史考异》卷一《孝景本纪》)

施之勉：按：《表》作"江阳"是也。六年，封嘉为江陵侯，何得于七年，废栗太子为临江王，而都江陵乎？盖江阳，亦犹南安，本属蜀郡，后属犍为也。(《史记会注考证订补·孝景本纪第十一》)

王　恢：苏嘉，六年四月壬申，以将军击吴楚，用赵相侯。武帝元鼎五年，孙雕坐酎金免。(《史记本纪地理图考·景帝本纪》)

刘定山、龚浩康：嘉，苏嘉。江陵，县名，治所在今湖北省江陵县西北。(见王利器主编《史记注译·孝景本纪》)

⑥【汇注】

王益之：先是，栾布、卫绾、程嘉、公孙昆邪、苏息，皆以击吴、楚有功。夏四月丁卯，封布俞侯、绾建陵侯、嘉建平侯；己巳，封昆邪平曲侯；壬申，封息江阳侯。(《西汉年纪》卷九)

王之枢、周清源：俞侯栾布，故彭越舍人也。至是以击吴、楚功封，传侯贲，至武帝元狩六年，坐罪国除。(《御定历代纪事年表》卷二十三"孝景皇帝六年")

牛运震："六年春，封中尉赵绾为建陵侯"云云，至"故将军布为鄃侯"，本纪体例，封王书，封侯不书，此封赵绾等五侯书者，考《年表》，以录讨吴楚功也。此变例也，《汉书》略之。(《史记评注》卷二《孝景本纪》)

程馀庆：考《年表》，封五侯，以录吴楚功也。此不言所由封，省文也。(《历代名家评注史记集说·孝景本纪》)

王　恢：栾布，六年（前151）四月丁卯，吴楚反，以将军击齐，侯。武帝元狩六年（前117），子贲坐为太常雍牺牲不如令，免。(《史记本纪地理图考·景帝本纪》)

刘定山、龚浩康：布，栾布。鄃，又作"俞"，县名，治所在今山东省平原县西南。(见王利器主编《史记注译·孝景本纪》)

⑦【汇校】

梁玉绳：《表》言梁孝王以景帝中六年薨，《汉·表》亦然，则此《纪》以孝王与楚文王并时，薨于前六年者，误也。又《史·纪》《表》《世家》及《汉·表》，皆以楚文王在位三年，薨于景前六年，而《元王传》谓文王在位四年，误也。(《史记志疑·孝景本纪》)

王叔岷：案：下文中六年四月，书"梁孝王薨"（又见《汉书》《汉纪》《通鉴》），与《表》合。自不得先书于前六年。此"梁"字盖误。(《史记斠证·孝景本纪》)

刘定山、龚浩康：梁楚二王皆薨，下文中元六年有梁孝王薨的记载，另《汉兴以来诸侯王年表》《梁孝王世家》和《汉书·诸侯表》均载梁孝王死于中元六年。此处关于梁孝王死的记载显然有误，当为"楚文王薨"。楚文王，即楚元王刘交的儿子刘礼。(见王利器主编《史记注译·孝景本纪》)

⑧【汇注】

刘定山、龚浩康：后九月，即闰九月。(见王利器主编《史记注译·孝景本纪》)

⑨【汇注】

司马迁：二十七年，始皇……治驰道。(《史记·秦始皇本纪第六》)

张守节：按：驰道，天子道，秦始皇作之，三丈而树。(《史记正义·孝景本纪》)

林剑鸣、余华青、黄留珠：驰道是秦汉道路网的主干，始建于秦始皇二十七年（前220）。驰道本为天子道，最早出现于庞大的宫殿群中。为了安全起见，有时驰道两边还筑有墙垣，所以又被呼为甬道。《史记·秦始皇本纪》曰："自极庙道通郦山，作甘泉前殿，筑甬道。"《史记正义》引应劭曰："谓于驰道外筑墙，天子于中行，外人不见。"可见早期的驰道是皇帝在宫中和京城中的专用线。前219年，秦始皇东行郡县，登泰山而行封禅，又足迹远涉渤海之东，至琅邪，过彭城，渡淮水，上衡山，浮长江，自南郡由武关而北还咸阳。所经之处，皆予治驰道，于是关中通往关东的交通干线正式形成。以后始皇又多次出巡，遍及关东六国旧有疆域，驰道也就随之"东穷燕齐，南极吴楚，江湖之上，濒海之观毕至"（《史记·秦始皇本纪》）。驰道与各郡县的道路相联接，在长江以北的黄淮流域形成了比较完整的道路网。（《秦汉社会文明》第八章《全国水陆交通网的形成·陆上交通》）

又：驰道全由黄土夯筑而成，路面平整，绝无杂草。《汉书·东平思王宇传》曰："无盐危山土自起覆草，如驰道状。"其所言虽系汉代驰道，但与秦驰道之原貌约大致相仿。驰道"广五十步，三丈而树，厚筑其外，隐以金椎，树以青松"（《汉书·贾山传》），其规模颇为壮观。驰道中间三丈之路，属皇帝专用，任何人不得妄入，而"厚筑其外"的旁道，是百姓可以自由往来的通路。正因为如此，驰道的建立，无疑为黄淮流域人民的经济和文化生活带来巨大的影响，同时把作为政治中心的关中与经济、文化比较发达的关东联系起来，也为巩固统一，繁荣社会，发挥了深远的影响。（同上）

⑩【汇校】
裴　骃：徐广曰："殖，一作'填'。"（《史记集解·孝景本纪》）

【汇注】
程大昌：《元和志》：咸阳县东二十五里兰池陂即秦之兰池也。始皇引水为池，东西二百里，南北二十里，筑为蓬莱山，刻石为鲸鱼，长二百丈。始皇微行，遇盗于此。汉于池北立县，号池阳县。诸家但言池阳在池水之北，而不云池水之为何池，故莫究其宿也。予按：咸阳之地，别无池水能大于此，故汉之池阳即秦兰池之阳，而秦之兰池宫亦并此池建宫也。汉世亦有兰池宫，别在周氏陂。陂在咸阳县东南三十里，宫在陂南。（《雍录》卷六《兰池宫》）

顾炎武：兰池宫，《史记》始皇三十一年为微行咸阳，与武士四人俱夜出，逢盗兰池。《汉书》渭城县有兰池宫（《正义》曰：《括地志》云"兰池陂即古之兰池"，咸阳县界。《秦记》云"始皇引渭水为池，筑为蓬、瀛，刻石为鲸，长二百丈，逢盗之处也"。李善《文选注》"咸阳县东南三十里周氏陂，陂南一里有汉兰池宫"）。（《历代帝王宅京记》卷三）

梁玉绳：附按：此文曰"伐"，则不得言"殖"矣，徐广曰"殖，一作'填'"，当是也。（《史记志疑·孝景本纪》）

［日］泷川资言：考证："殖"作"填"为长。以上数事，《汉书·景纪》不载。（《史记会注考证附校补·孝景本纪第十一》）

陈　直：谓移植驰道树于兰池宫也，驰道亦仅指咸阳与兰池宫相近之一段而言。（《史记新证·孝景本纪》）

朱东润：《孝景本纪正义》："刘伯庄云，此时兰池毁溢，故堰填。"按：《集解》："徐广曰，殖一作填。"刘本作"填"，故云。(《史记考索·刘伯庄〈史记音义〉辑佚》)

马持盈："殖"系"填"字之误，兰池为秦始皇所筑，景帝令填之。(《史记今注·孝景本纪》)

何清谷：蜿蜒于甘陕的渭河，流到今咸阳以东摆动甚大，构成典型的流动性河道，而以向北移动为主（聂树人《陕西自然地理》）。这不仅妨碍秦咸阳的发展，而且其安全也常受到威胁。为了控制河道摆动，秦始皇时对这段河道进行了治理。《三秦记》云："秦始皇作长池，引渭水，东西二百里，南北二十里，筑土为蓬莱，刻石为鲸鱼，长二百丈，亦曰兰池陂。"这项工程主要是"作长池"以稳定河道，开"兰池陂"以蓄水拦洪。长池与兰池统而言之为一，分而言之〔为〕二。陂，《说文》作"阪"解，阪为斜坡，水上有斜坡叫阪，兰池阪应是一个三面有岸可以蓄水的湖泊。长池是二百里拓宽加固的渭河河道，兰池陂则是长池系统中一个湖泊。《三秦记》又云："兰池陂即古之兰池。"……湖面可以荡舟，又配有蓬莱山、鲸鱼石等景观，且距秦都颇近，是皇家的游乐场所。(《关中秦宫位置考察·兰池宫》,《秦文化论丛》第二辑)

王学理：秦始皇时，引渭水以作池，池旁筑离宫，为兰池宫。《三秦记》云："秦始皇作长池，引渭水，东西二百里，南北二十里，筑土为蓬莱，刻石为鲸鱼，长二百丈，亦曰兰池陂。"由于引水为池，流经曲折，始长及"二百里"，旁及支流渠网纵横，可宽"二十里"，所以称作"长池"。这里风景秀丽，环境宜人，秦始皇常常游乐此地，甚至夜宿兰池宫。……《元和郡县志》说："秦兰池宫，在（咸阳）县东二十五里。"唐咸阳县城在今咸阳市东北摆旗寨，按其方位、里程，兰池宫应在今杨家湾附近。据考古调查，今杨家湾是个簸箕形的大湾，北、西、东三面有高约 5 米的岸畔，惟南面平坦开阔直达渭河滩。20 世纪 50 年代，这里平整土地时，发现淤泥甚厚。1987 年渭河热电厂二期工程扩建钻探，秦汉以来的堆积层很厚，浅处 30 米可见生土，深处约 70 米，应是秦兰池遗址。此外，还在与杨家湾为邻的柏家嘴西塬边有一处高地，探出六处大片夯土遗迹，采集到大量秦宫遗址中常见的空心砖、铺地砖、瓦当、陶片及红烧土等，显然是一处秦代建筑遗址。此地恰在秦兰池西岸，当系因池而造的兰池宫之所在。当年，此宫亦遭项羽焚毁。由于秦兰池宫在秦末遭破坏，所以汉景帝六年（前151）"伐驰道树，殖兰池"。徐广说："'殖'，一作'填'。"可见秦驰道废弃，兰池湮塞，兰池宫遂成废墟。西汉以后，由于周勃、周亚夫父子葬于兰池之北，遂将秦兰池改名周氏陂、周氏曲，或周曲，所以潘岳《西征赋》有"兰池周曲"之说。(《秦物质文化史》第三章《都邑·咸阳·兰池宫》)

刘定山、龚浩康：兰池，池名，故址在今陕西省咸阳市东北。秦始皇时所建。后

人名此处为"兰池陂"。(见王利器主编《史记注译·孝景本纪》)

王子今:《史记·孝景本纪》六年"后九月,伐驰道树,殖兰池。"文意费解。《史记志疑》:"此文曰'伐',则不得言'殖'矣。"《集解》:徐广曰:"殖,一作'填'。"《史记会注考证》收《正义》佚文:"刘伯庄云:'此时兰池毁溢,故堰填。'"秦有兰池宫。……宫以兰池得名,当以濒水形胜。然而后九月时,关中陂池不当"毁溢"。从现代西安地区降水频率、降水强度看,冬季均最低。古今气候有所变迁,然而四季降水比率当不致有大的变化。"后九月"时已秋尽冬初,因而不当有陂"毁溢",以致需伐驰道树"堰填"事。

从时令看,"后九月"恰是树木扦插育苗季节。"殖"作栽植蕃生解,上下文意正顺。《战国策·魏策二》:"今夫杨,横树之则生,侧树之则生,折而树之又生。"西汉时扦插技术当已普及。《四民月令》:正月"尽二月,可剥树枝",二月"尽三月,可掩树枝(埋树枝土中令生,二岁以上,可移种之)"。此外也有秋季时扦插的情形。曹丕《柳赋·序》:"昔建安五年,上与袁绍战于官渡,是时余始植斯柳,自彼迄今,十有五载矣。"曹袁官渡决战,正在建安五年秋九月至冬十月间,古农书《艺桑总论》《农桑辑要》《农桑衣食撮要》等也都记载了秋暮采条,冬季覆土,春季栽植的"休眠枝埋藏技术"。秋冬之际,是树木枝条内养分贮存最充足的时候,这时采条埋藏越冬,插条切口还会形成愈伤组织,从而益于扦插后生根。明乎此,"伐驰道树殖兰池"一语就可得到正确理解。……兰池宫这种滨池沼而多"肥沃沙壤土"之处,正宜选作杨柳等林木的苗圃地。

能否得"殖"字正解,关键还在于认识"伐"字的准确含义。梁玉绳以为"曰'伐'则不得言'殖'",显然将"伐"理解为由根基砍截斩断。有的同志也由此认为"伐驰道树殖兰池","作三辅驰道的部分道树受到了不应有的损失"。其次,此处"伐字之义,仅为砍斫枝条。《说文》:"伐,击也。从人持戈。一曰败也,亦斫也。"《诗·召南·甘棠》:"蔽芾甘棠,勿翦勿伐。"孔颖达疏:"勿得翦去伐击也。"朱熹《诗集传》:"翦,翦其枝叶也。伐,伐其条干也。"《诗·周南·汝坟》"伐其条枚""伐其条肄"句,与此意近。伐取扦插所用枝条,正如《四民月令》所谓"剥树枝"、现代园林术语所谓"采条"。可见,所谓"伐驰道树殖兰池",实际上是指在驰道行道树上采取插条,在兰池宫苗圃中培育苗木。由此我们可以进一步认识汉代育林技术的实际水平,也可以推定驰道行道树除"树以青松"(《汉书·贾山传》)之外,应当还有杨柳等更易于人工培育的树种。(《"伐驰道树殖兰池"解》,载《中国史研究》1988年第3期)

陕西省考古研究所:兰池宫遗址位于咸阳市正阳乡柏家嘴原上,其东侧原下,即当年秦之兰池所在地。《雍录》卷四载"秦于兰池侧造宫",兰池宫由此而得名。遗址西距第一号宫殿遗址约3.5公里，两者东西遥相对应。遗址的东侧，已被修筑咸阳至渭河电厂公路时破坏，宫室墙基与地面已暴露于东侧断崖。有关兰池宫的位置，史书均有记载……如《汉书·地理志》"右扶风渭城县有兰池宫"；《太平寰宇记》："秦兰池宫在县东二十五里"，《元和郡县图志》："兰池陂在县东二十五里。始皇引渭水为池，东西二百里，南北二十里，筑为蓬莱山，刻石为鲸鱼，长二百丈，置兰池宫。"《雍录》卷六引《元和志》："兰池宫在咸阳县东二十五里兰池陂，即秦之兰池也。"《长安志》卷十三："周氏陂，周十三里，汉周勃冢在此，其子亚夫有功，遂赐此陂。"李善《昭明文选》载"周氏陂南一里有兰池宫"。《水经注·渭水》记载："（成国）故渠迳长陵南，又东迳汉丞相周勃冢南，北有亚夫冢，故渠东南谓之周氏曲，又东迳汉景帝阳陵南。"周氏曲即周氏陂，亦即兰池陂，"而秦之兰池宫，亦并此池建宫也"《雍录》卷六引《元和志》，又《长安志》卷十三："……今周氏陂南一里有秦兰宫。"其陂在今咸阳市正阳乡杨家湾一带，今遗存于杨家湾西侧柏家嘴原上的六处宫殿遗址，应属秦兰池宫的遗存。

又：关于兰池宫的始建年代，史无记载，从遗址中采集到的云纹瓦当、空心砖纹样以及陶文、筒、板瓦纹饰，大都与一号宫出土物相同，由此看来，兰池宫应建于战国时期，遗址中堆积着大量红烧土和被烧红的墙壁，也应与一号宫同毁于秦末。《雍录》所记载的兰池宫"至唐犹存"，或许是"秦宫汉葺"之兰池宫而已。在兰池宫东侧原下，为秦兰池遗址，如上所述："兰池宫在咸阳县东二十五里兰池陂，即秦之兰池也"。兰池的大体范围：西依柏家嘴，东到九张村，北起高于渠，南至肖家村。在此范围内，至今仍然是一片低洼地带。据当地村民在此掘井时曾在淤泥中出土过鱼骨遗骸，以后又在该地电厂扩建工程中，于地面以下5米余的黄沙土中数次发现朽木。关于兰池形成的时间，史无记载，《元和郡县图志》载："始皇引水为池"。如果按照兰池宫的营造年代推断，兰池应在兰池宫之前，即战国时就有了。它废弃于汉景帝六年，即《史记·孝景本纪》载："（六年）伐驰道树、殖兰池。"（《史记·集解》：徐广曰："殖，一作填。"）有关在兰池与兰池宫的活动情况，只有《史记·秦始皇本纪》记载："（三十一年）始皇为微行咸阳，与武士四人俱，夜出逢盗兰池，见窘，武士击杀盗，关中大索二十日。"（《秦都咸阳考古报告》第八章《余论·秦咸阳城的选址及其布局》）

【汇评】

吕祖谦：列树以表道，古制也，伐之非矣。填兰池虽不知其故，然塞池以为陆，岂小役哉？《春秋》书毁泉台，穀梁氏以为自古为之，今毁之不如勿处之而已矣，正此意也。《史记》载于《本纪》，所以讥景帝废古制，劳民力。《汉书》削之。（《大事记解题》卷十一）

七年冬①，废栗太子为临江王②。十（二）[一]月晦③，日有食之④。春，免徒隶作阳陵者⑤。丞相青免⑥。二月乙巳⑦，以太尉条侯周亚夫为丞相⑧。四月乙巳⑨，立胶东王太后为皇后⑩。丁巳⑪，立胶东王为太子⑫。名彻⑬。

① 【汇校】
　　王先谦：先谦曰：《史记》云七年冬，《表》作十一月己酉，《通鉴》从之；荀《纪》从《本纪》。（《汉书补注·景帝纪》）
　　【汇注】
　　章　衡：辛卯，七年，十一月，庚寅，晦，日有食之。栗姬妒，不逊。正月，废皇太子荣为临江王。四月乙巳，立皇后王氏，以其子胶东王彻为皇太子。娶平阳公主女陈氏为太子妃。六月乙巳，丞相陶青免，以太尉周亚夫代。（《编年通载》卷三《汉·孝景皇帝》）

② 【汇校】
　　梁玉绳：栗太子之号非礼也，即当时有此称，亦不宜著于《史》。又：太子之废，此言冬，《表》言十一月乙丑，《汉书》于《纪》云春正月，于《表》云十一月己酉。所书月日各异，余以为皆误，当作"三月乙丑"。何以明之？《绛侯世家》曰"景帝废栗太子，丞相固争之不得，景帝由此疏之"。丞相者，亚夫也。亚夫以二月乙巳为丞相，若栗太子废于正月以前，则不可通矣。且立胶东王太后为皇后在四月乙巳，立胶东王为太子在四月丁巳，若栗太子废于正月以前，又何以虚东宫至五阅月之久乎？其误无疑。（《史记志疑·孝景本纪》）
　　【汇注】
　　司马迁：景帝长男荣，其母栗姬。栗姬，齐人也。立荣为太子。长公主嫖有女，欲予为妃。栗姬妒，而景帝诸美人皆因长公主见景帝，得贵幸，皆过栗姬，栗姬日怨怒，谢长公主，不许。长公主欲予王夫人，王夫人许之。长公主怒，而日谗栗姬短于景帝曰："栗姬与诸贵夫人幸姬会，常使侍者祝唾其背，挟邪媚道。"景帝以故望之。……王夫人知帝望栗姬，因怒未解，阴使人趣大臣立栗姬为皇后。大行奏事毕，曰："'子以母贵，母以子贵'，今太子母无号，宜立为皇后。"景帝怒曰："是而所宜言邪！"遂案诛大行，而废太子为临江王。栗姬愈恚恨，不得见，以忧死。（《史记·外戚世家第十九》）
　　又：临江闵王荣，以孝景前四年为皇太子，四岁废，用故太子为临江王。四年，坐侵庙壖垣为宫，上征荣。荣行，祖于江陵北门。既已上车，轴折车废。江陵父老流涕窃言曰："吾王不反矣！"荣至，诣中尉府簿。中尉郅都责讯王，王恐，自杀。葬蓝田。燕数万衔土置冢上，百姓怜之。荣最长，死无后，国除，地入于汉，为南郡。（《史记·五宗世家第二十九》）

班　固：景帝即位，王夫人生男。是时，薄皇后无子。后数岁，景帝立齐栗姬男为太子，而王夫人男为胶东王。长公主嫖有女，欲与太子为妃，栗姬妒，而景帝诸美人皆因长公主见，得贵幸。栗姬日怨怒，谢长主，不许。长主欲与王夫人，王夫人许之。会薄皇后废，长公主日谮栗姬短。景帝尝属诸姬子，曰："吾百岁后善视之。"栗姬怒，不肯应，言不逊。景帝心衔之而未发也。长公主日誉王夫人男之美，帝亦自贤之，又耳曩者所梦日符，计未有所定。王夫人又阴使人趣大臣立栗姬为皇后，大行奏事。文曰："子以母贵，母以子贵。今太子母号宜为皇后。"帝怒曰："是乃所当言邪？"遂案诛大行，而废太子为临江王。栗姬愈恚，不得见，以忧死。卒立王夫人为皇后，男为太子。（《汉书·外戚传第六十七上》）

又：上废栗太子，亚夫固争之，不得。上由此疏之。（《汉书·张王陈周传第十》）

又：四年，立栗太子，以〔窦〕婴为傅。七年，栗太子废，婴争，弗能得，谢病屏居蓝田南山下。（《汉书·窦田灌韩传第二十二》）

颜师古：栗姬之子故曰栗太子。（《汉书注·窦田灌韩传第二十二》）

张守节：临江，忠州县。虽王临江而都江陵。（《史记正义·孝景本纪》）

吕祖谦：《史记·本纪》书废栗太子系以母姓者，言由母失宠而废也。按：《窦婴传》四年，立栗太子，以婴为傅。七年，栗太子废，婴争弗能得。谢病屏居蓝田南山下数月，诸窦宾客辨士说，莫能来。梁人高遂乃说婴曰："能富贵将军者，上也；能亲将军者，太后也。今将军傅太子，太子废，争不能拔，又不能死，自引谢病，拥赵女屏间处而不朝，只加恣自明，扬主之过。有如两宫奭将军，则妻子无遗类矣。"婴然之，乃起，朝请如故。婴守节不终，虽有愧于张湛，然犹知保傅之职者也。（《大事记解题》卷十一）

王益之：十一月乙丑，废太子荣为临江王。（《西汉年纪》卷九）

丘　濬：汉以后废太子始此。（《世史正纲》卷三《汉世史·孝景皇帝》）

李　贽：初，燕王臧荼孙女臧儿，嫁王仲，生男信与两女。仲死，更嫁田氏，生蚡。文帝时，臧儿长女为金王孙妇，卜当贵，臧儿乃夺金氏妇，内之太子宫。生彻。及帝即位，长公主欲以女嫁太子荣，其母不许。欲与彻，王夫人许之。由是公主日逸荣母子，而誉彻之美，故有此废立。（《史纲评要》卷六《孝景皇帝》）

王之枢、周清源：临江王荣，始封。冬，复置临江国，废太子荣为王。长公主欲以女嫁荣，荣母栗姬不许。太子废，栗姬恚死。至帝中二年，王有罪自杀。（《御定历代纪事年表》卷二十三"孝景皇帝七年"）

瞿方梅：《正义》：临江，忠州县。虽王临江而都江陵。方梅案：《地理志》南郡注曰：秦置。高帝元年，更为临江郡。五年，复故。景帝二年复为临江。中二年，复故。然则临江即江陵也。《正义》以巴郡之临江县当之，不审甚矣。（《史记三家注补正·孝景本纪第十一》）

杨树达：景帝以怒栗姬，故废其子，事详《外戚传》。周亚夫、窦婴皆争之，不得，见《亚夫》《婴传》。（《汉书窥管·景帝纪》）

施之勉：王益之曰：《汉纪》作"正月"，《史记·纪》作"冬"。按：《史记·年表》作"十一月乙丑，太子废"。又《汉书·梁王传》云"十一月，上废栗太子。按《汉书》，当时《汉书·本纪》误。又《通鉴》作"十一月乙酉"。按长历，十一月辛酉朔，无乙酉，而乙丑乃十一月初五日，当是《通鉴》为误。今从《史记·年表》。（《史记会注考证订补·孝景本纪第十一》）

王　恢：临江国，楚汉之际共敖国，都江陵。二年（前155）复置，三月甲寅立皇子阏于（《汉纪》无"于"字），四年卒，无后，国除复为郡。七年（前150）复置，十一月乙丑王废太子荣。中二年（前148），坐侵庙堧垣为宫，自杀，国除复为南郡。（《史记本纪地理图考·景帝本纪》）

刘定山、龚浩康：临江，县名，治所在今四川省忠县。《正义》说，"虽王临江而都江陵"。又据《史记志疑》考证，废栗太子事在周亚夫任丞相之后的"三月乙丑"，即前元七年三月乙丑日。（见王利器主编《史记注译·孝景本纪》）

【汇评】

刘友益：四年夏，书立子荣为皇太子，至是已阅四载，未闻其有失德，何为遽废之哉？景帝忌刻，于斯可见。书"废"而不书有罪，则见废之不以其理，为可知。（见《御批资治通鉴纲目》卷四上《孝景皇帝·书法》）

姚舜牧：皇后薄氏何以废？夫人王氏何以立？太子荣何以废？胶东王彻何以立？总之，由长公主之撺唆也。长公主欲以女嫁荣，薄后不许。因欲嫁彻，王夫人许之。是以日谗荣母子，而誉彻之美，故有此废立耳。然实由景帝之昏于色也。所幸王夫人何异于所幸戚姬哉？所幸慎夫人哉？所幸卫夫人哉？所幸钩弋夫人哉？四君处之各异，盖在其君之明察与否耳。（《来恩堂草》卷十一《废皇后薄氏》）

刘　沅：太子立已四年，未闻失德，听谗废之，帝之不德甚矣。（《史存》卷九《孝景皇帝》）

易佩绅：废立之事，高帝初欲为之制于义而未为，而景帝遂为之矣。所立后，王氏者，初为金氏妇，既生女矣。景帝为太子时，夺之而生武帝者也。以太子而夺臣民之妇，以失节之妇为天下母，文帝之失教甚矣！景帝之无状甚矣！以景帝为父，以王氏为母，武帝其安得贤哉？临江王之自杀也，盖景帝挑七国之衅以毙其伯叔兄弟，天

遂亦使之自毙其子矣。(《通鉴触绪》卷七)

编者按：徐卫民在《文景之治》一书中认为，刘荣被立为太子后，"以（窦）婴为傅"。窦婴对刘荣忠心耿耿……丞相周亚夫对刘荣也是十分支持……周亚夫、窦婴两人皆因平定吴楚之乱被封侯，可以看作是新兴的军功集团代表。周亚夫、窦婴等人支持、拥立刘荣，当然是希望能够在刘荣登上皇位后继续保持功臣贵族集团的权势以及对于朝政的影响力。周亚夫、窦婴等的意图与汉景帝加强皇权、弱化功臣贵族干政相悖。为了打击功臣贵族集团势力，汉景帝首先采取废立太子的举措，从而使得功臣贵族集团无法在自己死后继续拥有较大的权利，此后便是对功臣贵族集团代表的打击。汉景帝不仅废太子，而且还进一步肃清这一派的势力，"上废太子，诛栗卿之属。"汉景帝之所以任用卫绾为王夫人之子刘彻的太子师傅，也在于卫绾不是功臣贵族集团中的一分子，对继承者不会施加影响。"敦厚可相少主"既是一种托辞，也反映了汉景帝对于周亚夫等功臣贵族集团强劲势头的排斥。废太子使得功臣贵族失去了权贵政治实施的依托，在统治核心阶层为西汉由军功受益集团支配政治转向平民政治扫清了最后的障碍。

汉景帝废太子的内在原因就是削弱军功集团的势力、防止女后专权，从后来历史发展进程看，上述目的均已达到。这次废太子在"多姬多子的情况下，对日后避免宫室的斗争，具有重要而深远的意义"，同时"对于中国历史来说，此次改易太子所产生的影响应该说是积极的。雄才大略的汉武帝毕竟把中国封建社会的历史推向一个灿烂的顶峰"。

编者认为，在古代，实行帝制，太子是皇位第一继承人，是国之储君，似乎身系天下安危。或废或立，皆受朝野重视。《春秋》甚至主张"立嫡以长不以贤，立子以贵不以长"，以免引起争执与动荡。故景帝废栗太子，在历史上一直遭到非议。

③【汇校】

梁玉绳：《汉书·纪》《志》俱作"十一月庚寅晦"。(《史记志疑·孝景本纪》)

张文虎：十二月晦，日有食之。《汉书·景纪》作"十一月庚寅晦"，《五行志》同。按：《殷术》十二月辛卯朔，《颛顼术》庚寅朔，则此文"二"当作"一"。(《校刊史记集解索隐正义札记》卷一《孝景本纪》)

【汇注】

解惠全、白晓红：晦，阴历每月的最后一天。(引自金源编译《全译史记·孝景本纪》)

④【汇校】

[日]**水泽利忠**：南化、枫、棭、三、谦、狩无"有"字。延久、大治"食"字作"蚀"而无"之"字。(《史记会注考证附校补·孝景本纪第十一》)

【汇注】

班　固：七年冬十一月庚寅晦，日有蚀之。（《汉书·景帝纪第五》）

又：景帝三年二月壬午晦，日有食之，在胃二度。七年十一月庚寅晦，日有食之，在虚九度。（《汉书·五行志第七下之下》）

司马光：七年冬十一月己酉，废太子荣为临江王，太子太傅窦婴力争不能得，乃谢病免。栗姬恚恨而死。庚寅晦，日有食之。（《资治通鉴》卷十六《孝景皇帝下》）

徐天麟：（编者按：景帝）七年十一月庚寅晦，日有食之，在虚九度。（《西汉会要》卷二十九《祥异上》）

李　贤：《春秋纬》曰："日之将蚀，则斗第二星变色，微赤不明，七日而蚀。"《春秋汉含孳》曰："臣子谋，日乃蚀。"（见《后汉书·五行志》注）

焦　竑：日食，一定之数也，秦汉以前皆莫能先知。《礼》："曾子问孔子曰：'诸侯旅见天子，入门不得终礼，废者几？'孔子曰：'四。'请问之，曰：'太庙火，日食，后之丧，雨霑服失容，则废。'"夫火也，丧也，雨也，皆不可先定也，当时视日食亦犹此耳。使先知之，则当预有戒令，朝不必入矣。《春秋》书日食三十有六，不徒曰日食，而曰"日有食之"，则若真有物食之者。君象而曰有食之，记异也，警人君也。后世阴阳家推测殆尽，上下千百年，皆可坐致，于是人君视为常数，而莫之畏矣。（《焦氏笔乘》卷一《日食》）

顾炎武：日食，月掩日也。月食，地掩月也。今西洋天文说如此。自其法未入中国，而已有此论。陆文裕《金台纪闻》曰："尝闻西域人算日月食者，谓日月与地同大，若地体正掩日轮上，则月为之食。"南城万实《月食辨》曰："凡黄道平分，各一百八十二度半强，对冲处必为地所隔；望时月行，适当黄道交处，与日正相对，则地隔日光，而月为之食矣。"按：其说亦不始于近代。汉张衡《灵宪》曰："当日之冲，光常不合者，蔽于地也，是谓暗虚在星，星微月过则食。"载《续汉·天文志》中。俗本地字有误作他者，遂疑别有所谓暗虚，而致纷纷之说。（《日知录集释·月食》）

徐　发：日食为阴蔽阳，食既则大臣忧，臣叛王，兵起。（《天元历理》卷三《观象辑要》）

王先谦：先谦曰：《史记》在十二月。《五行志》在虚九度。（《汉书补注·景帝纪》）

编者按：元代马端临《文献通考》卷二百八十二《日食》记孝景朝，日食凡七次，即：景帝三年二月壬午晦，在胃二度；七年十一月庚寅晦，在虚九度；中元年十二月甲寅晦；中三年九月甲戌晦；三年九月戊戌晦，几尽，在尾九度；六年七月辛亥晦，在轸七度；后元年七月乙巳，先晦一日，在翼十七度。明代王英明在《历体略图》已明确指出："日蚀非日失其光，乃月体掩之也。日天在月天之上，朔时月轮正过日轮之下，东西同经，南北同纬，故掩其光，非如俗所传有异物以食之也。"这就把日食这一自然现象，从与政治联姻的束缚中解脱了出来。

【汇评】

管　仲：日掌阳，月掌阴，星掌和。阳为德，阴为刑，和为事。是故日食，则失德之国恶之。(《管子校注·四时》)

刘　歆：凡日所躔而有变，则分野之国，失政者受之。人君能修政，共御厥罚，则灾消而福生；不能则灾息而祸生。故《经》书灾而不记其故，盖吉凶亡，常随行而成祸福也。(引自《汉书·五行志第七下之下》)

谷　永：凡灾异之发，各象过失，以类告人。(见贺复徵编《文章辨体汇选》卷一百四十六《日食地震对》)

范　晔：《日蚀说》曰："日者，太阳之精，人君之象。君道有亏，为阴所乘，故蚀。蚀者，阳不克也。"……人君改修其德，则咎害除。(《后汉书·五行志六》)

李克家：日者君象，德政无失，百姓安宁，则日华五采，以兆祯祥。德政有瑕，人民怨咨，则日生变异，以彰乖慝。又曰：日有变，不在君上，则在分野。(《戎事类占》卷二《日类一》)

丘　濬：《春秋》于日食必书。盖以日者，人君之象，而被侵蚀，君道所忌也。书之以示后世，使其遇灾而恐惧焉。日食之变，古人论之详矣。大率谓日月之食，虽有常度，然王者修德行政，用贤去奸，能使阳盛足以胜阴，阴衰不能侵阳，则日月之行，虽或当食而不食焉。若国无政，不用善，臣子背君父，妾妇乘其夫，小人凌君子，夷狄侵中国，则阴盛阳微，当食必食。虽曰行有常度，而实为非常之变矣。其为说深切著明，后世人主所当服膺、儆省者也。然愚于此窃有见焉：自古明睿之君，正身修德，虽无变异，而所以兢惕者，固未尝少有息忽也。……有国者，遇日月之薄蚀，亦犹有身者遇禄命之弗顺也。因天运必然之数，尽人道当然之理，一遇日食之变，则豫思所以修德而正事，任贤而去奸，使臣子不至背君父，妾妇不至乘其夫，小人不至凌君子，夷狄不至侵中国，则吾之阳盛，而天之阳亦从而盛矣，尚何阴盛阳微之足虑哉？是则先儒之论，欲销变于未然之先。而愚为此说，欲应变于将然之际，销未然之变，非上智不能应将然之变，虽中才可勉也。程子曰：日食有定数，圣人必书者，欲人君因此恐惧修省，其此意欤！(《世史正纲》卷二《汉世史·太祖高皇帝》)

王世贞：日月之交，月行黄道而日为掩，则日食，是曰阴胜阳，其变重；月行在望，与日冲，月入于日暗虚之内，则月食，是曰阳胜阴，其变轻。圣人扶阳而尊君，曰日，君道也，于其食，谨书而备戒之。然竟《春秋》二百四十二年，所著见不过三十六而已。前汉二百一十三年，而食者五十三，后汉百九十六年，而食者七十二，岂春秋为能治于汉耶？说者谓史佚而不尽载近矣，而是所谓日食者，其尽能为灾于汉，

否也。(《弇州四部稿》卷一百十六文部《湖广第二问》)

赵　翼：汉文帝诏曰："人主不德，则天示之灾。今日食适见于天，灾孰大焉。"宣帝诏曰："皇天见异，以戒朕躬。"光武诏曰："吾德薄致灾，谪见日月，战栗恐惧，夫何言哉？今方念怨，庶消厥咎，其令百官，各上封事。上书者，不得言圣。"明帝诏曰："朕奉承祖业，无有善政，日月薄蚀，彗孛见天，虽夙夜勤思，而知能不逮，今之动变，倘有可救，其言事者，靡有所讳。"又诏曰："朕以无德，下贻人怨，上动三光，日食之变，其灾尤大。《春秋图谶》，所谓至谴。永思厥咎，在予一人。"章帝诏曰："朕之不德，上累三光。震栗（切切）[忉忉]，痛心疾首。前代圣君，博思咨诹，有开匮反风之应。今予小子，徒惨惨而已。"以上诸诏，皆有道之君。太平之世，尚遇灾而惧如此。他如西汉成帝建始三年、河平元年、永始二年之诏，哀帝元寿元年之诏，东汉和帝永元六年之诏，虽庸主亦以灾异为忧，甚至明帝永平十三年日食，三公亦皆免冠自劾。盖汉时去古未远，经传垂戒之语，师友相传，如孔光论"日者，众阳之宗，人君之表，君德衰微，则日蚀应之"。谷永以正月朔日蚀，为兵乱将作。刘向并以《春秋》日食三十六，为弑君三十六之应。郑兴亦疏言"天反时为灾，地反物为妖。今孟夏纯乾，阴气未作，其灾尤重"。马严亦疏言："日者，众阳之长，食者，阴侵之征。是阴盛陵阳之象也。"丁鸿亦以为臣陵君之象。盖皆圣贤绪论，期于修德弭灾，初不以为次舍躔度之常，不关人事也。(《廿二史札记》卷二《汉重日食》)

刘韶军：古代重视日蚀之变，始自先秦的史籍《春秋》。司马迁《天官书》说："春秋二百四十二年之间，日蚀三十六。"春秋时期天子衰微，诸侯兴起，五霸接踵而起，礼崩乐坏，君不君，臣不臣，堪称天下大乱，故日蚀频见。古人也许正由此总结出"日蚀数者其乱众，稀者乱亦稀"的规律。在占星家看来，日蚀为下凌上、臣侵君之象也。从阴阳学说的角度看，则是阴侵阳、阴掩阳。而阳为君，阴为臣，阴应顺从阳，阳应主导阴，或阴侵阳、掩阳，则为臣侵君、掩君，属异常之变，在国家政治生活中便会导致灾乱。……人君诛不以理，是阳自身之过，由此导致贼臣举兵而起，或导致妃党恣意妄为，邪臣在侧，以及大臣擅法，宗党犯命，威权害国，臣下务乱的局面。(《古代占星术注评·开元占经》)

编者按：太史公屡写天象的变异，皆是存而不论，但在他所处的时代，不能不受天人感应的影响。《吕太后本纪》云："七年正月……己丑，日食，昼晦。太后恶之，心不乐，乃谓左右曰：'此为我也。'"荀悦《汉纪》接下并谓："《星传》曰：日者德也，月者刑也。日食修德，月食修刑，则灾异消矣。《诗》云：'日月告凶，不用其行，四国无政，冒用其良'，言人君失政，则日月失行。"汉文帝更把日食当成对自己的警示。他面对日食，曾反省说："朕闻之，天生蒸民，为之置君以养治之，人主不德，布政不均，则天示之灾，以诫不治。乃十一月晦，日有食之，适见于天，灾孰大焉！朕获保宗庙，以微眇之身托于士民君王之上，天下治乱在予一人，唯二三执政犹吾股肱也。朕下不能治育群生，上以累三光之明，其不德大矣。令至，其悉思朕之过失，及知见之所不及，匄以启告朕。及举贤良方正能直言极谏者，以匡朕之不逮。因各敕以职任，务省繇费以便民。朕既不能远德，故悯然念外人之有非，是以设备未息。今纵不能罢边屯戍，而又饬兵厚卫，其罢卫将军军。太仆见马遗财足，余皆以给传置。"荀悦总结说："凡三光精气变异，此皆阴阳之精也。其本在地，而上发于天也。政失于此，则变见于彼，由影之象形，响之应声，是以明王见之而悟，敕身正己，省其咎，谢其过，则祸除而福生，自然之应也。"司马迁在《天官书》中也提出了"日变修德"的命题，可是，景帝在日变面前，似乎无动于衷，仍然我行我素，栗太子不仅无罪而被废，且在以后逼其自杀，有损于政治伦理道德，遭到社会的非议。司马迁将日食与废栗太子并置一起，虽未发议论，但倾向自在不言之中。亦当含有谴责之意。

⑤【汇注】

沈钦韩：《长安志》：景帝阳陵在咸阳县东十五里。《帝王世纪》曰：阳陵山方一百二十步，高四十丈。（《汉书疏证》卷二《景帝纪》）

张家英："徒"为刑徒，"隶"为奴隶；"徒隶"即是刑徒奴隶，服劳役的罪犯。古代的罪犯是可以变为奴隶的。《左传·襄公二十三年》："初，斐豹隶也，丹书其罪。"杜预注："盖犯罪没为官奴，以丹书其罪。"韩愈《柳州罗池庙碑》："先时民贫，以男女相质，久不得赎，尽没为隶。"《史纪》中"徒隶"一词二见，俱见于《孝景本纪》中。另一为："令徒隶衣七緵布。"此外，还有"徒奴"一词，见于《淮阴侯列传》："信乃谋与家臣夜诈诏赦诸官徒奴，欲发以袭吕后、太子。"此"徒奴"与"徒隶"同义。（《〈史记〉十二本纪疑诂·孝景本纪》）

刘庆柱、李毓芳：阳陵的修建是由"徒"（即"刑徒"之简称）完成的。关于这些徒的社会地位及劳动状况，通过对阳陵刑徒墓地的发掘，我们有了比较明确的认识。（《西汉十一陵·阳陵刑徒墓地的考古发掘》）

又：1972年，考古工作者在咸阳市秦都区肖家村乡上狼沟村发掘了29座刑徒墓，共出土35副人骨架。此处位于阳陵西北1500米。经探测，这个墓地范围约8万平方米，估计埋葬刑徒在万人以上。墓地的墓葬排列没有一定次序，葬式也不一样。墓坑平面多呈长方形或不规则形。如一号墓内埋葬一人，身首异处，颈上有钳，翘端向下，死于斩刑。又如二号墓，共葬6具尸体，人骨架4具在上，2具在下。发掘中发现，这些人骨架上有的颈上有钳，有的脚或腿上附钛，也有的被腰斩。死者的墓坑中没有棺椁和随葬品。从他们身上所带的刑具，不难看出，这是些髡钳城旦墓。所谓"髡"就是剔发，"钳"为颈项上带的刑具。"髡钳城旦"是刑徒中的一类，他们遗骨上的刑具，说明其生前戴着沉重的刑具从事繁重的苦役。刑具铁钳，直径17—24厘米，每只重约1150—

1600 克。铁钛套在刑徒的脚后跟上,类似后代的脚镣,直径 9.5 厘米,每只重 820—1100 克。这些刑徒大多是在营建帝陵及其附近众多建筑的繁重劳役中被摧残致死,或因某种原因被斩首、腰斩。刑徒墓埋葬之草率,尸骨之零乱,令人目不忍睹。(同上)

王学理:刑徒墓地,从事修建工程的多半是"刑徒"。他们的墓地被安排在阳陵西北 1500 米处的上狼沟村一带。墓地范围约 8 万平方米,估计埋葬刑徒万人以上。墓葬排列无次序、葬式不同、坑形不一,坑中骨架也多寡不等。像一号墓是长方形的土坑,长、宽仅可容身,深也只有 75 厘米,死者仰身直肢,身首异处,颈上套有铁钳,显然属于斩首。二号墓是个形制不规则、深度不等的土圹,其中埋有 6 架尸骨,其中 4 人压在 2 人上面,显然是边扔尸体边掩埋的。他们或仰身直肢,或头上脚上身体蜷曲,或肢干断开,或身首分离。既无葬具,又多颈带铁钳或脚套铁钛(有如脚镣)。《云梦秦简·司空律》有"城旦舂衣赤(赭)衣,帽(戴)赤(赭)氊,枸椟欙杕之"的条文,显然刑徒服劳役时要穿红色的囚服、身带刑具的。阳陵囚徒或因劳动强度大、折磨而累死,或因罪处斩后丢入坑中,草草掩埋,因而尸骨枕籍,令人目不忍睹。(《中国汉阳陵彩俑·阳陵汉俑·陵园建筑遗存·刑徒墓地》)

编者按:徐卫民在《文景之治》一书中认为,刑徒墓地在景帝陵西北约 1.5 公里处。秦汉之际,帝王陵墓的修建工程主要由刑徒来修筑完成。据文献记载,秦始皇曾调集 70 万人修建其陵墓,其中就有来自全国各地的劳动者,也包括一些刑徒。在秦始皇陵中就发现了几处刑徒墓地,他们生前为秦始皇修陵,死后被草草埋在陵园中。《汉书·景帝纪》载:景帝曾"赦徒作阳陵者,死罪欲腐者,许之"。阳陵刑徒墓地在 20 世纪 70 年代初被发现,其面积达 8 万平方米,估计葬于此地的刑徒在万人以上。1972 年发掘了其中的 29 座墓葬,发现了 35 具人骨架,其墓葬排列无序,尸骨凌乱,相互枕籍,埋葬草率,均无陪葬品。骨架上大多戴有"钳""钛"等类铁制刑具,有的还有明显的砍砸痕迹。

张德臣:刑徒墓位于阳陵西北约 1.5 公里处,占地约 8 万平方米……《汉书·景帝本纪》记载中有"免徒隶作阳陵者"和中元四年(前 147)"秋,赦徒作阳陵者死罪"等记载。从埋葬情况及葬式看,这些死者生前有可能是"坐法输作"修建阳陵的髡钳城旦,在繁重的劳役中死亡,有的是被杀后掩埋,因而尸骨枕藉,互相叠压,连刑具也未摘掉。估计葬于此地的刑徒在万人以上。阳陵髡钳刑徒墓在陕西是首次发现,与侯马东周奴隶殉葬墓的刑具比较,钳增加了翘(翅),重量超过 2—5 倍,同时出现了重达 1.5—2 斤的钛(手铐或脚镣),为研究文景时期的政治、刑律提供了实物依据。(《渭城文物志·刑徒墓》)

马永赢、王保平:当时帝陵工程规模之浩大是相当惊人的,据文献记载,在修建昭帝平陵时,仅为拉运填充墓圹的沙子就曾征用民间牛车 3 万辆。再以景帝阳陵为例,其封土据粗略估算约达30余万立方米，若按每人每天夯土一立方米计算，大约需用30万个劳动日。在这样沉重的劳役下，又加之恶劣的劳动环境，刑徒有的因劳累过度，倒毙劳作现场；有的病困交加死于破落简陋的工棚；有的因难以承受超负荷的劳作而绝望自杀；至于有砍斫痕迹的骨架，可能是因不堪重负，起而反抗，被现场监工砍杀而死。营建帝陵的刑徒的艰辛程度，是今人难以想像的，就连汉成帝也承认"卒徒蒙辜，死者连属"（《汉书·成帝纪》）。这些刑徒死后，便被胡乱地埋在高大巍峨的帝陵后侧一处偏僻的地方。（《走近汉阳陵》卷三《陵区布局》）

⑥【汇注】

[日]泷川资言：愚按："春免徒隶"以下，《汉书》不载。（《史记会注考证附校补·孝景本纪第十一》）

王叔岷：案："春，免徒隶作阳陵者"，《汉纪》《通鉴》并不载。青之免、亚夫之相，《汉纪》亦并书于六月乙巳。《通鉴》作"二月丞相陶青免，乙巳太尉周亚夫为丞相"，与此《纪》言"春，青免"（春指正月），亦略异。《通鉴》盖以"春"为"二月"与？《正义》："絛，字亦作蓨。"蓨即絛之俗。《汉志》"絛"作"膠"，师古《周勃传》注谓《志》作"蓨"，"蓨"即"脩"之俗。六朝旧俗，往往如此。又：《汉纪》《通鉴》亦并书"二月，罢太尉官"，与《汉书·景纪》合。《将相表》书于六月，非。（《史记斠证·孝景本纪》）

⑦【汇校】

梁玉绳：附按：《将相表》以亚夫为丞相在六月乙巳，误也。《百官表》谓青之免，亚夫之相，并在六月乙巳，尤误。当依此《纪》为确。此《纪》云春青免，必正月矣。（《史记志疑·孝景本纪》）

【汇注】

张大可：二月乙巳，二月十六日。（《史记全本新注·孝景本纪》）

⑧【汇校】

张守节：条，田彫反。字亦作"蓨"，音同。（《史记正义·孝景本纪》）

王钦若等：七年六月丞相青免，太尉周亚夫为丞相，太尉刘舍为御史大夫。（《册府元龟》卷七一《命相一》）

【汇注】

王之枢、周清源等：条侯周亚夫，封十三年，讨吴、楚，有大功，为丞相。（《御定历代纪事年表》卷二十三"孝景皇帝七年"）

梁玉绳："条侯"之"条"，《汉书》《表》《志》作"脩"，仍音为"条"，古字通用（师古《周勃传》注谓《志》作"蓨"，误）。此《纪》《正义》云："'条'，田彫反。字亦作'蓨'，音同。"自当依《史》作"条"为允（宋祁谓当作"蓨"，《集韵》

又：小司马从颜监注，谓"在勃海"，《正义》引《括地志》谓"俗名南条城，在德州蓨县南"，盖因《汉志》勃海郡脩市县下注"侯国"二字，又脩市之"脩"亦音"条"，故俱以为亚夫封在勃海也。果尔，则何以不称"脩市侯"而称"条侯"乎？《后·志》脩县属勃海，颜监见《汉志》即注侯国予脩市，复见《后·志》勃海郡有脩县而无脩市，遂误合为一，以勃海言之。殊不知信都国之脩县，东汉始改隶勃海，以脩市并于脩县。而班《志》于脩市下注"侯国"者，乃指宣帝封刘寅为脩市侯，非指周氏之续封也。问有据乎？曰：有。《水经注》淇水过修县一条云："修音条，王莽更名治修（今《汉志》作修治）。《郡国志》曰故属信都，汉封周亚夫为侯国，世谓之北修城。"浊漳水至乐成县一条云："修市县，汉宣帝封清河纲王子刘寅为侯国，王莽更之曰居宁。"此岂非的证欤？

又：至"条侯"之名，有作"恶夫"者，《避暑录话》云："人获玉印遗刘原父，文曰：'周恶夫印'，原父云'汉条侯印'也。"考古亚、恶二字通用，音义亦同。《礼记》"先有事于恶池"，宋王十朋注《东坡秦诅楚文诗》作"亚驰"。景帝封卢绾孙他之为亚谷侯，《汉书·绾传》作"恶谷"。此二字通用之证。明乐韶凤《洪武正韵》"亚，乌落切"。元周伯琦《六书正讹》"'亚'，古'垩'字，又借为'憎亚''善亚'字"。《说文》"亚，丑也"。此音同义同之证。故陆德明《周易释文》："天下之至赜而不可恶。"引荀爽本作"亚"。《尚书大传》："武王升舟入水，钟鼓恶，观台恶，将舟恶，宗庙恶。"康成读为"亚"，尤为明验。但不知条侯之名其本字是"亚"是"恶"耳？条侯乃勃次男，则名似宜为亚，然《水经注》十九栎阳县周勃冢北有弱夫冢，即亚夫冢，弱与恶一例，则又似"恶"为是。古人命名用恶字者多，《经典》（编者按：陆德明《经典释文》）中如鲁文公子恶，卫襄公恶，卫臣有石恶、齐恶，宋有戴恶，郑有孙恶，楚有郤恶，条侯倘类之乎？且印文未必借刻他字也。（《史记志疑·孝景本纪》）

吴汝纶：梁云"条侯"，《汉书·表》《志》作"脩"，音为条。亚夫，《避暑录》人获王印文曰"周恶夫印"。刘原父云："汉条侯印也。"《礼记》"恶池"，《诅楚文》作"亚驰"。卢绾孙他之为亚谷侯，《汉书》作"恶谷"。（《点勘史记读本·孝景本纪》）

刘定山、龚浩康：条，也作"蓨"或"蓨"。"脩"，县名，治所在今河北省景县南。（见王利器主编《史记注译·孝景本纪》）

⑨【汇注】

张大可：四月乙巳，四月十七日。（《史记全本新注·孝景本纪》）

⑩【汇校】

牛运震：立胶东王太后为皇后，此非书法也。当作"立皇后王氏"，不得言"立胶东王太后"。(《读史纠谬》卷一《孝景本纪》)

【汇注】

荀　悦：夏四月乙巳，立皇后王氏。初，皇后嫁为金王孙妻，其母臧儿卜相之，当贵，乃夺金氏，而内太子宫。王后方妊，梦日入怀，遂生男。丁巳，立胶东王彻为太子，实王皇后子也。(《汉纪·前汉纪孝景皇帝纪卷九》)

司马贞：皇甫谧云"名娡"，音志。(《史记索隐·外戚世家》)

又：按：《系家》，太后槐里人，父仲。兄信，封盖侯。后故金氏妻女弟姁儿也。(《史记索隐·孝景本纪》)

王先谦：何焯曰："先立皇后而后立太子，与文帝故事异。"(《汉书补注·景帝纪》)

刘庆柱、李毓芳：孝景王皇后是京畿槐里人，父名王仲，母称臧儿。王仲死后，其母改嫁长陵田氏，她也随母亲到了长陵邑。长大后，她嫁给长陵邑的金王孙，并生一女，后其母逼其改嫁，出于无奈，她到了太子宫中当宫女。进宫后，颇受太子刘启宠幸，先后生了三女一子，子即以后的武帝刘彻。文帝死后，太子刘启即帝位，她被立为皇后，其子刘彻被立为太子。王皇后死于元朔三年（前126），合葬阳陵。(《西汉十一陵·景帝阳陵》)

【汇评】

张　宁：夫妇人伦之始，况君后所关，岂特一夫妇而已。景帝始以金氏妇为夫人，遂使薄后、栗姬、太子皆无故废死，不逾年，立为皇后，自古所无。其流至于武帝之世，闺门上下多逾礼制矣。(《方洲集》卷二十八《读史集·景帝三年》)

程馀庆：前不书薄皇后之立与废，而遽书此，缺漏也。景帝在而称太后者，妾贱不敢体至尊，故系于其子之国而称太后也。(《历代名家评注史记集说·孝景本纪》)

⑪【汇注】

张大可：丁巳，四月二十五日。(《史记全本新注·孝景本纪》)

⑫【汇注】

丘　濬：立夫人王氏为皇后，胶东王彻为皇太子：汉以来再立后、太子始见于此。(《世史正纲》卷三《汉世史·孝景皇帝》)

郭　宪：汉武皇帝未生之时，景帝梦一赤彘从云中而下，当崇芳之阁，见赤气如雾，来蔽户牖。望阁上有丹霞蓊郁而起，乃改崇芳阁为猗兰殿。后王夫人生武帝，青雀群飞于霸城门，改为青雀门。乃更修饰以文石瑶玉，为列钱之形，刻木为绮橑。其雀既去，改为青绮门。(引自《续谈助》卷一《洞冥记》)

【汇评】

吕祖谦： 景帝在而称太后者，妾贱不敢体至尊，故系于其子之国而称太后也。《史记·本纪》先书立胶东王太后为皇后，次书立胶东王为太子，其书法可谓正矣。班氏书立皇后王氏，第循常例而已。（《大事记解题》卷十一）

⑬ **【汇校】**

牛运震： "立胶东王为太子。名彻"。按："名彻"二字可省，盖前已书胶东王名矣。（《读史纠谬》卷一《孝景本纪》）

梁玉绳： 附按："名彻"二字，《史诠》以为当省。余谓此乃后人之注，讹写作大字，非本文也，《本纪》无此书法。（《史记志疑·孝景本纪》）

张文虎： 名彻，二字疑后人旁注误入。（《校刊史记集解索隐正义札记》卷一《孝景本纪》）

[日] 水泽利忠： 延久、大治、南化、枫、梗、三、谦、狩、野、高无"名彻"二字。（《史记会注考证附校补·孝景本纪第十一》）

陈　垣： 按：汉代避讳制度，史书不犯帝王名讳，《史记·高祖本纪》多次提到惠帝而不书名；但《景帝本纪》却说"四年，立皇子为胶东王"。"七年，立胶东王为太子，名彻"。明显犯武帝之讳，可知这两条内容为后人所加。（《史讳举例》）

【汇注】

王之枢、周清源等： 胶东王彻，封四年春，入正位东宫，以彻母王夫人纳长公主女也。至帝后三年即位。（《御定历代纪事年表》卷二十三"孝景皇帝七年"）

【汇评】

胡　适： 其实前汉人也都守"诗书不讳，临文不讳"的"礼"文。司马迁在《史记·孔子世家》引孔子的话："不愤不启，举一隅不以三隅反，则弗复也。……弗乎，弗乎？君子病殁世而名不称焉。"启是景帝之名，弗是昭帝之名。司马迁生于景帝中五年（西历前145，此据王国维的考证），昭帝立时，他不过六十岁，也许还生存（王鸣盛说）。即使他不及见昭帝之立，他不讳景帝之名，是无疑的。又《景帝纪》："四年夏。立太子。立皇子彻为胶东王。七年冬，废栗太子为临江王。四月乙巳，立胶东王太后为皇后，丁巳，立胶东王为太子，名彻。"是他不讳武帝之名。以上各例可证司马迁的"临文不讳"。（《胡适谈史学·两汉人临文不讳考》）

靳德峻： 君父之讳，前人所重，然为史贵征实，苟亦从兹例，则君父之名，将湮灭而不存，乌乎可哉！故《尚书》二典不讳尧舜，《春秋左氏》亦名时君也。乃后之修史者，明不及此，于征实之史书，亦避讳而不名，是则变本加厉之过也。史公博达，当不昏聩至此，乃后人每见"邦"或作"国"，遂谓避高祖之讳；"盈"或作"逞"，遂以为避惠帝之讳；每见"谈"或作"同"，遂谓避父谈之讳。甚或书中之不讳者，亦代为纠改，致史公本真卒而不可得。读者犹疑，莫衷一是，则又孔平仲、梁玉绳等之过也。间尝考之史公书内，君父之名，犹屡见不鲜，以之相较，则讳者不过十二三，岂史公本不避讳，而讳者乃后人以今测古而改之耶？此诚不敢心，谨列举之以见焉。……武帝讳"彻"，之字曰"通"，而《景帝本纪》"立皇子彻为胶东王"，又云"立胶东王为太子，名彻"，是此两用"彻"字也。(《史记释例》附录)

中元年①，封故御史大夫周苛孙平为绳侯②，故御史大夫周昌（子）[孙]左车为安阳侯③。四月乙巳④，赦天下，赐爵一级⑤。除禁锢⑥。地动⑦。衡山、原都雨雹⑧，大者尺八寸⑨。

① 【汇注】

吕祖谦：为立太子而改元也。(《大事记解题》卷十一)

章　衡：壬辰，元年，十二月，甲寅，晦，日有食之。地动，衡山、原都雨雹，大者尺八寸。(《编年通载》卷三《汉·孝景皇帝》)

丘　濬：中元年，按：自文帝再纪元，易世之后，称元年者，以前后别之耳，非用是以冠年也。文帝再纪，故有后元之称。景帝三纪，故与前后又加中焉。(《世史正纲》卷三《汉世史·孝景皇帝》)

徐　度：自古人君即位之次年改元以至终身，汉文帝始以即位之十年为后元年。景帝复以即位之七年为中元年，又六年为后元年。至武帝初年乃号建元年，其后屡易其号，以至于今。虽立号纪年始于武帝，然其源盖自文帝之后元也。(《却扫编》卷下)

② 【汇校】

裴　骃：徐广曰："（编者按：平）一作'应'。"(《史记集解·孝景本纪》)

王钦若等：中元年，以高京侯周成孙应绍封高景侯（初，成以及奇为项籍死事，子侠，文帝五年谋反，诛）。(《册府元龟》卷一七三《帝王部·继绝》)

【汇注】

司马贞：（编者按：周苛）周昌之兄。(《史记索隐·孝景本纪》)

徐天麟：御史大夫，秦官，位上卿，银印青绶，掌副丞相。有两丞，秩千石。一曰中丞，在殿中兰台，掌图籍秘书，外督部刺史，内领侍御史员十五人，受公卿奏事，举劾按章。成帝绥和元年更名大司空，金印紫绶，禄比丞相，置长史如中丞，官职如故。(《西汉会要》卷三十一《职官一·御史大夫》)

王之枢、周清源等：绳侯周应，更封一年。高京侯成孙。成自文帝后五年罪夺，今更封应。传侯平。(《御定历代纪事年表》卷二十三"孝景皇帝中元年")

钱大昕："中元年，封故御史大夫周苛孙平为绳侯"：据《表》，是年封周成孙应，乃苛之曾孙也。平则嗣应为侯者，徐广云："平"一作"应"，近之。(《廿二史考异》卷一《孝景本纪》)

王　恢：绳，中元年（前149）封高京侯周成孙应。武帝元狩四年（前119），子平坐为太常不治园陵，不敬，国除。绳，地不详。(《史记本纪地理图考·景帝本纪》)

刘定山、龚浩康：周苛，周昌的堂兄，高帝时在荥阳战死。绳，今地名不详。据《清一统志》，山东省境内有绳、渑二水。在益都县境内者为绳水，在临淄县境内者为渑水。又据《高祖功臣侯者年表》载，封为绳侯的是周苛的曾孙周应，周平则是周应之子。周苛之玄孙，后即位为绳侯。这里说"周苛孙平为绳侯"，疑误。《集解》引徐广语："'平'，一作'应'。"(见王利器主编《史记注译·孝景本纪》)

③【汇校】

梁玉绳：《表》封绳侯者，周成之孙，周苛之曾孙名应者也，平乃应之子，嗣应为侯者也（徐广云"一作'应'"，是已，然不得言苛孙）。又《史》《汉》《表》皆云中二年封昌孙左车为安阳侯，则左车亦非昌子也，亦非中元年封也。此《纪》于世次年数皆误，而师古乃据以注《汉书》，何耶？《汉纪》同误。(《史记志疑·孝景本纪》)

王先谦："中元年封御史大夫周苛、周昌孙子为列侯。注：师古曰：封苛之孙及昌之子也"：钱大昭曰：颜说非是。《功臣表》，高京侯周成以父苛功为侯，孝文时有罪，国除。孝景中元年，侯应以成孙绍封。《史记》同。则应乃苛之曾孙，不得谓之孙矣。汾阴悼侯周昌，再传至孝文时，有罪，国除。孝景中元年，侯左车以昌孙绍封为安阳侯，则左车乃昌孙，非昌子也。"孙""子"二字，当有阙误。(《汉书补注·孝景本纪》)

张文虎：周昌子，"子"当作"孙"。(《校刊史记集解索隐正义札记》卷一《孝景本纪》)

崔　适：中元年，封故御史大夫周苛曾孙平为绳侯，故御史大夫周昌孙左车为安阳侯：按：各本作"周苛孙平、周昌子左车"，误也。今依《功臣侯表》"高京侯""汾阴侯"表正。(《史记探源》卷三《孝景本纪》)

王叔岷：案：《汉纪》"子"作"孙"，不误；惟亦误书于中元年。(《史记斠证·孝景本纪》)

编者按：清康熙时《御定历代纪事年表》卷二十三将安阳侯左车之事纪于孝景皇帝中二年，其文曰："安阳侯周左车，更封，一年。汾阴侯昌孙。自文帝后七年，再夺，除，今更封左车。"

【汇注】

班　固：封故御史大夫周苛、周昌孙子为列侯。（《汉书·景帝纪第五》）

颜师古：封苛之孙，及昌之子也。苛、昌皆尝为御史大夫，而从昆弟也，故总言之。（《汉书注·景帝纪第五》）

吴　恂："中元年……封故御史大夫周苛、周昌孙子为列侯"，师古曰："封苛之孙，及昌之子也。苛、昌皆尝为御史大夫，而从昆弟也，故总言之。"钱大昭曰："颜说非。《功臣表》高京侯周成以父苛功为侯，孝文时有罪，国除，孝景中元年，侯应以成孙绍封，《史记》同，则应乃苛之曾孙，不得谓孙矣；汾阴侯周昌者，再传至孝文时有罪，国除；孝景中元年，侯左车以昌孙绍封为安阳侯，则左车乃昌孙，非昌子也。孙子二字当有阙误。"王先慎曰："《史记》作封苛孙平为绳侯，昌子左车为安阳侯，颜说本此而误。"恂按："孙子"二字当为"子孙"，子孙者，总括之辞，犹后嗣之谓。又，周昌系封汾阴侯，汾阳侯乃靳强也，钱氏偶笔误。（《汉书注商·景帝纪》）

［日］泷川资言：枫、三本故"上"有"封"字，张文虎曰："子"当作"孙"。钱大昭曰：左车昌孙，非昌子也。愚按：《汉书·景纪》同。《史》《汉·表》皆云"中二年封"。（《史记会注考证附校补·孝景本纪第十一》）

王　恢：安阳，中二年，封汾阴侯周昌孙左车。武帝建元元年（前140）有罪，国除。《汉志》汝南、汉中并有安阳，汝南之安阳在今河南正阳西南。（《史记本纪地理图考·景帝本纪》）

编者按：《御定历代纪事年表》卷三十四"孝景皇帝中元"没有"左车为安阳侯"之条目，而有"郫侯周应"，中云"更封一年。鄗成侯周𬘩少子。自文帝五年，侯昌罪夺。今复封应，是为康侯。传侯中居"。

【汇评】

牛运震："封故御史大夫周苛孙平为绳侯，故御史大夫周昌（子）［孙］左车为安阳侯"：此以封侯书者，褒录忠臣之后，盛德事也，特详之；两言"故御史大夫"，词繁重而不杀，重其事，故书之详也。《汉书》作"封故御史大夫周苛、周昌孙子为列侯"，虽简括，然失书法矣。（《史记评注》卷二《孝景本纪》）

程馀庆：褒录忠臣之后，盛德事也，故详书之。（《历代名家评注史记集说·孝景本纪》）

④【汇注】

张大可：四月乙巳，四月十七日。（《史记全本新注·孝景本纪》）

⑤【汇校】

［日］泷川资言：枫、三本"赐"下有"民"字，下同。"四月以下"，《汉书》不载。（《史记会注考证附校补·孝景本纪第十一》）

[日]水泽利忠："赐爵一级",延久、大治、南化、枫、桉、三、谦、野、高"赐民爵一级"。延久"民"旁注有"异本"二字。大治"民"旁注有"异本也"三字。(《史记会注考证附校补·孝景本纪第十一》)

王叔岷:案:《汉书》《汉纪》"赐"下亦并有"民"字,下同。"四月乙巳,赦天下,赐爵一级",《汉书》仅无"乙巳"二字。"除禁锢"以下,则不载。《考证》失检。又"尺八寸",《通鉴》"尺"作"七"。(《史记斠证·孝景本纪》)

【汇注】

吕祖谦:亦为立太子而下也。《史记·本纪》书除禁锢,盖常赦所不及也。(《大事记解题》卷十一)

[日]西嶋定生:(景帝中元年夏四月),赦天下,赐民爵一级。这是因改元而赐爵。《史记·孝景本纪》同条又载:"四月乙巳,赦天下,赐爵一级,除禁锢。"这儿记有干支,又记有跟赐爵同时,被处以禁锢之刑者,得到免除。(《中国古代帝国的形成与结构:二十等爵制研究》第二章《民爵赐与的方法及其对象》)

⑥【汇注】

沈家本:禁锢,《刑法志》:"前令之刑城旦舂岁而非禁锢者,如完为城旦舂岁数以免。"《贡禹传》:"禹又言:'孝文皇帝时,贵廉洁,贱贪污,贾人、赘婿及吏坐臧者,皆禁锢不得为吏。'"《史记·景纪》:"中元年,赦天下,除禁锢。"《汉纪》不书。《淮南王安传》:"国吏二百石以上及比者,宗室近幸臣不在法中者,不能相教,皆当削爵为士伍,免,毋得宦为吏。"《武纪》:"元朔六年,诏曰:'诸禁锢及有过者,咸蒙厚赏,得免减罪。'"……按:禁锢之事,春秋时已有之,秦之籍门,即禁锢也。汉世禁锢,其文始见于《刑法志》,其事在文帝十三年,合之贡禹所言,是汉初即有其法。《淮南王安传》之不得宦为吏,亦即禁锢也。《息夫躬传》躬同族亲属素所厚者皆免禁锢,是同族亲属及素所厚者,本在禁锢之列,躬狱得免耳。班《书》禁锢事少,而范《书》为多。周景以故吏,韩棱以属吏,禁锢之途,更无限制矣。(《历代刑法考〔下〕》卷十一)

廖伯源:"禁锢"是汉代刑罚之一种。凡见禁锢者,"不得宦为吏"。禁锢配合察举、征辟制度同时施行,禁止某类人或有罪者见举为吏。……"锢"之本义,《说文》谓"铸塞也"。《系传》:"臣锴曰:'铸铜铁以塞隙也。后汉法有党锢,塞其仕进之路也。'"铸塞则不得漏泄,衍为"使无出路""塞其仕进之路"等义。……因犯罪受罚不得仕宦,至文帝时始见。《汉书·贡禹传》曰:"元帝时,御史大夫贡禹上疏曰:孝文皇帝时,贵廉洁,贱贪污,贾人、赘婿及吏坐赃者,皆禁锢不得为吏。"吏坐赃者禁锢不得为吏,是以不得仕宦惩罚犯贪污罪之官吏。盖官吏以职务贪污,其品格不适任为官,故不复任用。文帝时"禁锢"是否已成为正式之刑名,不易确言。上引文作

"禁锢不得为吏"，贡禹于元帝时上疏提及文帝时事，必有所据。禁锢即不得为吏，贡禹疏文不作"禁锢"，而作"禁锢不得为吏"，文意重复。或是贡禹所据文帝时文件即是如此。盖非制度上之刑名，得稍作解释。然此为推测之辞，不能据此谓文帝时"禁锢"已成为正式之刑名。（《秦汉史论丛·汉禁锢考》）

又：武帝之前刑罚用"禁锢"之名而见于史书者，除上引文外，尚有两条。一是《汉书·刑法志》：文帝十三年，诏废肉刑。"丞相张苍、御史大夫冯敬奏言：'……前令之刑城旦舂岁而非禁锢者，如完为城旦舂岁数以免……。'"此文中之"禁锢"是刑名。此条出自《汉书》，《汉书》之撰写，或有以东汉时已流行之"禁锢"刑名代替汉初之"不得宦为吏"。另一条见于《史记·孝景本纪》：景帝中元年，"四月乙巳，赦天下，赐爵一级，除禁锢"。按：《汉书·景帝纪》中元年四月条，不见"除禁锢"三字。《史记·孝景本纪》非司马迁原作，盖迁没之后，亡《景帝纪》等十卷。《史记索隐》按："《景纪》取班书补之。"不言何人补《景帝纪》。要者，《史记·景帝纪》中"除禁锢"三字为补者所加，或用其时通行之"禁锢"刑名。亦不可以此条确证景帝时"禁锢"已成刑名。（同上）

马持盈：除禁锢，禁止锢闭，使不得仕宦，即永不录用也。景帝废除此项法令。（《史记今注·孝景本纪》）

刘定山、龚浩康：禁锢，禁止，封闭，指勒令不准做官，相当于后来所说的"永不录用"。西汉初曾有不准商人和上门女婿做官，不准犯罪官吏重新做官的法令。（见王利器主编《史记注译·孝景本纪》）

⑦【汇注】

伯阳甫：阳伏而不能出，阴迫而不能蒸，于是有地震。（引自《史记·周本纪第四》）

【汇评】

朱　权：壬辰中元年，四月地震。衡山原都雨雹。任谗忌亲同姓，乖越之应。（《汉唐秘史》上《景帝》）

⑧【汇校】

[日]**水泽利忠**：延久"原都雨雹雹"。（《史记会注考证附校补·孝景本纪第十一》）

【汇注】

刘定山、龚浩康：原都，县名，今地名不详，约在甘肃境内。（见王利器主编《史记注译·孝景本纪》）

⑨【汇注】

王之枢、周清源等：原都，地名，属衡山国。《纲目》书雹二十四，有五寸者焉，有如斗者焉，有如马头者焉，有如釜者焉，无有大于此者矣。（《御定历代纪事年表》

卷二十三"孝景皇帝中元年")

中二年二月①，匈奴入燕②，遂不和亲③。三月，召临江王来④，即死中尉府中⑤。夏，立皇子越为广川王⑥，子寄为胶东王⑦。封四侯⑧。九月甲戌⑨，日食⑩。

① 【汇注】
　章　衡：癸巳，二年，春，匈奴入燕。三月，临江王荣坐侵庙壖地，召诣中尉，自杀，葬蓝田，燕数万衔土置冢上。四月，有星孛于西北。七月甲戌，晦，日有食之。（《编年通载》卷三《汉·孝景皇帝》）
② 【汇注】
　刘定山、龚浩康：燕，泛指古代燕国之地，即今河北省北部和辽宁省西部一带地区。（见王利器主编《史记注译·孝景本纪》）
③ 【汇评】
　牛运震：此言匈奴和亲讫于此年，从此战伐无已，盖通景、武而言之，有深慨焉。《汉书》削去"遂不和亲"四字，殆失其旨。（《史记评注》卷二《孝景本纪》）
　刘　沅：《史记》云："匈奴入燕，遂不和亲。"然帝已妻以女矣，何为不和耶？不修德政，徒恃和亲，何益？此可戒也！（《史存》卷九《孝景皇帝》）
④ 【汇注】
　张大可：临江王，景帝长子刘荣，故太子，废为临江王。（《史记全本新注·孝景本纪》）
⑤ 【汇注】
　班　固：三月，临江王荣坐侵太宗庙地，征诣中尉，自杀。（《汉书·景帝纪第五》）
　又：临江王征诣中尉府对簿，临江王欲得刀笔为书谢上，而都禁吏弗与。魏其侯使人间予临江王，临江王既得为书谢上，因自杀。窦太后闻之，怒，以危法中都，都免归家。（《汉书·酷吏传第六十》）
　张守节：《百官表》云："中尉，秦官，掌徼循京师，武帝太初元年更名执金吾。"颜云："金吾，鸟名也，主辟不祥。天子出行，职主先道，以御非常，故执此鸟之象，因以名官。"（《史记正义·酷吏列传》）
　吕祖谦：按：《史记·本纪》："召临江王来，即死中尉府中。"而《汉书·本纪》乃书曰："临江王荣坐侵太宗庙地，征诣中尉，自杀。"《史记》所以不书所坐者，盖谓此特姑为之名，其实召来使酷吏杀之耳。班氏乃用，他诸侯真有罪例，亦何所发明哉？景帝深刻少恩既已废荣，而又必欲杀之。郅都敢直谏，虽非可授以风指者，然粗厉庸暗如鹰犬，惟主所用，苟下之中尉府，则都治之，必不遗力。帝固知其可使也。窦太后闻之，怒，以危法中都，虽暂免归，景帝复拜为雁门太守，匈奴至为偶人象郅都，令骑驰射，莫能中，见惮如此。匈奴患之。窦太后乃竟中都以汉法。景帝曰："都忠臣。"欲释之。窦太后曰："临江王独非忠臣邪？"于是遂斩郅都。观此，则景帝之情可见矣。《史记大事记》又书临江王征，自杀，葬蓝田，燕数万，为衔土置冢上，其逆天理，悖人心志，壹之动气，至于如此！（《大事记解题》卷十一）

又：中尉，掌治左右宗室外戚者也。（《大事记解题》卷十一本注）

王之枢、周清源等：荣坐侵太宗庙壖垣为宫，征诣中尉府对簿。王欲得刀笔为书谢上，而中尉郅都禁吏不予，窦婴使人间予之。王既为书谢上，因自杀。太后闻之，怒，后竟以危法中都，杀之。（《御定历代纪事年表》卷二十三"孝景皇帝中二年"）

王先谦：《荆州图副》云："惧而缢死。"（《汉书补注·景十三王传》）

【汇评】

洪　迈：汉景帝为人甚有可议。晁错为内史，门东出，不便，更穿一门南出。南出者，太上皇庙壖垣也。丞相申屠嘉闻错穿宗庙垣，为奏请诛错，错恐，夜入宫上谒，自归。上至朝，嘉请诛错，上曰："错所穿非真庙垣，乃外壖垣；且又我使为之。错无罪。"临江王荣，以皇太子废为王，坐侵太宗庙壖地为宫，诣中尉府对簿责讯，王遂自杀。两者均为侵宗庙，荣以废黜失宠，至于杀之；错方贵幸，故略不问罪，其不公不慈如此。及用袁盎一言，错即夷族，其寡恩忍杀复如此。（《容斋随笔·容斋续笔》卷九《汉景帝》）

夏之蓉：景帝刻深，非孝文比。其时郅都、宁成酷吏方进，而诏治狱者，务先宽，其可信乎？且临江亲子，而幽于囹圄。亚夫功臣，而诏诣廷尉，独不务宽，何也？论者顾谓文景之世，几至刑措，至上拟成康，过已。（《读史提要录·西汉》）

程馀庆：不书所坐者，盖侵宗庙也。特姑为之名，其实召来，使酷吏杀之耳。景帝有三冤臣：大夫错，丞相亚夫，临江王荣也。（《历代名家评注史记集说·孝景本纪》）

王　恢：王以细故，中尉郅都簿责王，王恐，自杀，足见汉法之严峻。《江水注》：王"被征升东出北门轴折，父老窃流涕曰：'吾王不还矣！'自后北门不开，盖由荣非理终也"。（《史记本纪地理图考·景帝本纪》）

编者按：徐卫民在《文景之治》一书中认为：由于刘荣被废正是出于打击功臣集团势力和防止女后专权的目的，因此刘荣的结局便十分的悲惨，带有"必欲置之于死地而后快之"的意味。刘荣被废为临江王，后以"坐侵庙壖地为宫"的罪名被征至中尉府问罪，因不堪忍受屈辱，最终自杀。而迫使刘荣自杀的幕后主使正是汉景帝本人。对于这种悲惨局面我们只能够以"虽有亲父，安知不为虎？虽有亲兄，安知不为狼"和"亲者自亲、爱者自爱，信者自信、猜者自猜"来解释了。

⑥【汇校】

　　[日] **水泽利忠**："立皇子越为广川王"，延久、大治"立皇子越"。(《史记会注考证附校补·孝景本纪第十一》)

【汇注】

　　胡三省：广川王彭祖王赵，故立越为王。(见《资治通鉴》卷十六"景帝中二年"注)

　　王之枢、周清源等：广川王越，始封。复置广川国，立皇子越为王，是为惠王。(《御定历代纪事年表》卷二十三"孝景皇帝中二年")

　　王　恢：广川国，故赵钜鹿郡，二年别为国，三月甲寅立皇子彭祖，治信都，今河北冀县。五年（前152）徙王赵，国除为信都郡。中二年（前148）复置，四月立皇子越，传子齐、孙去，悖虐、燔烧烹煮、生割剥人，杀其师父子，宣帝本始四年（前70）废迁上庸，国除复为郡。后四岁（前66），复置，立去兄文，传子汝阳（《传》作海阳），淫乱、杀人，甘露四年（前50），废迁房陵，国除，复为信都郡。元帝建昭二年（前27），更置为信都国，立皇子兴，成帝阳朔二年（前23），兴徙王中山，国除复为郡。哀帝建平二年（前5）复置，徙定陶王景来王，王莽时绝。《汉志》信都国，县十七。(《史记本纪地理图考·景帝本纪》)

⑦【汇注】

　　胡三省：胶东王彻为太子，故立寄为王。(见《资治通鉴》卷十六"景帝中二年"注)

　　王之枢、周清源等：胶东王寄，始封。立皇子寄为胶东王，是为康王。(《御定历代纪事年表》卷二十三"孝景皇帝中二年")

　　王　恢：胶东国，齐王肥子雄渠国，三年，与吴楚反，诛，国除为郡。四年四月复置，立皇子彻，七年（前150）四月，彻入为皇太子，国除复为郡。中二年（前148）复置，四月立皇子寄。淮南王安谋反（前122），寄私作军器，备战守，吏治淮南，寄自伤，病死，复立其子贤（并封寄少子庆为六安国王），传四世，王莽时绝。《汉志》胶东国十一县，其初东莱为其支郡，后本国亦有削入琅邪者。(《史记本纪地理图考·景帝本纪》)

⑧【汇注】

　　班　固：九月，封故楚、赵傅相内史前死事者四人子，皆为列侯。(《汉书·景帝纪第五》)

裴　骃：文颖曰："楚相张尚，太傅赵夷吾，赵相建德，内史王悍。此四人各谏其王，无使反，不听，皆杀之，故封其子。"（《史记集解·孝景本纪》）

司马贞：韦昭云："张尚子当居，赵夷吾子周，建德子横，王悍子弃也。"（《史记索隐·孝景本纪》）

王益之：夏四月乙巳（《侯表》），封楚、赵傅相死事者四人子为列侯（荀《纪》）：建德子横，遽侯；王悍子弃之，新市侯；赵夷吾子周，商陵侯；张尚子当居，山阳侯（《侯表》）。（《西汉年纪》卷九）

王先谦：钱大昭曰："《功臣表》皆云四月丁巳封。"先谦曰：《史记》作《夏表》是也。"封"下十九字当在前"胶东王"下，传写者误移于此。（《汉书补注·景帝纪》）

施之勉：按：《惠景侯表》：四侯者，建德子横，封遽侯；慎子康，封新市侯；夷吾子周，封商陵侯；尚子当居，封山阳侯。（《史记会注考证订补·孝景本纪第十一》

刘定山、龚浩康：封四侯，吴楚七国叛乱时，楚国丞相张尚、太傅赵夷吾，赵国丞相建德、内史王悍因拒绝参与谋反而被楚王刘戊、赵王刘遂杀害，所以景帝封张尚之子张当居、赵夷吾之子赵周、建德之子横、王悍之子王弃之分别为山阳侯、商陵侯、遽侯和新市侯。（见王利器主编《史记注译·孝景本纪》）

编者按：王之枢、周清源在《御定历代纪事年表》中记四侯简况为：一、"山阳侯张当居，以父尚为楚相，不从王戊反，死事，子得封。至武帝元朔五年坐罪国除"。二、"商陵侯赵周，以父夷吾为楚太傅，不从王戊反，死事，子得封。至武帝元鼎五年，坐为丞相知列侯酎金轻，下廷尉自杀，国除"。三、"遽侯横（失姓），以父建德为赵相，不从王遂反，死事，子横得封。至帝后二年，有罪，国除"。四、"新市侯王康，以父慎为赵内史，不从王遂反，死事，子得封。传殇侯始昌。……'康'《汉书》作'弃之'"。

⑨【汇注】

张大可：九月甲戌，九月三十日。（《史记全本新注·孝景本纪》）

⑩【汇注】

徐天麟：（编者按：景帝中）二年九月甲戌晦，日有食之。（《两汉会要》卷二十九《祥异上》）

朱　权：九月晦，日食，肖星孛于西北。以应梁王遣人刺杀大夫袁盎等十余人，天子震怒，京师大惊，此其兆也。（《汉唐秘史》上《景帝》）

中三年冬①，罢诸侯御史中丞②。春，匈奴王二人率其徒来降③，皆封为列侯④。立皇子方乘为清河王⑤。三月⑥，彗星出西北⑦。丞相周亚夫（死）[免]⑧，以御史大夫桃侯刘舍为丞相⑨。四月，地动。九月戊戌晦⑩，日食⑪。军东都门外⑫。

① 【汇注】
　　章　衡：甲午，三年，夏旱。六月壬戌，蓬星见西南，大如二斗器，色白。秋，大旱，蝗。九月，有星孛于西北，戊戌，晦，日有食之。既，丞相亚夫免，以御史大夫刘舍代之。（《编年通载》卷三《汉·孝景皇帝》）

② 【汇校】
　　梁玉绳：按：《百官表》省诸侯王御史大夫与改丞相为相，并在中五年，此与《汉·纪》书于中三年，未知孰是。而中丞之称则误也，中丞乃御史大夫之属。（《史记志疑·孝景本纪》）

【汇注】
　　班　固：三年冬十一月，罢诸侯御史大夫官。（《汉书·景帝纪第五》）
　　赵　翼：汉时，郡国守相皆自置吏，盖犹沿周制。《唐书》魏元同疏曰："周穆王以伯冏为太仆正而命之曰：'慎简乃僚'，此令其自择下吏也。《周官》太宰、内史，并掌爵禄废置，司徒、司马则掌兴贤诏事，是分任群臣而统以数职也。汉时诸侯自置吏四百石以下，其傅相大臣则朝廷置之。州郡掾吏、督邮、从事则牧守自置之。"按：《汉书·高五王传·赞》汉初诸侯得自置御史大夫群卿以下，汉独为置丞相而已。是诸侯并得置御史大夫等官也。杜佑《通典》云："景帝惩吴楚之祸，乃罢御史大夫以下，不令置。"武帝又诏："凡王侯吏职秩二千石者不得自置。"则其令渐严，然二千石以下犹得置。故《通典》谓"自置四百石吏"也。此侯国自置吏之故事也。（《陔余丛考》卷十六"郡国守相得自置吏"）
　　安作璋、熊铁基：据《汉书·百官公卿表》记载："景帝中五年，令诸侯王不得复治国，天子为置吏，改丞相曰相，省御史大夫、廷尉、少府、宗正、博士官。"同书《景帝纪》的记载则是："（编者按：中）三年冬十一月，罢诸侯御史大夫官。"《史记·孝景本纪》则作："中三年冬，罢诸侯御史中丞。"《史记》和《汉书》的本纪在中五年均有"更名诸侯丞相为相"的记载，《百官表》因综述其事，故未细分，皆系于中五年，实际上罢御史大夫等官当在中三年。其次，罢省这些官的目的是很清楚的，如师古所说："所以抑损其权。"这是吴楚七国之乱后，削弱诸侯王国势力的措施之一。值得注意的是，这种"抑省"，不单纯是数量上的减少，也是剥夺几个方面的权力：一是司法权，如御史大夫（或御史中丞）、廷尉；宗正实际也是掌管宗室的司法权。二是

财政权，罢省少府，是进一步限制其财政权力。（《秦汉官制史稿》第四章《王国官制·廷尉、少府、宗正、博士》）

刘定山、龚浩康：御史中丞，官名。汉代御史大夫下设两丞：一称御史丞，一称中丞。中丞掌管图籍文书，外负责督察刺史，内负责接受公卿奏事，举劾案章。因居殿中，所以得名。当时各诸侯王国也设有这一官职。（见王利器主编《史记注译·孝景本纪》）

阎步克：汉景帝继踵而来实行"削藩策"，平定了爆发的"七国之乱"，随后就开始削弱王国官的建制。……1. 汉景帝中三年（前147）冬：罢诸侯御史中丞；中五年六月：更命诸侯丞相曰相（《史记》卷十一《孝景本纪》）。2. 汉景帝中三年冬十一月：罢诸侯御史大夫官；景帝中五年秋八月：更名诸侯丞相为相（《汉书》卷五《景帝纪》）。3. 汉景帝中五年：令诸侯王不得复治国，天子为置吏，改丞相曰相，省御史大夫、廷尉、少府、宗正、博士官，大夫、谒者、郎、诸官长丞皆损其员……（《汉书》卷十九上《百官公卿表》）。由此可见，汉景帝削夺王国选官权，又把丞相改名为"相"以贬抑之，并大幅度裁撤了王国官额。（《从爵本位到官本位：秦汉官僚品位结构研究（下编）》第三章《西汉郡国官的秩级相对下降》）

③【汇校】

[日]泷川资言：《汉·景纪》不载。（《史记会注考证附校补·孝景本纪第十一》）

【汇注】

王之枢、周清源等：匈奴王子军降于汉。未几，携徐卢等六王降于汉。"子"《汉·表》作"于"。（《御定历代纪事年表》卷二十三"孝景皇帝中三年"）

④【汇校】

梁玉绳：按：《史》《汉·表》中三年以匈奴王降封侯者七人，安陵侯于军、垣侯赐、遒侯李隆强、容城侯徐卢、易侯仆黥、范阳侯范代、翕侯邯郸。此七人为匈奴王同来降，同封侯，同其不同者只安陵以十一月封，余六侯以正月封（《史》《汉·表》误作十二月），故《纪》书封侯在春。而以七人为二人，则误也。《正义》谓"二人是首降"，亦无据，盖与《绛侯世家》及《汉书·勃传》言封徐卢等五人为侯，并属误端。《正义》所述侯名多错。（《史记志疑·孝景本纪》）

【汇注】

司马迁：范阳，以匈奴王降，侯，户千一百九十七。（《史记·惠景间侯者年表第七》）

又：翕，以匈奴王降，侯。（同上）

荀悦：高皇帝刑白马而盟曰："非刘氏不王，非有功不侯。不如约者，当天下共击之。"是教下犯上而兴兵乱之阶也。若后人不修，是盟约不行也。《书》曰："法惟上行，不惟下行。"若以为典未可通也，匈奴徐卢等五人降，上欲封之，亚夫曰："彼背其王，陛下何以责人臣守节哉？"上曰："丞相议不可用，乃悉封之。"（《汉纪·前汉纪孝景皇帝纪第九》）

张守节：《汉书·表》云：中三年，安陵侯子军、桓侯赐、遒侯隆强、容城侯徐卢、易侯仆黥、范阳侯代、翕侯邯郸七人，以匈奴王降，皆封为列侯。按：《纪》言二人者是匈奴二王为首降。（《史记正义·孝景本纪》）

王益之：三年，匈奴王七人来降，上欲侯之以劝后。丞相周亚夫曰："彼背其主降陛下，陛下侯之，则何以责人臣之不守节者乎？"上曰："丞相议不可用。"十一月庚子，先封于军为安陵侯；十二月丁丑，悉封徐卢等六人为列侯。（《西汉年纪》卷九）

丘　濬：冬十月，封匈奴降者徐卢等为列侯，后世封降胡为侯，始此。文帝时，虽有弓高、襄成两侯，乃韩王信子孙，非匈奴也。（《世史正纲》卷三《汉世史·孝景皇帝》）

朱东润：按：《绛侯周勃世家》（二人）作五人，《惠景间侯者年表》作七人。十一月封匈奴降王子军为安陵侯，十二月封匈奴降王赐为垣侯，隆强为遒侯，唯徐卢为容城侯，仆黑曰为易侯，代为范阳侯，邯郸为翕侯。又按：《绛侯世家》"唯徐卢"作徐卢。（《史记考索·汉初匈奴大事年表》）

刘定山、龚浩康：列侯，爵位名。原名彻侯，因避武帝刘彻名讳，改为通侯，又称列侯，是秦汉时二十级爵位中的最高一级。（见王利器主编《史记注译·孝景本纪》）

李人鉴：按：本书《惠景间侯者年表》及《汉书·景武昭宣元成功臣表》皆谓孝景中三年匈奴王降者七人，皆封为列侯，其中安陵侯以十一月庚子封，余皆以十二月丁丑封。此《纪》以为匈奴王降者二人，又以为其事在春，皆误。（梁玉绳《史记志疑》谓此《纪》"二人"乃"七人"之误，而以为"春"字不误。梁氏以为匈奴王降者七人，惟安陵以十一月封，余六侯以正月封。"余六侯以正月封"之说未可信，而谓"春"字不误，则安陵侯封于十一月者得谓其亦封于春季乎？是亦不免予自相矛盾矣。）（《太史公书校读记·孝景本纪》）

韩兆琦：据《惠景间侯者年表》，中三年匈奴王来降被封侯者共七人，名"子军"者封安陵侯，名"赐"者封垣侯，名"隆强"者封遒侯，名"唯徐卢"者封容成侯，名"仆黥"者封易侯，名"代"者封范阳侯，名"邯郸"者封翕侯。今云"二人"，不知何故。《正义》有所谓"《纪》言'二人'者，是匈奴二王为首降"，梁玉绳以为"无据"。（《史记笺证·孝景本纪》）

编者按：王之枢、周清源在《御定历代纪事年表》卷二十三"孝景皇帝中三年"记匈奴降者为列侯及其简况为：安陵侯子军，以匈奴降王封，至武帝建元六年薨，无后，国除。垣侯赐，以匈奴降王封，至武帝后二年再见。"垣"一作"桓"。遒侯隆强，以匈奴降王封，传侯则。至武帝后二年再见。易侯仆黥，以匈奴降王封。至帝后二年再见。"仆黥"一作"仆黒"，黒音怛。范阳侯代，以匈奴降王封，传怀侯德，至武帝元光四年再见。《汉书》作范代。容城侯携徐卢，以匈奴降王封，传康侯绰及侯光，至武帝后二年再见。翕侯邯郸，以匈奴降王封，至武帝元光四年再见。

【汇评】
班　固：昔《书》称"蛮夷帅服"，《诗》云"徐方既俫"，《春秋》列潞子之爵，许其慕诸夏也。汉兴，至于孝文时，乃有弓高、襄城之封，虽自外俫，本功臣后，故至孝景，始欲侯降者，丞相周亚夫守约而争，帝黜其议，开封赏之科。（《汉书·景武昭宣元成功臣表第五·序》）

荀　悦：《春秋》之义，许夷狄者不一而足也。若以利害由之，则以功封其逋逃之臣，赏有等差，可无列土矣。（《汉纪·前汉纪孝景皇帝纪卷九》）

吕祖谦：外国归义封者始于文帝世弓高、襄成两侯，然二人者皆韩王信子孙，本皆中国之人，能自拔于匈奴，率其众复归中国，封之不为过也。彼徐卢等本匈奴酋长，景帝乃欲侯之以劝后。丞相亚夫之议虽若迂阔，其用意则远矣。景帝所以显沮之者，以向者引正义裁后兄王信之封，无辞以屈之，故发愤于此也。人主不敢专，封爵必与大臣共之，盖古之成法。景帝欲行其意而轻废之，此亚夫所以谢病也。自是以后，人主益行其意，封爵纷然，丞相亦不复以此为职守矣。（《大事记解题》卷十一）

牛运震：中三年春，"匈奴王二人率其徒来降，皆封为列侯"，此书略，本纪之正例也。（《史记评注》卷二《孝景本纪》）

⑤【汇校】
梁玉绳：按：此王之封，书于三月前，必二月矣。《史》《汉·表》在三月，《汉·纪》又在九月，并误。但《史·表》作"三月丁巳"，《汉·表》作"三月丁酉"，考是年二月壬寅朔，无丁酉，三月壬申朔，无丁巳，则是"二月丁巳"无疑。王名各处无"方"字，盖衍文。（《史记志疑·孝景本纪》）

[日] 泷川资言：《史》《汉·表》在三月，《汉·景纪》在九月。枫、三本无"方"字，《汉·景纪》亦无。《五宗世家》亦云"清河哀王乘"，则"方"字当衍。（《史记会注考证附校补·孝景本纪第十一》）

[日] 水泽利忠："立皇子方乘为清河王"，延久、大治、南化、枫、棭、三、狩、谦无"方"字。（《史记会注考证附校补·孝景本纪第十一》）

【汇注】
班　固：清河哀王乘，以孝景中三年立，十二年薨。无子国除。（《汉书·景十三王传第二十三》）

吕祖谦：按：《地理志》：清河王都清阳，今恩州清河县。（《大事记解题》卷十

一）

徐天麟：清河郡，高帝置。景帝中三年，立子乘为清河国。武帝建元五年，国除，复为郡。（《西汉会要》卷六十四《方域一·郡国沿革》）

胡三省：高帝置清河郡于齐、赵之间，今以为王国。（见《资治通鉴》卷十六"景帝中三年"注）

王　恢：清河国，故赵清河郡，治清阳，今河北清河县东。中三年（前147）别为国，二月立皇子乘，武帝建元五年（前136）卒，无子，国除为郡。（《史记本纪地理图考·景帝本纪》）

刘定山、龚浩康：清河，汉初封国，约辖今河北省南部南宫县与山东省北部高唐县之间的地区，都城在清阳（今河北省清河县东）。（见王利器主编《史记注译·孝景本纪》）

⑥【汇校】

梁玉绳：《汉纪》在九月。（《史记志疑·孝景本纪》）

王叔岷：案：《汉纪》《通鉴》亦并在九月。（《史记斠证·孝景本纪》）

⑦【汇校】

李景星：按：《汉纪》在"九月"。（《四史评议·孝景本纪》）

【汇注】

何　休：彗者，扫故置新之象也。（《春秋公羊传译注·文公十四年》注）

张守节：《孝经内记》云："彗出北斗，兵大起。彗在三台，臣害君。彗在太微，君害臣。彗在天狱，诸侯作乱。所指其处大恶。彗在日旁，子欲杀父。"（《史记正义·秦始皇本纪》）

马端临：中三年三月丁酉，彗星见西北，其色白，长丈，在觜觿，且去益小，十五日不见。占曰："必有破国乱君，伏死其辜。觜觿，梁也。其年梁王得罪。"（《文献通考》卷二百八十六《孛彗》）

又：孝景三年，填星在娄，几入，还居奎。奎，鲁也。占曰："其国得地，为得填星。"是岁，鲁为国。（《文献通考》卷二百八十七《月五星凌犯》）

⑧【汇校】

郭嵩焘：丞相周亚夫死：按：此当云"丞相周亚夫免"，据《绛侯世家》，周亚夫死，国除，绝一岁，景帝乃封勃他子坚为平曲侯，续绛侯后。《功臣表》后元元年封勃子坚为平曲侯，距亚夫免相时凡五年，而《绛侯世家》云绝一岁，则是亚夫之死在景帝中五年也。两云"居无何"，必非一时事，故知此云"丞相周亚夫死"者，字之讹也。（《史记札记》卷一《孝景本纪》）

崔　适：按：各本作"周亚夫死"，误也。《绛侯世家》：亚夫死，国除。绝一岁，景帝更封绛侯绛他子坚为平曲侯；《高祖功臣侯表》：平曲侯坚元年，为景帝后元年。是则亚夫死于中六年，乃免相后三年也。今正。（《史记探源》卷三《孝景本纪》）

  吴汝纶：某按："死"当依《汉纪》作"免"，"死"乃"免"之误字。亚夫下狱死在后元年，非此年事。（《点勘史记读本·孝景本纪》）

  [日] 泷川资言：考证："死"当作"免"，亚夫之死，在中五年。（《史记会注考证附校补·孝景本纪第十一》）

  李人鉴：按：本书《汉兴以来将相名臣年表》谓"孝景中三年亚夫免相，御史大夫桃侯刘舍为丞相"，《汉书·百官公卿表》亦谓"孝景中三年九月戊戌，丞相亚夫免，御史大夫刘舍为丞相"。（本书《绛侯世家》及《汉书·周勃传》亦皆以为亚夫之免相在孝景中三年，即匈奴王徐卢等降之年。）本书《绛侯世家》及《汉书·周勃传》皆谓亚夫子为父买工官尚方甲楯五百被可以葬者之后，亚夫下吏，"遂入廷尉，因不食五日，呕血而死。国除。绝一岁，景帝乃更封绛侯勃他子坚为平曲侯，续绛侯后"。平曲侯之封，据《史》《汉》《功臣表》在孝景后元年。据此推之，则亚夫之死盖在孝景中五年。（孝景中五年亚夫死，中六年国绝一岁，后元年坚为平曲侯。）后人补撰此《纪》，不细考之上述各篇，徒见《绛侯世家》及《周勃传》于叙孝景中三年事后即言亚夫不食，呕血死（中间第有"居无何"一语），遂以为亚夫之死在孝景中三年，于是此《纪》亚夫之死先于中五年二年作"中三年"，而《汉书·景帝纪》则又后于中五年二年作"后元年"，皆甚谬妄不足信。《汉书·景帝纪》谓"孝景中三年秋九月，有星孛于西北，戊戌晦，日有蚀之"，是彗星之出，亚夫之免，日之食，皆在是年九月，而此《纪》乃以为彗星之出、亚夫之死在是年三月，其谬妄更甚矣。（梁玉绳《史记志疑》、郭嵩焘《史记札记》、崔适《史记探源》皆谓此《纪》"死"字为"免"字之误，其实乃此《纪》之补撰者误以为亚夫是年死，非此《纪》本作"免"，传抄误为"死"也。）（《太史公书校读记·孝景本纪》）

  【汇注】

  班　固：景帝三年，吴楚反，亚夫以中尉为太尉，东击吴楚。……凡相攻守三月而吴楚破平。于是诸将乃以太尉计谋为是。……归，复置太尉官，五岁，迁为丞相。景帝甚重之。上废栗太子，亚夫固争之，不得，上由此疏之。而梁孝王每朝，常与太后言亚夫之短，窦太后曰："皇后兄王信可侯也。"上让曰："始南皮及章武，先帝不侯。及臣即位，乃侯之。信未得封也。"窦太后曰："人生各以时行耳。窦长君在时，竟不得封侯，死后乃其子彭祖顾得侯。吾甚恨之。帝趣侯信也。"上曰："请得与丞相计之。"亚夫曰："高帝约，非刘氏不得王，非有功不得侯，不如约，天下共击之。今信虽皇后兄，无功侯之，非约也。"上默然而沮。其后匈奴王徐卢等五人降汉，上欲侯之以劝后，亚夫曰："彼背其主降陛下，陛下侯之，即何以责人臣不守节者乎？"上曰：

"丞相议不可用。"乃悉封徐卢等为列侯。亚夫因谢病免。(《汉书·张陈王周传第十》)

钱　时：后元年，帝居禁中，召周亚夫赐食，独置大胾，无切肉，又不置箸。亚夫心不平。顾谓尚席取箸。上视而笑曰："此非不足君所乎？"亚夫免冠谢上，上曰："起。"亚夫因趋出，上目送之，曰："此鞅鞅非少主臣也。"居无何，亚夫子为父买工官尚方甲楯五百被可以葬者，取庸苦之，不与钱。庸知其盗买县官器，怨而上变告子，事连污亚夫。既闻上，下吏，吏簿责亚夫，亚夫不对。上骂之曰："吾不用也。"召诣廷尉，廷尉责问曰："若侯欲反何？"亚夫曰："臣所买器，乃葬器也。何谓反乎？"吏曰："君纵不欲反地上，即欲反地下耳。"吏侵之益急，初，吏捕亚夫，亚夫欲自杀，其夫人止之，以故得不死，遂入廷尉。因不食五日，呕血而死。(《两汉笔记》卷三《景帝》)

又：文帝且崩，戒太子曰："即有缓急，周亚夫真可任将兵。其于细柳得之审矣。"而卒定七国之乱，岂负文帝知人之明哉？栗太子之废而固争之，大臣职也，而帝遂疏之。其辨侯王信之非约，谏侯徐卢等之非，所以劝后，皆至论也。而帝遂免之，此固已不满人意。(同上)

刘　沅：初，上废栗太子，亚夫固争之，不得。上由此疏之。梁王来朝，每短条侯于太后。窦太后欲侯皇后兄王信，亚夫曰："高皇帝约，非刘氏不得王，非有功不得侯。"帝默然而止。其后匈奴王徐卢等六人降，帝欲侯之以劝。亚夫曰："彼背主降，侯之何以责人臣不守节者乎？"帝不听，竟悉侯之。亚夫因谢病。(《史存》卷九《孝景本纪》)

王叔岷：王先谦《补注》引王先慎云："《史记》'亚夫死于中三年'，是也。亚夫免丞相，《公卿表》在中三年，本传：'亚夫谢病免相。顷之，上召赐食。居无何，买葬器事起，遂入廷尉，不食死。'玩文法，亦不应隔免相后四年。《侯表》：'孝景三年为太尉，七年为丞相，有罪国除。'自三年顺推至中三年，正合七年之数，明不当在后元年也。此文改传写误移之。"其说亦有据，姑并存之。(《史记斠证·孝景本纪》)

刘庆柱、李毓芳：二十世纪六十年代中期，考古工作者在长陵的一座陪葬墓附近发现了大量陪葬坑，坑内出土了三千多陶人、陶马。七十年代初期，开始对此墓进行了长达五年之久的考古发掘。这座墓规模巨大、构筑复杂，为已发掘的汉墓中所仅见，在西汉帝陵陪葬墓中很有代表性。此墓位于长陵东部，在今咸阳市秦都区肖家村乡杨家湾村北。从其地望来看，该是《水经注》中记载的周勃或周亚夫墓。(《西汉十一陵》第一章《高祖长陵·杨家湾汉墓的考古发现与研究》)

【汇评】

胡　宏：人不可不知道。知道，然后知进退。亚夫，勃之子，细柳军容，威震人主。吴、楚之反，计谋独出诸将之上，有盖天下之功。及因争废太子不能得，可以遄巡引去矣，后更为相，不知景帝特以人望用之也。先不肯救梁，后不肯侯王信，取诸贵戚怒。及不肯侯匈奴降者，乃谢病免。赐食无切肉、不置箸，见之使皇恐，请罪可也，犹顾尚席取箸，其不知几如此！其见杀也。岂特景帝之咎哉？（《五峰集》卷三《周亚夫》）

王应麟：或曰"太子荣之废，周亚夫为太尉时也。其知大臣之职业欤？"曰："三公职无不统，况储贰之重乎？"……汉高帝欲废太子，谏者张良、叔孙通，而萧相国默无一言，于是失职矣。条侯本兵柄，而力争东宫之废，言虽不用，其后以是免相。夫大臣以道事君，不可则止。荣以无罪黜，条侯固争之，善矣；荣下吏而死，条侯不能谏，又三年而后谢病，不亦晚乎？不强谏以全太子，不早退以全其身，君子不无遗憾也。（《通鉴答问》卷四"上欲废栗太子周亚夫固争不得"）

张　宁：窃尝论高祖之于功臣，其初凡以策力诎致者，多异于始。意义感会者，多保其终。虽曰韩、彭、布、绾之流，诛夷无类，其实亦皆有致罪之迹，至今犹以为寡恩薄德。其后孝文乃以疑毁狱周勃，非太后提（絮）[挈]发言，勃必不免。孝景七国之变，周亚夫实居元功，竟以私忌致杀。二公皆先朝遗命功臣，犹且如此，况其下者乎？宜博陵侯之所以绝祀于孝宣也。由是论之，则孝文之于功臣不如高帝，而景帝又不如文帝，作法于凉，其弊犹贪，创业垂统之君，诚不可不慎也。（《方洲集》卷二十八《读史集·文帝四年》）

陈耆卿：读《周亚夫传》，见文帝所以重将之权；读《申屠嘉传》，见文帝所以重相之权。将相之尊次天子，将相不重则天子亦轻，此投鼠忌器之说也。……有文帝则足以容二子，无文帝则二子虽欲为二子而不能。夫文帝非不能自尊而卑将相也，顾其所以尊将相者，乃所以尊己也。《易》曰："谦尊而光，卑而不可逾。"夫惟其谦，故有尊而光之理；惟其卑，故有不可逾之理。世谓文帝之治尚宽，不知其振举朝纲，尊强国体，精采凛然，销奸褫恶，盖有合于乾德之刚，而非懈怠纵弛以为宽者也。景帝见识不明，故疑心一开，大臣不得展手伸足。文帝任亚夫，则景帝杀亚夫。文帝任嘉，则景帝亦杀嘉。二子在文帝时，如在天池；在景帝时，如在樊罾。非二子前后相反，时使然也。景帝之待二子，诚失矣，而二子亦有以致之。大凡气强无学，虑直少谋，未必不为身患。宰相职业，以格心为主，不以矫激亢讦为功。以景帝之忌刻，二子无以化导融液之，而与力争于事为之末，则亦宜其扞格而不终也。况夫取箸之傲，未免以私情而亏公礼，悔不先斩错之说，又未免以小忿而忘大敬。呜呼！已伸者难屈，已亢者难下。景帝之不能容，亦文帝之能容有以致之耳。盖惟二子得容于文帝，而遂以其事文帝者事景帝，其气益张，不可收敛，则其死宜矣。观此，不独见文景二君体貌大臣之轻重，而亚夫、嘉之相业，可以夷考矣。（《筼窗集》卷二《周亚夫申屠嘉论》）

方孝孺：文景四世间，如王陵、周亚夫辈无数人，而亚夫尤得大臣体。在景帝时以争皇后兄信及匈奴降王之封忤旨，遂用他事下狱以死。夫封无功者以乱先帝之法，纳夷狄之叛臣以启为臣不忠之心，此诚宰相之所宜争也，亚夫争之，岂为过哉？彼景帝者私刻忍人也，欲封其后之兄，而亚夫不从，其心固有杀亚夫之端矣，特未得其名耳。及降王而不封，其怒宜愈甚，特无以屈其说，故忍而未发。官甲楯之告，景帝方幸其有名以诛之，遂卒置之于死。求其所为事，确乎有大臣之风，景帝罪之者私恨也，为史者宜有以明之。而司马迁反诋之为"守节不逊，以取穷困"，呜呼，人臣如亚夫，乃可谓之不逊乎？（《逊志斋集》卷五《条候传论》）

钟　芳：予反复《亚夫传》，见其行师制胜，屹立不挠，有犯颜敢谏之忠，徇义忘身之节，可谓烈丈夫矣。及其伤谗以诛，自景帝惨忍，群小乘间之故，亚夫曷故焉。而马迁乃责其"守节不逊，终以穷困"。呜呼！士君子不遇于时，守刚方而死者多矣。必欲变节徇时，吾恐祸不免，而行已亏也，岂亚夫之心哉！惜其隐忍固位，迷于先几。方景帝废栗太子，亚夫以宰相固诤，见疏不能引去。后虽侃侃正言，其如不入何，是亚夫之过也。（《钟筠溪集（上册）》卷十一《读周亚夫传》）

易佩绅：初文帝且崩，戒太子曰：即有缓急，周亚夫真可任将兵。盖亦知其子之不能以德服人，而必至用兵也。则其即位时，不欲豫建太子之言无复一语之可问于心矣。然则文帝固非纯于仁者，其布于外似仁，而运于中则智也。惟智也，故能知其子，能知其臣也。知亚夫之能济事，则知晁错之必生事也。使但有错之生事，而无亚夫之济事，则景帝肉袒系颈于吴王之马前矣。（《通鉴触绪》卷七）

刘　沅：亚夫所争皆大体，真相识，而帝弗从，竟免之，则私暗矣。（《史存》卷九《孝景本纪》）

王　恢：匈奴王来降者封为列侯，丞相周亚夫以为"彼背其主降，侯之，何以责人臣不守节乎？"亚夫之以王信无功，不得以皇后兄侯，景帝默然而止；而此乃欲侯之以劝后——犹今悬重金奖以飞机降，自应权宜军国。岂可拘以成规？惟亚夫卓有父风，平七国之乱亦不让乃父之平诸吕。惜卒以耿直见黜，绝食以死，悲夫！（《史记本纪地理图考·景帝本纪》）

李开元：至景帝中元年间，参加白马之盟的三方中，诸侯王国和以功臣列侯为代表的汉初军功受益阶层，皆已经不再作为独立的政治力量存在。周亚夫据守白马之盟，在汉朝内部已经没有强大的政治势力的支持，在相当程度上，不过是以个人的力量对膨胀不已的皇权作最后的抗争罢了。（《汉帝国的建立与刘邦集团：军功受益阶层研究》第六章《汉初军功受益阶层与汉代政治·周亚夫之死与专制皇权之形成》）

又：中元三年，即周亚夫据白马之盟阻止景帝封王信为侯后的两年，景帝排除周亚夫的反对，封匈奴降王徐卢等人为列侯，周亚夫免相，废弃白马之盟的最后障碍消除。中元五年，景帝如愿封王信为侯，白马之盟从此被废弃。景帝后元元年七月，周亚夫被逮捕下狱，冤死狱中。就在周亚夫之死的同年同月，具有军吏和近臣双重身份的卫绾出任丞相，汉建国以来，第一位非汉初军功受益阶层出身的丞相诞生。这表明，伴随着周亚夫之死，宫廷皇权通过对于丞相的自由任命，已经完全控制和掌握了以丞相为中心的汉朝政府机构。同时，也许是历史的巧合，就在周亚夫免相的同年，汉"罢诸侯御史官"，开始了对王国制度的彻底改革；而在周亚夫死的前一年，汉"更名诸侯丞相为相"，基本完成了对于诸侯王国制度之改革。可以说，至景帝中元年间，白马之盟被废弃，诸侯王国已经等同于汉朝之郡县，以丞相为中心的汉朝政府也已经从属于宫廷，汉初以来的有限皇权已经不复存在。相对于此，汉帝国之再统一完成，凌驾于王国和政府之上的专制皇权成立。汉初以来的霸业政治最终结束，帝业政治再次完全复活。周亚夫的死，集中地反映了这一历史变化的完成。（同上）

⑨【汇注】

胡三省：刘舍，高祖功臣桃安侯刘襄之子。襄本项氏亲赐姓。（见《资治通鉴》卷十六《汉纪八》注）

又：《索隐》曰：桃县属信都郡。（同上）

施之勉：按：《荀纪》"刘舍"作"周舍"。吴汝纶曰：桃侯刘舍。《通鉴》注云：项氏亲，赐刘姓。（《史记会注考证订补·孝景本纪第十一》）

刘定山、龚浩康：桃，地名，即桃丘，在今山东省东阿县西南。《汉书·百官表》作"姚丘侯刘舍"。"姚丘"系"桃丘"传写之误。（见王利器主编《史记注译·孝景本纪》）

【汇评】

吕祖谦：亚夫既以守职忤意免，代之者其选可知矣。（《大事记解题》卷十一）

⑩【汇校】

[日]水泽利忠：延久"戊戌"二字作"甲午"。大治"戊戌"二字作"甲戌"。（《史记会注考证附校补·孝景本纪第十一》）

【汇注】

班　固：景帝中三年，秋，蝗。先是，匈奴寇边，中尉不害将车骑、材官、士屯代高柳。（《汉书·五行志第七中之下》）

⑪【汇注】

徐天麟：（景帝中）三年九月戊戌，晦，日有食之，几尽，在尾九度。（《西汉会要》卷二十九《祥异上》）

【汇评】

编者按：日食亦曰日蚀，并非日失其光，乃为月所蔽也，这是天体运行中的自然现象，是有规律的，本与政治无关，但古人却认为是上天的谴告。如文帝二年（前

178）十一月癸卯晦，日有食之，文帝因此而下《日食诏》曰："朕闻之，天生斯民，为之置君以养治之，人主不德，布政不均，则天示之灾，以戒不治。乃十一月晦，日有食之，适见于天，灾孰大焉。朕获保宗庙，以微眇之身，托于士民君王之上，天下治乱，在予一人。唯二三执政，犹吾股肱也。朕下不能治育群生，上以累三光之明，其不德大矣。令至，其悉思朕之过失，及知见之所不及，匄以启告朕，及举贤良方正能言极谏者，以匡朕之不逮。因各敕以职任，务省徭费以便民。朕既不能远德，故憪然念外人之有非，是以设备未息。今纵不能罢屯戍，又饬兵厚卫，其罢卫将军军。太仆见马，遗财足，余皆以给传置。"文帝不是暴君，认为自己有遗行，受到上天的谴告，于是广求言路，进行自责，并且加以整改，从而使得政治更为清明。宣帝也算一位明君，五凤四年（前54）四月所下的《日食诏》中，也是从政治上找原因："皇天见异，以戒朕躬，是朕之不逮，吏之不称也。以前使使者问民所疾苦，复遣丞相、御史、掾一十四人循行天下，举冤狱，察擅为苛禁深刻不改者。"其子元帝刘奭，于永光二年（前42）三月、永光四年（前40）六月曾因日食两次下诏自责。如遇昏君，虽亦因日蚀而下诏，不过做做样子，并不真正以此为契机而进行整改，这就会引发一场政治斗争。如元帝时谷永因日食之异，多次上书谏诤。其一："元年九月日食，酒亡节之所致也。独使京师知之，四国不见者，若曰湛湎于酒，君臣不别，祸在内也。"其二："今年（永始二年二月乙酉晦）二月日食，赋敛不得度，民愁怨之所致也。所以使四方皆见，京师阴蔽者，若曰人君好治宫室，大营坟墓，赋敛兹重，而百姓屈竭，祸在外也。"诸如此类，在历史上屡见不鲜，不论是否科学，但借机除弊，未可厚非。可是，景帝见变不惊，无动于衷。当其在位期间，有过三次日食，第一次是前元七年冬十一月晦，第二次是中元二年九月甲戌，第三次是中元三年九月戊戌晦。除第一次日食曾于其"免徒隶作阳陵者"的措施，可能因日食而采取的宽仁行动外，其他两次皆无表示。但皆不曾下过一次"罪己诏"。实际上，景帝处事并非没有可议之处，太史公所以要在《孝景本纪》中一而再、再而三地记录天文变异现象，是否含有别种深意？

⑫【汇校】

　　［日］泷川资言：愚按：枫、三本无"外"字。"军东都门外"《汉纪》不载。（《史记会注考证附校补·孝景本纪第十一》）

　　［日］水泽利忠："军东都门外"，延久、大治、枫、三无"外"字。（《史记会注考证附校补·孝景本纪第十一》）

　　施之勉：按：《三辅黄图》：长安城，东北北头第一门曰宣平门，民间所谓东都门。《汉书》曰：疏广太傅受少傅上疏，乞骸骨归，公卿大夫为设祖道，供张东都门外，即此门也。其郭门，亦曰东都，即逢萌挂冠处也。（《史记会注考证订补·孝景本纪第十一》）

【汇注】

裴　骃：按：《三辅黄图》东出北头第一门曰宣平门，外曰东都门。（《史记集解·孝景本纪》）

黄汝成：《史记》："孝景中三年，军东都门外。"此时未有东都，其曰东都门，犹言东郭门也。（程大昌以为自此出洛阳东都者，非。）《三辅黄图》："长安城东出北头第一门曰宣平门，民间所谓东都门。"（见《日知录集释》卷二十二）

韩兆琦：驻兵于东都门外，因有"天变"，备非常。（《史记笺证·孝景本纪》）

王子今：《三辅黄图》卷一说："长安城东出北头第一门曰'宣平门'，民间所谓'东都门'。《汉书》曰：'元帝建昭元年，有白蛾群飞蔽日，从东都门至枳道。'又，疏广太傅、受少傅，上疏乞骸骨归，公卿大夫为设祖道，供张'东都门'外，即此门也。其郭门亦曰'东都'，即逢萌挂冠处也。王莽更名曰'春王门正月亭'。'东都门'至外郭亭十三里。""宣"，有周遍的意义。"平"，有安定的意义。汉王朝统治的广大地域在东方。由于长安东出第二门、第三门直通宫殿区，此门成为长安东向交通线的起点，因而命名被赋予象征天下安定的意义。《史记·孝景本纪》："军东都门外。"裴骃《集解》和司马贞《索隐》都引述《三辅黄图》："东出北头第一门曰'宣平门'，外曰'东都门'。"《汉书·元帝纪》记载："（建昭元年）秋八月，有白蛾群飞蔽日，从东都门至枳道。"如淳注引《三辅黄图》："长安城东面北头门号曰'宣平城门'，其外郭曰'东都门'也。"……看来"东都门"确是"郭门"。然而《汉书·王莽传下》记载起义军攻入长安、灭亡王莽政权的过程时，又写道："十月戊申朔，兵从宣平城门入，民间所谓都门也。"颜师古注："长安城东出北头第一门。"宣平门也被称为"都门"。大约《三辅黄图》不同传本出现两种说法，即"宣平门"即"东都门"，以及长安东郭门为"东都门"，可能皆各有据。（见《西安古代交通志·汉代长安十二城门释名·宣平门》）

中四年三月①，置德阳宫②。大蝗。秋，赦徒作阳陵者③。

① 【汇注】

章　衡：乙未，四年，夏蝗，十月戊午，日有食之。（《编年通载》卷三《汉·孝景皇帝》）

马端临：四年七月癸未，火入东井，行阴；又以九月己未入舆鬼，戊寅出。占曰："为诛；又为火灾。"后二年，有栗氏事，其后未央东阙灾。（《文献通考》卷二百八十

七《月五星凌犯》)

② 【汇校】

　　[日] 泷川资言：《汉·景纪》"置"作"起"。（《史记会注考证附校补·孝景本纪第十一》）

【汇注】

　　蔡　邕：宗庙之制，古者以为人君之居，前有朝，后有寝。宫则前制庙以象朝，后制寝以象寝。庙以藏主，列昭穆。寝有衣冠几杖，象生之具，总谓之宫。（《独断》卷下）

　　范　晔：古不墓祭，汉诸陵皆有园寝，承秦所为也。说者以为古宗庙，前制庙、后制寝，以象人之居，前有朝，后有寝也。《月令》有先荐寝庙，《诗》称"寝庙弈弈"，言相通也。庙以藏主，以四时祭。寝有衣冠几杖，象生之具，以荐新物。秦始出寝，起于墓侧，汉因而弗改，故陵上称寝殿。起居衣服，象生人之具，古寝之意也。（《后汉书·祭祀志》）

　　裴　骃：瓒曰："是景帝庙也。帝自作之，讳不言庙，故言宫。《西京故事》云景帝庙为德阳宫。"（《史记集解·孝景本纪》）

　　徐天麟：德阳宫，景帝庙号，德阳讳不言庙。（《西汉会要》卷六十五《方域二·宫》）

　　李克家：风温不常，蝗虫暴生，曰惑风，君淫政慢，国有变乱。（《戎事星占》卷十五《风类一》）

　　朱　礼：汉宗庙之制，不用周礼。每帝即位，辄立一庙，相去异处，不叙昭穆，故其数不止于七。文景在位，皆先作顾成、德阳庙。（《汉唐事笺》卷十二《宗庙》）

　　又：《元成传》：元帝时，贡禹奏言：古者天子七庙，今孝惠、景皆亲尽宜毁。……永光四年……孝景及皇考庙皆罢。（同上）

　　沈钦韩：谓庙为宫，此古义也。《春秋》经传、《毛诗》皆然。以周有文、武世室，鲁有鲁公、武公世室，故《尔雅》又云"宫谓之室，皆谓庙也"。瓒云讳庙言宫，文帝何以不讳，而贾谊直云顾成庙乎？此不通《雅》，故妄说。《长安志》景帝庙在咸阳县东北十五里。（《汉书疏证》卷二《景帝纪》）

　　赵　翼：西汉诸帝，多生前自立庙。《汉书·本纪》：文帝四年作顾成庙。注：帝自为庙，制度狭小，若可顾望而成者。贾谊《策》有云："使顾成之庙，为天下太宗"，即指此也。景帝庙曰德阳，武帝庙曰龙渊，昭帝庙曰徘徊，宣帝庙曰乐游，元帝庙曰长寿，成帝庙曰阳池，俱见《汉书注》。（《廿二史札记》卷二《汉帝多自立庙》）

　　王　恢：德阳宫，瓒曰："景帝庙，帝自作之，讳不言庙，故曰宫。"在咸阳东北五十里。（《史记本纪地理图考·景帝本纪》）

　　焦南峰、马永赢：《史记·孝景本纪》载：景帝"中四年（前153）三月，置德阳宫"。《集解》瓒曰："是景帝庙也。帝自作之，讳不言庙，故言宫。"《西汉会要》引《西京故事》"景帝庙号德阳"。因此，德阳宫即景帝庙，其具体位置史书阙载，许多学者认为可能在景帝阳陵附近。(《汉长安城遗址研究·西汉宗庙刍议》)

王学理：公元前146年，汉景帝在阳陵为自己建陵庙，是对汉家宗庙设置的一次突破性举动。这在《史记·孝景本纪》和《汉书·景帝纪》两书中，都有记载。不过，在表述上二者有别。司马迁作"置德阳宫"，班固则写作"起德阳宫"。……"德阳宫"即"阳陵庙"，是区别生前和死后的两种称呼。《集解》引臣瓒的话说，"德阳宫"是景帝庙也。"帝自作之，讳不言庙，故言宫"。皇帝们的心路历程，在这表现得浅显而明白。在生前既不愿意"言死"，又不能违犯自然规律地"长生"，还不得不"事死如事生"地安排"后事"，故避讳"陵庙"而采用"宫"。……可见他们都不愿意自己末日的来临，于是就把建造"陵墓"的工程说成是"起寿陵"，意思在祝寿，建造的时间越长就越好。同样，在陵园中明明是为自己建造供后人祭祀的"庙"，却都要说成是生时常住的"宫"。这就显示出性质确定的同一建筑在生前与死后的称呼有所区别，实际上完全是出于精神安慰才采取了贴近帝王生活又为人们习惯的名称。所以"德阳宫"实际就是"德阳庙"，也就是"景帝庙"或"阳陵庙"。生前立庙，起自汉文帝的"顾成庙"。把庙称作宫的还有：汉武帝的"龙渊庙"称"龙渊宫"，孝元王皇后的"长寿庙"则称作"长寿宫"等等。这正同把陵称作"山"一样，像秦始皇陵称"骊山"、汉高祖长陵称"长山"，均带有吉祥的含义。(《汉长安城考古与汉文化·"渭阳五帝庙"与"阳陵庙"并非一地说》)

【汇评】

王丕忠：德阳宫方位，《汉书·韦玄成传》：京师自高祖下至宣帝，"各自居陵旁立庙"。陵旁立庙是汉陵常制。《史记》与《西京故事》记载景帝庙为"德阳宫"。阳陵北面与东面为陪葬区，西面为长陵陪葬区，唯阳陵南面地势开阔，约半公里余，可建寝园庙。罗盘石附近的遗址，主要部分为一高台建筑，并有路直达阳陵。此处可能为景帝寝园庙——德阳宫。罗盘石居此遗址的中心，为寝庙的遗物。(《汉景帝阳陵调查简报》，载《考古与文物》1980年第1期)

杜葆仁：汉代盛行厚葬，当时的统治者很注重陵墓的建设。西晋索琳说："汉天子即位一年而为陵，天下贡赋，三分之一供宗庙，一供宾客，一充山陵（《晋书·索琳传》），说明耗费之巨。西汉的帝陵，不仅地下墓室工程浩大，而且"各自居陵旁立庙"，"各有寝、便殿"，"一岁间，上食二万四千四百五十五，用卫士四万五千一百二十九人，祝宰、乐人八万二千一百四十七人，养牲卒不数中。"（《汉书·韦贤传》）可见规模之大。(《西汉诸陵位置考》，载《考古与文物》1980年创刊号)

刘庆柱、李毓芳：陵旁立庙应始于西汉。西汉初年，仍袭旧制。高祖长陵附近原来并未立庙，高祖死后，在长安城内的南部修了"高庙"。后来因为惠帝在"月游衣冠道"上修了复道，为了维护宗庙制度与皇帝的尊严，只好又在高祖长陵附近再营建一处庙宇——"原庙"。"原庙"并不是真正的"陵旁立庙"之始，其后的惠帝庙、文帝的顾成庙都不在"陵旁"，惠帝庙在长安城内高庙之西。《书道》所辑录的"西庙"文字瓦当，应为惠帝庙遗物。顾成庙是汉文帝四年为自己修的宗庙，据《长安志》卷十"休祥坊"条记载，顾成庙在唐长安城休祥坊内，即今西安市玉祥门以西，在汉长安城以南。此庙虽然没在长安城内，但仍远离文帝霸陵。有人以为顾成庙就是文帝陵庙，其实不然，文帝霸陵的陵庙是文帝死后，景帝前元元年（前156）建造的。景帝中元四年（前146）又在阳陵修建了德阳宫，即阳陵庙庙。此后，出现了武帝龙渊宫、昭帝徘徊庙等，帝陵旁立庙的制度，一直持续到西汉末。这个制度应是创于汉景帝，始于文帝霸陵。（《西汉十一陵》第五章《陵庙的研究》）

③【汇注】

班　固：中元四年秋，赦徒作阳陵者，死罪欲腐者，许之。（《汉书·景帝纪第五》）

吕祖谦：按：《本纪》"赦徒作阳陵者，死罪欲腐者，许之"，盖以犯罪抵死者多，故愿就宫刑者，特免其死也。然则景帝作寿陵，徒役之众，刑辟之烦，亦可知矣。赦有及天下者，有及一方者，有及一所者，此赦止及阳陵一所，它县不与也。（《大事记解题》卷十一）

王仲殊：1972年，在陕西省咸阳市汉景帝"阳陵"西北约一公里半处，发现了一片丛葬的墓地，经勘探，面积达八万平方米，埋葬着筑陵的刑徒，估计人数在万人以上。墓坑排列无序，有的呈长方形，有的不成形状，坑内或埋一人，或埋多人。发掘出来的尸骨，有在颈上戴铁钳的，有在脚上戴铁钛的，证明他们是刑徒无疑，刑罚的性质属于所谓"髡钳"。可以肯定，这些刑徒是戴着刑具参加劳动的。《史记·景帝纪》说"免徒隶作阳陵者"，《汉书·景帝纪》说"赦徒作阳陵者死罪"，都说明了在"阳陵"的营建工程中所用的劳动力主要是刑徒。考古发掘工作的结果，正与文献的记载相合。规模宏伟的帝陵，正是建筑在成千上万的奴隶们的尸骨之上，生动而形象地说明了统治阶级的残酷。（《汉代考古学概说》第九章《汉代的墓葬》下）

又：西汉诸陵位置图。（见下页）

陕西考古学会：秦汉时期统治者常利用徒刑为自己营建陵墓。《汉书·成帝纪》记载：汉成帝刘骜为自己修昌陵时"卒徒蒙辜，死者连属"。《史记·景帝本纪》《汉书·景帝纪》上也有"免徒隶作阳陵者"和"赦徒作阳陵者死罪"的记载，证明景帝阳陵这座巨大的工程也是利用当时的刑徒修建起来的。一九七二年春，阳陵附近的社员在修水库时，在阳陵西北三华里的地方，挖出了大量带刑具的骨架。考古工作者闻

西汉诸陵位置图

讯前往该地进行了发掘,证明这是一片西汉刑徒墓地,面积约有80000平方米。共发掘出二十九座刑徒墓,有三十五副骨架。墓葬排列无序,葬式不一,但均无棺椁及随葬品。以一、二号两墓为例,一号墓为长方形土坑,内葬一人,头在左腿外侧,身首异处,颈上有钳,可能属斩刑。二号墓为不规则长形土坑,坑内埋葬六人,互相叠压,尸骨枕籍,埋葬相当草率。有的颈上有钳,有的脚上有釱,有的骨架骨盆以下肢体与身躯脱节,很明显是腰斩的,死后刑具仍带在身上未取下来。(《陕西考古重大发现·西汉阳陵刑徒墓》)

王学理:汉景帝七年(前150)"春,免徒隶作阳陵者"(《史记·孝景本纪》)。中元四年(前146)秋,曾"赦徒作阳陵者,死罪欲腐者,许之"(《汉书·景帝纪》)。文献中大凡提到的"徒",在中国古代若是泛称的话,指的就是些下层奴作的人。《唐律疏议》就有"徒者,奴也。盖奴辱之。"若具体而言,"徒"那可以是服徭役的自由人,也可以是服刑役的犯人。有一种刑名,就叫"徒刑",是死刑、肉刑之外,按犯罪轻重而判处服定期劳役的一种刑罚。因为它是以劳役的形式作为特征的,在制裁犯罪方面体现着法律的另一种效能,既不像死刑那样地消灭劳动力,又不像重刑那样地摧残劳动力,而是把受刑者变成为社会继续效力的工具。这样一来,就成了封建国家获取无偿劳动力的手段之一,使得大兴建筑工程成为可能。所以,在这里对判处"徒刑"的罪犯,就可以称之为"刑徒"了。……所以,这里的"徒作阳陵者"必然是"刑徒"。还有一点,我们也必须明白,那就是:"徒刑"作为刑罚的一种,它是根据法律所定的刑名,同样有着一定的"刑期"。……汉景帝对作阳陵的刑徒加以赦免,岂不是把他们放归了吗?若果是这样的话,那修建阳陵的劳动力又怎么能保证呢?我以为,这里的"赦徒",实际是恢复他们的自由民身份,并不能离开现场,而是要以修陵为前提的。出自同一道理,对于犯有死罪的男犯,准许自愿改为"宫刑",使之保住性命,就等于对国家保护住劳动力的来源。无论如何,汉景帝"赦徒作阳陵者,死罪欲腐者,许之"的这一举措,不仅对犯罪者本人,而且包括他的亲属在内,多多少少都是有积极意义的。(《汉代雄风——汉景帝与阳陵》第七章《可怜筑陵刑徒人》)

中五年夏①,立皇子舜为常山王②。封十侯③。六月丁巳④,赦天下,赐爵一级⑤。天下大酺⑥。更命诸侯丞相曰相⑦。秋,地动⑧。

①【汇注】
　　章　衡:丙申,五年,八月己酉,未央宫东阙灾。地动。(《编年通载》卷三

《汉·孝景皇帝》)

② 【汇注】

  班　固：常山宪王舜，以孝景中五年立。舜，帝少子，骄淫数犯禁，上常宽之。三十三年薨，子勃嗣。(《汉书·景十三王传第二十三》)

  胡三省：高帝置常山郡，属赵国；吕后分为王国；文帝并为赵国；今复以王舜。(见《资治通鉴》卷十六"景帝中五年"注)

  王　恢：常山国，惠帝子朝国，文帝诛朝，国除仍为郡，复还赵王遂，二年以过削。中五年（前145）复置，四月，立皇子舜。武帝元鼎三年（前114），子勃嗣。数月，以罪废，徙房陵，国除为郡；其年，分四县置真定国，立舜子平，都真定，今河北正定县内。五传，王莽时绝。《高纪》称常山二十五城，《汉志》常山郡仅十八县，盖高帝十一年（前196）颇取恒山以北之地以益代，后又有削夺，如襄国本常山国都，而《汉志》属赵国也。(《史记本纪地理图考·景帝本纪》)

  刘定山、龚浩康：常山，汉初封国，辖今河北省中部和山西省东部的部分地区，都城为元氏（今河北省元氏县西北）。(见王利器主编《史记注译·孝景本纪》)

③ 【汇校】

  梁玉绳：按："十"乃"五"之误，犹前封七侯之误为二人也。《正义》云"《年表》亚谷侯卢他之、隆虑侯陈蟜、乘氏侯刘买、桓邑侯刘明、盖侯王信，余检不获。中元三年，匈奴王二人降，封为列侯。《表》有七人，疑其五人是十侯之数"。张氏此言最谬，中五年止封五侯，并无十侯。何得强以中三年封者充其数。而安陵等七人之封皆在中三年，《史》《汉·表》明确可考，又何得割中三年所封之五人移入中五年耶？(《史记志疑·孝景本纪》)

  王叔岷：案：梁氏谓"十乃五之讹。"是也。五，古文作×，与十形近，故致误耳。《汉纪》《通鉴》"封十侯"亦并不载。(《史记斠证·孝景本纪》)

  李人鉴：按：本书《惠景间侯者年表》谓孝景中五年侯者五人：亚谷、隆虑、乘氏、桓邑、盖。《汉书》亚谷在《景武昭宣元成哀功臣表》，乘氏、桓邑在《王子侯表》，盖在《外戚恩泽侯表》，隆虑在《高惠高后孝文功臣表》，亦得五人。而此《纪》乃谓孝景中五年"封十侯"，与事实不符。张守节《正义》云："其五人是中元五年封，余检不获。中元三年，匈奴王二人降，封为列侯。《惠景间表》云匈奴王降为侯者有七人，疑其五人是十侯之数。"梁玉绳《史记志疑》云："张氏此言最谬。中五年止封五侯，并无十侯，何得强以中三年封者充其数？而安陵等七人之封皆在中三年，《史》《汉·表》明确可考，又何得割中三年之五人移入中五年邪？"梁氏之说，虽符事实，而于出于妄人补撰之此《纪》似犹观察未周也。妄人所补撰之此《纪》，谬误百出。此《纪》上文既误以景帝中五年封蟜为隆虑侯事与景帝前五年徙广川王为赵王事为在同一年，又误以景帝中六年梁孝王薨与景帝前六年楚文王薨为在同一年，则其以景帝中三年所封之五人移并于中五年又何为不可邪？（本书《惠景间侯者年表》孝景中三年所封之七人与孝景中五年所封之二人先后相连，本当分为前七后五，而补撰此《纪》者乃妄分为前二后十。）然则妄人之补撰此《纪》者谬妄耳，张守节作《正义》尚能窥见其谬妄之由，不当反以"最谬"二字斥张氏也。（《太史公书校读记（上）·孝景本纪》）

【汇注】

张守节：《惠景间年表》云亚谷侯卢他之，隆虑侯陈蟜、乘氏侯刘买、桓邑侯刘明、盖侯王信。按：其五人是中元五年封，余检不获。中元三年，匈奴王二人降，封为列侯。《惠景间表》云匈奴王降为侯者七人，疑其五人是十侯之数。（《史记正义·孝景本纪》）

牛运震：中二年，"封四侯"，中五年，"封十侯"，此与封匈奴降王二人例同。（《史记评注》卷二《孝景本纪》）

施之勉：按：景帝中五年，封十侯。《高祖功臣表》：有平棘侯薛泽，塞侯陈始，节氏侯董赤，垣侯蟲捷，发娄侯丁通，更（《汉表》作"奊"）侯赵胡，临汝侯杨无害，阳平侯杜相夫。《惠景年表》：有亚谷侯卢它父（《卢绾传》作"他之"），隆虑侯陈蟜，乘氏侯刘贾，桓邑侯刘明，盖侯王信。两《表》中十三侯，均在中五年封。然垣侯蟲捷，殿本作后元年封。《卢绾传》：卢他之封亚谷侯在中六年。封长公主子蟜为隆虑侯，《本纪》在前五年。除此三侯，则景帝中五年，凡封十侯也。（《史记会注考证订补·孝景本纪第十一》）

韩兆琦：封十侯，梁玉绳曰："'十'乃'五'之讹。"据《惠景间侯者年表》，此五侯为亚谷侯卢它父，隆虑侯陈蟜，乘氏侯刘买，桓邑侯刘明，盖侯王信。他们所以封侯的原因，卢它父是高祖时燕王卢绾之子，卢它父随其父叛入匈奴后，又以东胡王归降汉朝；陈蟜是长公主嫖的儿子；刘买、刘明，都是梁孝王刘武的儿子；王信是王皇后的哥哥。（《史记笺证·孝景本纪》）

吴树平、吕宗力："封十侯"，据本书《惠景间侯者年表》，中五年封卢它父为亚谷侯、陈蟜为隆虑侯、刘买为乘氏侯、刘明为恒邑侯、王信为盖侯。"卢它父"，《汉书·景武昭宣元成功臣表》作"卢它之"，"陈蟜"之"蟜"，《汉书·高惠高后文功臣表》作"融"。《史记》《汉书》所载均为五侯，"十"乃"五"之误。（《全注全译史记·孝景本纪》）

编者按：《御定历代纪事年表》卷二十三《孝景皇帝中五年》所纪封侯为：一、乘氏侯买，梁孝王子，始封。至明年为王，国除。二、塞侯陈始，博阳侯濞子，以罪除，今更封，至帝后元年再见。塞在桃林西。三、节氏侯董赤，成侯渫子。更封一年，赤以前六年罪除。今更封，是为康侯。传恭侯、霸军及侯朝，至武帝元狩二年再见。四、垣侯蛊捷，更封一年，文帝后三年复封曲城侯，上年又夺除。今再封，是为恭侯，传侯皋柔。至武帝元光二年再见。五、发娄侯丁通，宣曲侯义子，以罪除，今更封，至武帝建元六年再见。六、奕侯赵胡，更封一年，侯将夜孙循，以前三年罪除，今更封胡。至武帝元朔五年再见。七、盖侯王信，以皇后兄封，是为靖侯。传侯偃。至武帝元鼎五年，坐酎金，国除。八、亚谷侯卢它之，以匈奴降王封，故燕王绾子也，是为简侯。传安侯种及康侯偏，及侯贺。至武帝征和二年再见。九、平棘侯薛泽，更封一年，广平侯欧孙。泽自中二年罪除，今更封，是为节侯。传侯穰，至武帝元狩元年再见。十、杨平侯杜相夫：长修侯恬孙侯喜，以中二年罪除，今更封相夫。至武帝元封四年再见。至于张守节《正义》所云隆虑侯陈蟜，是以长公主嫖子而封，按《孝景本纪》，乃封于前五年，非中五年也。

④【汇注】

张大可：六月丁巳，六月二十八日。（《史记全本新注·孝景本纪》）

⑤【汇校】

［日］水泽利忠："赐爵一级"，南化、枫、梅、三、野"赐民爵一级"。（《史记会注考证附校补·孝景本纪第十一》）

【汇注】

王钦若等：（编者按：中）五年六月，大赦天下赐民爵一级。（《册府元龟》卷七九《庆赐一》）

吕祖谦：肆赦赐爵，不知其繇。《史记·本纪》书"六月丁巳，赦天下，赐爵一级，天下大潦"。然则恩霈或为水潦而下欤？（《大事记解题》卷十一）

⑥【汇校】

［日］泷川资言："天下大潦"，《汉纪》不载。（《史记会注考证附校补·孝景本纪第十一》）

王叔岷：《汉纪》亦不载。《通鉴》"潦"作"水"。《说文》："潦，雨水也。"（段注本）（《史记斠证·孝景本纪》）

⑦【汇校】

梁玉绳：《汉纪》在八月，此在六月，微异。（《史记志疑·孝景本纪》）

【汇注】

颜师古：亦所以黜之，令异于汉朝。（《汉书注·景帝纪第五》）

马　雍：按：《史记·孝景本纪》：中五年（前145）六月，更命诸侯丞相曰相。……西汉初年诸侯王国的"丞相"与改名以后的"相"在某些方面是有所不同的。按：《史记·五宗世家》云："高祖时，诸侯皆赋，得自除内史以下，汉独为置丞相，黄金印。诸侯自除御史、廷尉正、博士，拟于天子。自吴楚反后，五宗王世，汉为置二千石，去丞相曰相，银印。诸侯独得食租税，夺之权。"由此可见，西汉初年的诸王权力相当大，他的小朝廷里除了丞相要由汉朝中央直接任命以外，其余所有官吏都由诸王自己委任，诸侯王是王国的真正统治者，而丞相的职权只是辅佐诸侯王进行统治。……自从景帝改"丞相"为"相"以后，诸侯王的直接统治权完全被剥夺，王国朝廷的高级官吏统统由中央任命，与王国相都属于中央方面的人。所以，尽管王国相将金印改为银印，似乎级位稍降，而权力却大为提高，实际上已成为王国最高的统治者。这是我们对王国"丞相"和"相"前后两种不同官衔应当加以区别的地方。

又：而且，根据一些实例来看，西汉初年诸王的丞相虽由中央任命，却有某些"丞相"并非中央的人而是诸王自己的私人，例如赵王张敖的丞相赵午、贯高等是他父亲张耳门下之客，淮南王英布的丞相朱建是他自己的亲信，这些丞相都是为他们的国王效忠而并不效忠于汉朝中央的。这种情形在改名曰"相"以后就不再多见了。（《西域史地文物丛考·轪侯和长沙国丞相——谈长沙马王堆 1 号汉墓主人身分和墓葬年代的有关问题》）

阎步克：《二年律令·秩律》并无丞相，因为其时丞相无秩。史书既称汉初王国"百官皆如朝廷"，那么王国丞相也应无秩。丞相无秩名，也可以表示此官尊贵，在一人之下、万人之上，不用秩级。那么，王国丞相在什么时候纡尊降贵，跟百官一样有了"若干石"秩级呢？汉景帝中元五年（前145）六月"更命诸侯丞相曰相"，我想那时其秩级就有了变化。首先从所佩印章看：太史公曰："高祖时诸侯皆赋，得自除内史以下，汉独为置丞相，黄金印。诸侯自除御史、廷尉正、博士，拟于天子。自吴楚反后，五宗王世，汉为置二千石，去'丞相'曰'相'，银印。"（《史记》卷五九《五宗世家》）查《汉书·百官公卿表》："凡吏秩比二千石以上，皆银印青绶。"使用银印的官职中，最高的是御史大夫。御史大夫在汉初为二千石，汉景帝时大约已是中二千石了。王国相由黄金印改用银印时，我猜其秩级大概是中二千石。由官吏赐爵时的同等待遇，也可以得出类似结论。有一段时间，中二千石的赐爵与诸侯相的赐爵相同。……换言之，汉景帝在把王国丞相改名为"相"时，还将其秩级定为中二千石。由此，王国相不再跟天子之相"尊无异等"了，而是降到了诸卿的同列，不是升，而是降了。（《从爵本位到官本位》下编第三章《西汉郡国官的秩级相对下降》）

又：这样说来，诸侯王相的秩级，就经历了如下若干变化：最初，天子之相与诸侯之相都可称"相国"；惠帝之时，就只有天子之相能叫"相国"了，诸侯国只称丞相，当然王国丞相仍与天子丞相"尊无异等"，且均无秩级；进而约在汉景帝时，诸侯相下降到九卿之列，秩中二千石；进而汉武帝一朝，诸侯相降为真二千石；进而元帝一朝，诸侯相降至二千石、与郡守同秩，位在郡守之后。（同上）

又：当然也要看到，王国"丞相"虽降为王国"相"，实权反倒增大了。马雍先生指出："自从景帝改'丞相'为'相'以后，诸侯王的直接统治权完全被剥夺，王国朝廷的高级官吏统统由中央任命，似乎级位稍降，而权力却大为提高，实际上已成为王国最高的统治者。"改名"相"、给其秩级，是为了强化中央集权；增大王国相的实权，也是为了强化中央集权。两个措施的目的是一致的。(同上)

⑧【汇注】

牛运震："彗星出东北。衡山雨雹，荧惑逆行，守北辰。月出北辰间。岁星逆行天庭中。长星出西方。大风坏城，地动。天下大潦"，皆灾异也。本纪书灾异例也，《汉书》略之。(《史记评注》卷二《孝景本纪》)

中六年二月己卯①，行幸雍②，郊见五帝③。三月，雨雹④。四月，梁孝王、城阳共王、汝南王皆薨⑤。立梁孝王子明为济川王⑥，子彭离为济东王⑦，子定为山阳王⑧，子不识为济阴王⑨。梁分为五⑩。封四侯⑪。更命廷尉为大理⑫，将作少府为将作大匠⑬，主爵中尉为都尉⑭，长信詹事为长信少府⑮，将行为大长秋⑯，大行为行人⑰，奉常为太常⑱，典客为大行⑲，治粟内史为大农⑳。以大内为二千石㉑，置左右内官，属大内㉒。七月辛亥㉓，日食㉔。八月，匈奴入上郡㉕。

①【汇校】

梁玉绳：按：《汉书》在十月，是也，此误二月。(《史记志疑·孝景本纪》)

【汇注】

章　衡：丁酉，六年，十月，行幸雍，郊五畤。三月雨雪。五月，诏有司减笞法，定箠令。六月，梁孝王薨。分梁国，立王子五人为王。匈奴入雁门，至武威，酒泉，入上郡，取苑马。七月辛亥晦，日有食之。(《编年通载》卷三《汉·孝景皇帝》)

张大可：二月己卯，二月二十五日。(《史记全本新注·孝景本纪》)

②【汇注】

刘定山、龚浩康：雍，即辟雍，古代设在郊外的祭祀之所。一说，县名，治所在今陕西省凤翔县南。(见王利器主编《史记注译·孝景本纪》)

③【汇校】

　　李景星：中六年二月己卯，行幸雍，郊见五帝。按：《汉书》有"十月"。(《四史评议·孝景本纪》)

　　【汇注】

　　刘定山、龚浩康：郊，即郊祀。在郊外祭祀天地，是古代祭礼之一。(见王利器主编《史记注译·孝景本纪》)

④【汇校】

　　梁玉绳：按：《汉书·纪》《志》皆作"雨雪"，此误为"雹"。(《史记志疑·孝景本纪》)

　　【汇注】

　　董仲舒：水有变，冬湿多雾，春夏雨雹。此法令缓，刑罚不行。救之者，忧图圄，按奸宄，诛有罪，搜五日。(《春秋繁露》卷十四《五行变救》)

　　班　固：景帝中六年三月，雨雪。(《汉书·五行志第七中之下》)

　　刘　沅：记异也。(《史存》卷九《孝景本纪》)

⑤【汇校】

　　班　固：其六年四月，梁孝王死；五月，城阳王、济阴王死；六月，城阳公主死。出入三月，天子四衣白，临邸第。(《汉书·天文志第六》)

　　梁玉绳：按：前四年徙汝南王非为江都王，则汝南国久已除为郡矣，安得中六年有汝南王乎？即非亦以武帝元朔元年薨，不与梁孝、城阳并薨于是年也，当是梁孝王子济阴哀王不识。济阴王薨于明岁后元年，《纪》并书于是年，而又误为"汝南"耳。(《史记志疑·孝景本纪》)

　　[日] 泷川资言：《汉纪》不载城阳、汝南二王薨。(《史记会注考证附校补·孝景本纪第十一》)

　　【汇注】

　　班　固：景帝中六年，梁孝王田北山，有献牛，足上出背上。刘向以为近牛祸。先是孝王骄奢，起苑方三百里，宫馆阁道相连三十余里，纳于邪臣羊胜之计，欲求为汉嗣。刺杀议臣袁盎事发，负斧归死，既退归国，犹有恨心。内则思虑霿乱，外则土功过制，故牛祸作。足而出于背，下奸上之象也。犹不能自解，发疾暴死，又凶短之极也。(《汉书·五行志第七下之上》)

　　又：梁孝王武，文帝子。(孝文二年) 二月乙卯，立为代王，三年，徙为淮阳王，十年，徙梁，三十五年薨。孝景后元年，恭王买嗣，七年薨。(《汉书·诸侯王表第二》)

　　又：城阳，孝文二年二月乙卯，景王章以悼惠王子朱虚侯立，二年薨。四年，共

王喜嗣，八年，徙淮南，四年，复还，凡三十三年薨。（同上）

张守节：（编者按：梁孝王）都睢阳，今宋州。（编者按：城阳共王）城阳，今濮州雷泽县，古城阳也。共音恭。《谥法》"严敬故事曰恭"。（《史记正义·孝景本纪》）

胡三省：共王喜，文帝前四年嗣父章爵为王，八年徙王淮阳。后四年，复还城阳，至是而薨。共读曰恭。（《通鉴》卷十六《汉纪八》注）

顾锡畴：梁王薨，太后哭不食，曰："帝果杀吾子。"帝哀惧，不知所为。乃分梁为五国，尽立孝王男五人为王，女五人皆食汤沐邑。太后乃说，为帝加一餐。（《纲鉴正史约》卷六《汉景帝》）

王之枢、周清源等：城阳王喜，复二十三年薨，谥共，子顷王延嗣。（《御定历代纪事年表》卷二十三"孝景皇帝中六年"）

钱大昕："中六年，城阳共王薨。《正义》云：城阳，今濮州雷泽县，古成阳也"。按：城阳国治莒。《汉志》谓文帝二年，别为国者是也。濮州之城阳，汉时属济阴郡，乃梁地，非齐地，且"成""城"字异，《正义》说非是。（《廿二史考异》卷一《孝景本纪》）

王先谦：钱大昭曰：梁王武不书名，疑传写者脱之。（《汉书补注·景帝纪》）

吴汝纶：钱云：城阳国治莒，《汉志》谓文帝二年，别为国者是也。《正义》说非是。（《点勘史记读本·孝景本纪》）

编者按：汝南王即江都王刘非，景帝子。《史记·汉兴以来诸侯王年表》称，公元前156年，即孝景前元元年，初置汝南国，翌年三月甲寅，初王非元年。三年，徙江都，改称江都王。

王骏图、王骏观：《正义》以雷泽为城阳，非其实也。顾亭林云：《汉书》城阳郡治莒。《吕后纪》齐王上城阳郡，《孝文纪》以齐剧郡立朱虚侯为城阳王，《田儋传》反击项羽于城阳，《淮阴传》追北至城阳，皆是其地。又按：《战国策》：貂勃谓齐襄王，阖城阳而王。是古齐时已名莒为城阳矣，若在雷泽者，乃成阳也，有尧冢，汉时故县，《正义》殆失考耳。（《史记旧注平义·孝景本纪》）

王　恢：梁国，梁孝王武，窦太后爱子，景帝二弟也。七国反，以一城扞吴楚，吴楚不敢过而西，最有功，益骄恣，出跸入警，拟于天子。太后、景帝亦皆有意以孝王继统（其情有似庄姜、郑伯之于叔段）。袁盎等关说而止。孝王怨，暗杀盎及议臣。汉吏追究，孝王恐，诛羊胜、公孙诡入谢。然自此日疏。中元六年（前144）四月，（《世家》六月，误），孝王卒，太后哀极，景帝忧惧，乃分梁为五，五月丙戌，尽王其子，太后喜，帝亦喜"众建"矣。长子买为梁王。八传至新莽，贬为公，明年（公元10年）废。《汉志》梁国八县。《梁孝王世家》："武帝元朔中，梁王襄有罪，削八城，梁余尚有十城。"《汉书·三王传》则云"削梁五县，夺王太后汤沐邑成阳邑，梁余尚有八城"。又成帝元延中"削立五县"。是梁分时梁本国不止八县。削此入谁？原有若干县？皆不可考。(《史记本纪地理图考·景帝本纪》)

又：汝南国，汉初分淮阳国置汝南郡，仍属淮阳国。惠帝元年国除，一直为汝南郡。二年别为国，三月甲寅立皇子非，明年（前154），非徙王江都，国除为郡。《汉志》汝南郡县三十七，户口居全国第一位。(同上)

刘定山、龚浩康：梁孝王，即景帝的胞弟刘武，封于梁，国辖今河南省与安徽省交界地区，都城为睢阳（今河南省商丘县南）。他死后，其子刘买即位为梁王。城阳共王，即城阳王刘章之子、齐悼惠王刘肥之孙刘喜，国辖今山东省沂南县一带，都城为莒县（今山东省莒县）。汝南王，上文说前元三年六月，已徙"汝南王非为江都王"。《汉兴以来诸侯王年表》则将"徙江都"事系年于前元四年，则中元六年已无汝南王了。这里记述不明。(见王利器主编《史记注译·孝景本纪》)

王子今：梁孝王刘武和汉景帝刘启是同母兄弟。母亲窦太后最疼爱刘武。《史记·梁孝王世家》记载："……其后梁最亲，有功，又为大国，居天下膏腴地。地北界泰山，西至高阳，四十余城，皆多大县。"而窦太后由于偏爱这个小儿子，"赏赐不可胜道"，据说梁国"府库金钱且百巨万，珠玉宝器多于京师"。经济实力甚至与中央政府国库的积储相当。"于是孝王筑东苑，方三百余里。广睢阳城七十里。大治宫室，为复道，自宫连属于平台三十余里。得赐天子旌旗，出从千乘万骑。东西驰猎，拟于天子。"梁王在当时有"拟于天子"的威权，并不仅仅是由于皇亲的地位和富有的财力，还在于西汉初期的梁国是中央执政集团控制东方的政治枢纽。人们都会注意到，这一地区又曾经成为举世瞩目的文化中心。司马迁《史记·梁孝王世家》说，梁孝王刘武曾经吸引天下名士集聚于梁。……这些"宾客"中，多有天下奇士。梁苑一时成为吸引海内名士的文化胜地。……以汉赋作者为代表的文士群体曾经集中在这里，使得梁国成为汉代文化地图上的亮点。(《芒砀山泽与汉王朝的建国史》，载《中州学刊》2008年第1期)

又：梁国曾经富敌天下。《史记·梁孝王世家》褚少孙补述如此形容梁孝王之富有："孝王未死时，财以巨万计，不可胜数。及死，藏府余黄金尚四十余万斤，他财物称是。"汉末曹操曾经发掘梁孝王陵墓，"破棺裸尸，略取金宝"，据说"收金宝数万斤"。河南永城发现汉代大型洞室墓。据考古工作者推定，墓主应当是梁孝王刘武和他的王后，以及其子梁共王刘买。陵墓设计施工体现出建筑艺术的成熟。墓室壁画笔调生动，色彩华美，也反映了梁国文化在审美思想和艺术创造方面的优越。(同上)

【汇评】

凌稚隆：黄震曰：孝王既僭侈矣，景帝复失言"千秋万岁后传于王"，入则同辇出则同车，卒之梁王贼杀袁盎等大臣，几至变逆者，景帝之失也。(《史记评林·梁孝王

《世家》）

又：袁黄曰：武之罪，景帝为之也。夫秩等威定储贰，治道大计也，而帝皆忽之。故梁王欲用警跸则许之警跸，欲请子传位则许之传位，此二事者岂细故也哉。不能以义法裁之，而惟母言是徇，卒陷以骄纵而贻母忧，庸非办之不早办故邪！吾于是而知齐言郑语，《春秋》必系之弟。圣人之垂戒远矣。（同上）

❻【汇注】

司马迁：济川王明者，梁孝王子，以桓邑侯孝景中六年为济川王。七岁，坐射杀其中尉，汉有司请诛，天子弗忍诛，废明为庶人，迁房陵，地入于汉为郡。（《史记·梁孝王世家第二十八》）

班 固：孝景中六年五月丙戌，王明以孝王子桓邑侯立。七年，建元三年，坐杀中傅，废迁房陵。（《汉书·诸侯王表第二》）

荀 悦：夏四月，梁王武薨，谥曰孝王。时梁王北猎，梁有献牛足出背上。《本志》以为牛祸，思心务乱之咎也。乃分梁为五国，尽封梁孝王男五人，女五人皆食汤沐邑。五月丙戌，立梁孝王子明为济川王，勰为淄川王，彭离为济南王，定为山阳王，识为济阴王，不识为衡山王。（《汉纪·前汉纪孝景皇帝纪卷九》）

张守节：《表》云分梁置也。（《史记正义·孝景本纪》）

胡三省：济川国在陈留、东郡之间。（见《资治通鉴》卷十六《汉纪八》注）

王 恢：济川国，应劭说都济阳，在河南兰封北五十里。《汉志》陈留郡十七县。（《史记本纪地理图考·景帝本纪》）

又：明。武帝建元三年（前138），坐杀其中傅（《世家》作尉），废迁房陵，国除为郡。《志疑》曰："济川为郡，史汉不著其所在。《水经·济水注》引应劭曰'济川今陈留济阳县'。则陈留郡即济川国；与吕后时济川国异。"钱大昕《考异》亦谓"《汉志》无济川郡，亦不言济川所在。予尝读《水经注》，引应劭说'济川，今陈留济阳县是也'。乃知陈留郡即济川。"故《地志》称陈留郡，武帝元狩元年（前122）置，不言故属梁国者，史之阙也。济川国除在武帝建元三年，其时当为济川郡。至元狩初，移至陈留，乃改为陈留郡尔。（同上）

周振鹤：景帝中六年，分孝王梁国，置济川国以封孝王子明。武帝建元三年，"废明为庶人，……地入于汉为郡"（《梁孝王世家》）。济川所在，史未明言。钱大昕氏曰："济水注引应劭云：'济川今陈留济阳县。'乃知陈留郡即济川，……济川国除在武帝建元三年，其时当为济川郡，至元狩初移治陈留乃改为陈留郡耳。"此说极当。元朔中儁、宁陵二县由梁削来。元帝永光三年，以陈留郡置济阳国，封子康。建昭五年，济阳王徙山阳，国除复为陈留郡。成帝间，得酸枣县。《汉志》篇末域分载酸枣本属河南。《汉志》陈留郡领十七县，除去得自其他郡国三县，即为元朔以前济川国（郡）

的范围。(《西汉诸侯王国封域变迁考·梁国考》，载《中华文史论丛》1982年第3辑)

⑦【汇注】

　　司马迁：济东王彭离者，梁孝王子，以孝景中六年为济东王。二十九年，彭离骄悍，无人君礼，昏暮私与其奴、亡命少年数十人行剽杀人，取财物以为好。……所杀者子上书言。汉有司请诛，上不忍，废以为庶人，迁上庸，地入于汉，为大河郡。(《史记·梁孝王世家第二十八》)

　　班　固：五月丙戌，王彭离以孝王子立。二十九年，坐杀人，废迁上庸。(《汉书·诸侯王表第二》)

　　张守节：《表》云分梁置也。(《史记正义·孝景本纪》)

　　徐天麟：东平国，汉初属梁国。景帝中六年，封梁孝王子彭离，别为济东国。武帝元鼎元年，国除，为大河郡。宣帝甘露二年，为东平国。(《西汉会要》卷六十四《方域一·郡国沿革》)

　　胡三省：济东国后入汉，为大河郡，后又为东平国。(见《资治通鉴》卷十六《汉纪八》注)

　　周振鹤：济东国（大河郡、东平国），景帝中六年，分梁置济东国，封孝王子彭离。武帝元鼎六年，国除为大河郡。天汉四年，得鲁王子侯国二：宁阳、瑕丘（由昌邑国改隶而来）。宣帝甘露二年，以大河郡置东平国，立子宇为东平思王；瑕丘侯国回属山阳郡，宁阳侯国别属泰山郡。成帝建始二年，削樊、亢父二县（《汉书·成纪》）。河平元年，复樊、亢父（《汉书·宣元六王传》）。鸿嘉元年，封思王子侯国二：1. 栗乡，志山阳，地望无考。2. 桑丘，志泰山。鸿嘉二年、三年各封思王子侯国一：3. 桃乡。4. 富阳，志皆属泰山。元延元年，封思王子侯国一：5. 西阳，表东莱，志山阳。《表》误，大约错格（东莱应是下格胶东王子堂乡侯国所在）。地望无考。以理度之，栗乡、西阳当在橐县以西之东平、山阳交界附近。《汉志》东平国有无盐、东平陆等七县。宣帝甘露二年之东平国当为此七县地与五侯国之和。景中六年至武帝元鼎六年之济东国封域同此，唯武帝天汉四年至宣帝甘露二年的大河郡需再加上宁阳、瑕丘两地。(《西汉诸侯王国封域变迁考·梁国考》，载《中华文史论丛》1982年第3辑)

⑧【汇注】

　　司马迁：山阳哀王定者，梁孝王子，以孝景中六年为山阳王。九年卒，无子，国除，地入于汉，为山阳郡。(《史记·梁孝王世家第二十八》)

　　班　固：五月丙戌，哀王定以孝王子立。九年薨，亡后。(《汉书·诸侯王表第二》)

　　张守节：《地理志》云景帝中六年别为山阳国，属兖州。(《史记正义·孝景本纪》)

徐天麟：山阳郡，汉初属梁国。景帝中六年，分梁为五国，别为山阳国，以封梁孝王子定。武帝建元五年，国除为郡。天汉四年更为昌邑国。昭帝元平元年，复为山阳郡。(《西汉会要》卷六十四《方域一·郡国沿革》)

胡三省：山阳国即山阳郡。(见《资治通鉴》卷十六《汉纪八》注)

王　恢：山阳国，定。都昌邑，山东金乡县西北四十里。武帝建元五年(前136)，定卒，无子，国除为山阳郡。……《汉志》山阳郡，县二十三。(《史记本纪地理图考·景帝本纪》)

周振鹤：山阳国(昌邑国)，景帝中六年，分梁置山阳国，封梁孝王子定。武帝建元五年，定无后国除为山阳郡(见《梁孝王世家》)。元朔中，薄县由梁国削来。元朔三年，得鲁王子侯国二：瑕丘、宁阳。天汉四年，以山阳郡置昌邑国，封子髆为昌邑哀王，宁阳、瑕丘侯国别属大河郡。昭帝元平元年，昌邑国除为山阳郡。宣帝甘露二年，瑕丘侯国复来属(是年大河郡置为东平国)。元帝建昭元年，得梁敬王子侯国五：中乡、郑、黄、平乐、甾乡。此后因山阳再度置国，侯国曾改属，不另注明。建昭五年，复置山阳国，济阳王康徙此。成帝河平二年，置城都侯国封王商，二千户。后又益二千户。河平二年山阳为国，封王商应以汉地，是否封于济阴而后改隶山阳？河平四年，山阳王徙定陶，国除为郡。鸿嘉元年，得东平思王子侯国：栗乡。永始三年，得梁荒王子侯国：曲乡。元延元年，得东平思王子侯国：西阳。《汉志》山阳郡领县廿三。始封之山阳国应无瑕丘等十王子侯国及薄县。(《西汉诸侯王国封域变迁考·梁国考》，载《中华文史论丛》1982年第3辑)

⑨【汇注】

司马迁：济阴哀王不识者，梁孝王子，以孝景中六年为济阴王。一岁卒，无子，国除，地入于汉，为济阴郡。(《史记·梁孝王世家第二十八》)

班　固：五月丙戌，哀王不识以孝王子立。(七)[二]年薨。亡后。(《汉书·诸侯王表第二》)

张守节：《地理志》云景帝中六年别为济阴国，属兖州。按：今曹州是也。(《史记正义·孝景本纪》)

徐天麟：济阴郡，汉初属梁国。景帝中六年，别为济阴国。武帝建元三年，国除，为郡。宣帝甘露二年，更名定陶国。明年，复为郡。成帝河平四年，复为定陶国。哀帝建平二年，复为济阴郡。(《西汉会要》卷六十四《方域一·郡国沿革》)

胡三省：济阴国即济阴郡。(见《资治通鉴》卷十六《汉纪八》注)

王　恢：济阴国，不识。都定陶。一岁卒，无后，国除为郡。宣帝甘露二年更置为定陶国，十月，立皇子嚣。黄龙元年徙楚，国除复为济阴郡。……《汉志》济阴郡，县九。县虽少，而户口高居百三郡国中第九位。(《史记本纪地理图考·景帝本纪》)

周振鹤：济阴国（定陶国），景帝中六年，分梁置济阴国，封孝王子不识，是为哀王。后元年，"（哀王）卒，无子，国除，地入于汉为济阴郡"（《梁孝王世家》）。宣帝甘露二年，以济阴郡置定陶国，封子嚣。黄龙元年，定陶王徙楚，国除为郡。元帝建昭五年，原梁国别属山阳之黄、甾乡侯国来属（因山阳该年置国）。成帝河平四年，复置定陶国，山阳王徙此，是为定陶共王。黄、甾乡侯国复属山阳郡。《汉志》济阴郡九县。其实此九县乃元延末定陶国属。《汉志》济阴郡名乃据元始二年户口籍而来，此情形与广平，信都同。哀帝建平二年定陶王景徙信都，国除为济阴郡，至元始二年不变。又居延汉简有"田卒济阴廪丘东□"。廪丘于《汉志》属东郡。不知是先属济阴，后改隶东郡，抑或反之？观廪丘以东有梁山，即梁孝王狩猎之良山（《梁孝王世家》），本属梁，于《汉志》亦属东郡。因此大体可推断东郡之寿良至廪丘一带应当原属梁地，亦即廪丘先为济阴郡属，后方改隶东郡。（《西汉诸侯王国封域变迁考·梁国考》，载《中华文史论丛》1982年第3辑）

⑩【汇注】

班　固：分梁为五国，立孝王子五人皆为王。（《汉书·景帝纪第五》）

司马光：冬，十月，梁王来朝，上疏欲留；上弗许。王归国，意忽忽不乐。……夏，四月，梁孝王薨。窦太后闻之，哭极哀，不食，曰："帝果杀吾子！"帝哀惧，不知所为；与长公主计之，乃分梁为五国，尽立孝王男五人为王；买为梁王，明为济川王，彭离为济东王，定为山阳王，不识为济阴王；女五人皆食汤沐邑。奏之太后，太后乃说，为帝加一餐。（《资治通鉴》卷十六"景帝中六年"）

胡三省：梁仍都睢阳。济川国在陈留、东郡之间。济东国后入汉为大河郡，后又为东平国。山阳国即山阳郡。济阴国即济阴郡。济，子礼翻。（见《资治通鉴》卷十六"景帝中六年"注）

程馀庆：立其子买为梁王。（《历代名家评注史记集说·孝景本纪》）

周振鹤：《汉书·高纪》：汉"五年冬十月"，高帝许以"取睢阳以北至谷城皆以王彭越。春正月下令曰："魏相国建城侯彭越……其以魏故地王之，号曰梁王，都定陶"。《汉志》云：梁国，故秦砀郡，高帝五年为梁国。秦于故魏地置有东、砀二郡，东郡置于始皇五年攻魏取二十城之后（《始皇本纪》），砀郡置于始皇二十二年取大梁灭魏之后（《睢水注》）。魏大梁于《汉志》为浚仪，属陈留郡；睢阳《汉志》为梁都，定陶为济阴郡治；谷城在东平国北，属东郡，于是彭越之梁国大体方位已定。

《汉书·高纪》：十一年"三月，梁王彭越谋反，夷三族"，"立子恢为梁王"，"罢东郡，颇益梁"。可见刘恢之梁国，领东、砀二郡，全有魏之故地。《史记·吕太后本纪》：七年二月"徙梁王恢为赵王，吕王产徙为梁王，……更名梁曰吕"。八年八月"朱虚侯已杀产，……徙济川王王梁"，后九月诛灭梁王。文帝元年，梁王既诛，梁国当除为东、砀二郡。《史记·文纪》：二年三月，"立子揖为梁王"，此时之梁国仅有砀郡。

《史记·诸侯王表》："文帝十二年，淮阳王武徙为梁王。"武之梁国比揖多淮阳郡北边三城。文帝十一年，梁王揖死，无后。文帝次子武已为淮阳王，三子参为代王，更无他子可继王梁地。当时，中央朝廷势力还不够强大，只能用以亲制疏的方法与各诸侯王国相颉颃。梁王揖一死，形势正如贾谊所讲："陛下所以为藩扞，及皇太子之所持者，唯淮阳、代二国耳。代北迎匈奴，与强敌为邻能自完则足矣。而淮阳之比大诸侯仅如黑子之著面，适足以饵大国矣，不足以有所禁御。"为了加强大宗的势力，贾谊提出两策："愚计，愿举淮南地以益淮阳，而为梁王立后，割淮阳北边二、三列城与东郡以益梁（按：可见文帝十一年以前刘揖之梁国无东郡）；不可者，可徙代王而都睢阳，梁起于新郪以北著之河，淮阳包陈以南揵之江，则……梁足以扞齐赵，淮阳足以禁吴楚。""文帝于是从谊计，乃徙淮阳王武为梁王，北界泰山，西至高阳，得大县四十余城。"（引文皆见《汉书·贾谊传》）文帝不敢全用贾策，而是加以变通。由《史记·诸侯王表》：文帝十一年，淮阳王"徙梁，为郡"。与《汉书·邹阳传》"壤子王梁代，益以淮阳"的记载相对照，可知淮阳并未全益梁国，而是如贾谊所说割北边二、三列城益之而已，其余大部分地仍为淮阳郡。二、三列城估计为襄邑、儶县、宁陵。此时之东郡当然仍属汉，否则孝王之梁当不止四十余城矣。《史记·景纪》：中六年四月，梁孝王薨。"立梁孝王子明为济川王，子彭离为济东王，子定为山阳王，子不识为济阴王，梁分为五。"（《西汉诸侯王国封域变迁考·梁国考》，载《中华文史论丛》1982年第3辑）

编者按：梁孝王武薨，其子五人，共分梁地为五，除济川王明、济东王彭离、山阳王定、济阴王不识外，尚有梁王买，系武长子，自乘氏侯进封梁王，都睢阳。

【汇评】

吕祖谦：尽封其子，所以慰太后之心；瓜分其地，所以析尾大之势。（《大事记解题》卷十一）

刘 沅：帝因太后哀泣，王梁五子，其孝敬有可录也，抑犹有憾焉。太后既钟爱梁王，何不封以王，优其礼，使常得见太后，而必封以地，宠以非礼，长其骄纵！舜之封象也，且令其源源而来，以尽亲亲之谊矣。（《史存》卷九《孝景本纪》）

董平均：景帝中六年，梁孝王病死，……景帝于是与长公主商量，将梁分为五国，立梁孝王五子为诸侯王，他们是：梁王刘买、济川王刘明、济东王刘彭离、山阳王刘定和济阴王刘不识……从此梁国被分裂为五。"富贵骄淫之子，童心未改，皆使南面君人，坐待其陷于非辟，以易为禠爵"，其后，济阴、山阳、济川皆以无子或"坐射杀中尉"国除为郡，只有梁和济东二国传国稍长，此乃"阳予阴夺之术"也。我们知道，七国之乱以后，"皇子始立者，大国不过十余城，小侯不过数十里"，梁国却"居天下膏腴地，北界泰山，西至高阳，四十余城，多大县"，显然违背了景帝的封国原则。将梁分为五国，每国仅八、九城，正是贾谊所谓"力少则易使以义，国小则无邪心"的体现，文帝曾运用这一原则分齐、淮南，景帝继承文帝的分国原则分梁，即非首创，更不是为了"破格优待"梁王的后代，其惟一目的就在于"削藩"。（《出土秦律汉律所见封君食邑制度研究》第四章《诸侯王国在两汉时期的隆替更迭》）

古永继：景帝分梁为五，是在太后过分悲痛情况下，出于安慰她，也是为了自己"将功补过"，而对梁王后代采取的破格优待措施，诸国所分，与削藩政策是无关的。……因此，不管是文帝还是景帝的分国，都只是对宗室的一种例外恩典。齐王、淮南王、梁王由于与皇帝或太后有着某种特殊的关系，因而为其子孙取得了这种特权；而楚王与皇室关系一般，则未能享受这种待遇；吴王带头谋反，索兴被断绝了奉祀香火。……诚然，文、景的分国，客观上也起到了削弱诸侯王势力的一定作用，但这不是他们的主观动机，所以不能把它说成是统治者采取的削藩措施，这正如刘邦封同姓王是为屏藩皇室，但最后却走到了反面一样，不能由此就认为刘邦把分裂割据作为他的基本国策。（《文、景分国为"削藩"辨》，载《人大复印材料·先秦、秦汉史》1984年第1期）

又：《史记》《汉书》中出现的史、论矛盾，是由于班、马二人过分注重分国的客观作用，而忽视了它产生的原因。他们既想按历史的真迹来描述事件，又想把事件的发展纳入自己划好的框框。凑巧的是，贾谊死后出现的分国情况，与他生前的削藩主张恰甚相似，这就使他们很自然地把削藩与分国联系在一起。司马迁时此弊还不太突出。班固时则推到了极端。《汉书·贾谊传》云：贾谊死后四年，"齐文王薨，亡子。文帝思贾生之言，乃分齐为六国，尽立悼惠王子六人为王；又迁淮南王喜于城阳，而分淮南为三国，尽立厉王三子以王之"。这就把贾谊对分王的态度完全歪曲了。自《史记》《汉书》把文、景的分国与武帝的推恩相提并论后，后人在讲汉代削藩措施时，总要上溯到文帝头上。实际上，文、景的分国与削藩并没有必然联系，我们应该恢复历史的本来面目。（同上）

⑪【汇校】

梁玉绳：按：梁孝王子五人，此不数乘氏侯买者，买嗣梁王故也。而四人中惟明封桓邑侯，余三人未尝为侯。此言"封四侯"误，当作"封五王"，《汉纪》云"分梁为五国，立孝王子五人皆为王"。（《史记志疑·孝景本纪》）

王叔岷：案：《梁孝王世家》云："乃分梁为五国，尽立孝王男五人为王。"《汉书·梁孝王传》《通鉴》并同。《汉纪》作："乃分梁为五国，尽封梁孝王男五人。"并可证此"封四侯"之误。惟上文仅书立梁孝王子明、彭离、定、不识四人为王，不书立买为王。如梁氏所云："梁孝五子五人，此不数乘氏侯买者，买嗣梁王故也。"则"封四侯"似当作"封四王"，乃与上文相应。如当作"封五王，"则上文"立梁孝王"下，似当补"立买为梁王"五字，文乃相继。《梁孝王世家》并书立买、明、彭离、定、不识五人为王，《通鉴》同，可定。(《史记斠证·孝景本纪》)

【汇注】

刘定山、龚浩康：封四侯，据《汉书·景帝本纪》载："梁王薨，分梁为五国，立孝王子五人皆为王。"与此处记载不一。所立五人，即梁王刘买、济川王刘明、济东王刘彭离、山阳王刘定、济阴王刘不识。(见王利器主编《史记注译·孝景本纪》)

韩兆琦：按：《梁孝王世家》云："梁王薨，乃分梁为五国，尽立孝王男五人为王：长子买为梁王，子明为济川王，子彭离为济东王，子定为山阳王，子不识为济阴王。"将梁国原来的地盘一分为五，化整为零，即贾谊《治安策》所谓"众建诸侯而少其力"。景帝之所以首先从其胞弟之封国动手，盖因梁孝王生前对汉景帝的威胁太大了。(《史记笺证·孝景本纪》)

⑫**【汇注】**

徐天麟：廷尉，秦官，掌刑辟，有正、左右监，秩皆千石。景帝中六年更名大理，武帝建元四年复为廷尉。(《西汉会要》卷三十一《职官一·廷尉》)

吕祖谦：《百官表》：武帝建元四年，复为廷尉。(《大事记解题》卷十一本注)

王应麟：廷尉，秦官，掌刑辟。景帝中六年，更名大理。武帝建元四年，复为廷尉。哀帝元寿二年，复为大理。《表》廷尉，高帝五年，义渠始为之。王莽曰作士。(《玉海》卷一百二十三《汉廷尉》)

梁章钜：廷尉，《册府元龟》：秦制，廷尉，掌刑部。颜师古《汉书注》云："廷，平也。治狱贵平，故以为号。"《张释之传》："释之曰：廷尉，天下之平也。"《后汉·光武纪》："上听狱必质于朝廷，与众共之。尉，平也，故称廷尉。"按：廷尉，秦官，汉景帝中六年更名大理。武帝建元四年，复为廷尉，哀帝元寿二年，复为大理。(《称谓录》卷十七《大理寺职官古称》)

又：大理，《韩诗外传》晋文公使李离为大理。(同上)

又：理，《礼·月令》"命理瞻伤察创视折审断决狱讼必端平。"郑《注》："理，治狱官也。有虞曰士，夏曰大理，周曰大司寇，《左》昭十四年叔鱼摄理。"按：古者刑狱之职，通称为理。理，士官也。《国语·晋语》，生子舆为理。(同上)

梁玉绳：按：《汉纪》改诸官名在中六年十二月，此书于四月以后，而所改官名又不尽载，何欤？且所载多讹，俱说见后。(《史记志疑·孝景本纪》)

程馀庆：建元四年，复为廷尉。(《历代名家评注史记集说·孝景本纪》)

⑬【汇校】

　　编者按：《艺文类聚》卷四十九"将作"引《汉旧仪》曰："将作大将，改作少府，景帝中六年更名也。"与此相反。

【汇注】

　　徐天麟：将作少府，秦官，掌治宫室，有两丞，左右中侯。景帝中六年更名将作大匠。属官有石库、东园主章，左右前后中校七令丞，又主章长丞。（《西汉会要》卷三十一《职官一·将作大匠》）

　　王应麟：将作少府，秦官，掌治宗室。景帝中六年更名将作大匠。《志》大匠一人，三千石，掌修作宗庙、路寝、宫室、木土之功，并树桐梓之类，列于道侧。（《玉海》卷一百二十四《汉将作少府》）

　　梁章钜：将作大匠，《汉·百官公卿表》"将作少府，秦官，掌治宫室。有两丞，左右中侯"。景帝中六年，更名将作大匠。属官有石库、东园主章，左右前后分校七令、丞。又立章长丞。武帝太初元年更名东园主章，为木工。如淳曰："章，谓大材也。旧将作大匠之材，吏名章曹掾。师古曰：今所谓木钟者，盖章声之转耳。东园主章掌大材以供东园大匠也。"按：内务府营造司之木库，库掌二人，副库掌二人，库守十有二人，掌供木材，即汉之东园主章长丞矣。据此，则营造司直年大臣即古之将作大臣也。（《称谓录》卷十九《营造司》）

　　又："大匠卿""匠卿"，《隋书·百官志》，大匠卿掌水土之工，又曰匠卿。按：即今营缮司。（《称谓录》卷十七《营缮司》）

　　王　辉：泰匠丞印，见《考古与文物》1997年第一期第45页图61，《汉书·百官公卿表》："将作少府，秦官，掌治宫室，有两丞、左右中侯。景帝中六年更名将作大匠。"依其说，则大匠之名汉景帝中六年（前144年）以后始有。但《秦代陶文》拓片783、785瓦文有"大匠"，足见秦代已有大匠一职，汉初可能改为将作少府，景帝中六年又改将作大匠。（《新出土秦封泥选释》，载《秦文化论丛》第6辑）

　　又：匠名古已有之，（《周礼·考工记·匠人》："匠人建国，水地以县……匠人营国，方九里，旁三门。"是营建宫室城郭沟洫之官。睡虎地秦简《徭律》："度攻（功）必令司空与匠度之，毋独令匠。"简文说估算工程量，必须由司空和匠人一起估算，不得单令匠人估算，可见匠人主持工程。陶文有大匠，当与始皇陵之修建有关。《封泥汇编》17.1有汉"大匠丞印"封泥，"泰"作"大"，无界格。（同上）

　　王学理：负责陵园地面和地宫建筑的施工、工程用材的生产与供应。秦有"将作少府"，是大型宫殿建筑工程的中央领导部门，《汉书·百官公卿表》说它的职能是"掌治宫室"。而《后汉书·百官志》具体成"掌修作宗庙、路寝、宫室、陵园土木之工，并树桐梓之类于道侧"。这就说，将作大匠主管的工程内容不仅限于"掌治宫室"，还包括了庙、寝、宫、陵和路旁绿化工程在内。汉景帝六年（前151）把它改成"将作大匠"，显然是同建造阳陵有关。在秦始皇陵园出土的砖瓦上有很多带"大"字的印戳，如"大匠""大""匠""大瓦""大水""大颠"等，都是"将作大匠"的省文。这也表明"将作大匠"早在秦代已有设立，同"将作少府"并存着，只是偏重于建筑工程的砖瓦生产和供应罢了。如果说汉景帝改"将作少府"为"将作大匠"的话，我以为他实际上是撤销了"将作少府"，把它的职能交给了"将作大匠"。由此不难看出，这既是扩大了"将作大匠"的管理范围，也强调它在陵墓工程中的重要地位。其属官有石库、东园主章等7个令丞。石库是主管石材的官职。东园主章是木工之长，按颜师古的解释是"掌大材，以供东园大匠也"。汉景帝阳陵铜器上发现有"东园主章"的刻文，说明将作大匠下属这一官职不仅是管木材的木工，还掌管着一部分铜器的制作任务。（《汉景帝与阳陵》卷一《汉景帝其人·安寝阳陵》）

⑭【汇注】

　　裴　骃：《汉书·百官表》曰："主爵中尉，秦官，掌列侯。"（《史记集解·孝景本纪》）

　　吕祖谦：《百官表》：主爵中尉，秦官，掌列侯。景帝中六年，更名都尉。武帝太初元年，更名右扶风，治内史右地。按：武帝元光四年，窦婴、田蚡廷辩，主爵都尉是魏其，然则景帝虽改为都尉，至武帝世即改为右扶风。故记载尚仍旧名。志其都尉之称。亦如廷尉暂改为大理，《汉书》亦未尝称为大理也。（《大事记解题》卷十一本注）

　　王应麟：主爵都尉，秦官，掌列侯。景中六年更名都尉。武太初元年，更名右扶风，治内史右地，与左冯翊、京兆尹是为三辅，秩二千石。注服虔曰："皆治在长安城中。"师古曰："《三辅黄图》云：京兆在尚冠前街，东入故中尉府；冯翊在太上皇庙西入；右扶风在夕阴街北，入故主爵府。长安以东为京兆，长陵以北为左冯翊，渭城以西为右扶风。"（《玉海》卷一百二十四《汉内史》）

　　程馀庆：太初元年，更名右扶风。（《历代名家评注史记集说·孝景本纪》）

⑮【汇注】

　　班　固：少府，秦官，掌山海池泽之税，以给供养。（《汉书·百官公卿表第七上》）

　　裴　骃：《汉书·百官表》曰："詹事，秦官，掌皇后太子家。"应劭曰："詹，省也，给也。"瓒曰："《茂陵书》詹事秩二千石。"张晏曰："以太后所居宫为名。长信宫则曰长信少府，长乐宫则曰长乐少府。"（《史记集解·孝景本纪》）

　　颜师古：应劭曰："名曰禁钱，以给私养，自别为藏。少者小也，故称少府。"师古曰：大司农，供军国之用，少府以养天子也。（《汉书注·百官公卿表第七上》）

吕祖谦：《百官表》，长信詹事掌皇太后官。景帝中六年，更名长信少府。平帝元始四年，更名长乐少府。张晏曰："以太后所居宫为名也。居长信宫官，则曰长信少府，居长乐宫官，则曰长乐少府也。"应劭曰："詹，省也。给也。"瓒曰："《茂陵书》：詹事，秩真二千石。"（《大事记解题》卷十一本注）

徐天麟：詹事，秦官，掌皇后、太子家，有丞。属官有太子率更、家令丞，仆、中盾、卫率、厨厩长丞。又中长秋、私府、永巷、仓、厩、祠祀、食官令长丞。诸宦官皆属焉。（《西汉会要》卷三十二《职官二·詹事》）

王应麟：詹事，秦官，掌皇后、太子家。又中长秋私府、永巷仓厩、祠祀食官令、长丞诸宦官皆属焉。……长信詹事，掌皇太后宫，景中六年更名长信少府。平帝元始四年，更名长乐少府。（《玉海》卷一百二十四《汉大长秋》）

梁章钜："长信詹事""长信少府""长乐少府"，杜氏《通典》：汉有长信詹事，掌皇太后宫。景帝六年，更名长信少府。平帝元年，更名长乐少府。职如长秋，位在长秋上，及职吏，皆宦者也。（《称谓录》卷十一《太监古称》）

刘定山、龚浩康：长信詹事，官名，在长信宫（皇太后的住所）掌管皇太后事务的官员。（见王利器主编《史记注译·孝景本纪》）

周晓陆：《汉·表》詹事属官有"祠祀长丞"。又：《汉·表》载奉常属官太祝，西汉景帝中六年更名为"祠祀"，恐与之无干。秦简《睡黑》记："为惊祠祀。"汉印见《征存》"沛祠祀长"。汉封泥见《续封》《建德》"齐祠祀长"。《满城》"中山祀祠"。（《西安出土秦封泥补读·祀祠》，载《考古与文物》1998第2期）

⑯【汇校】

吴汝纶：《通志》"行"作"作"。（《点勘史记读本·孝景本纪》）

【汇注】

裴　骃：《汉书·百官表》曰："将行，秦官。"应劭曰："长秋，皇后卿。"（《史记集解·孝景本纪》）

吕祖谦：《百官表》："将行，秦官。景帝中六年，更名大长秋。或用中人，或用士人。成帝鸿嘉三年，省詹事官，并属大长秋。《后汉·百官志》本注曰：秦有詹事一人，位在长秋上，亦宦者主中诸官。成帝省之。然则长信詹事、少府，亦多用宦者也。秩二千石。（《大事记解题》卷十一本注）

徐天麟：长信詹事，掌皇太后官。景帝中六年更名长信少府。平帝元始四年更名长乐少府。（《西汉会要》卷三十二《职官二·长信詹事》）

又：将行，秦官。景帝中六年更名大长秋（师古曰："秋者，收成之时。长者，长久之义。故以为皇后官名。"）或用中人，或用士人。（《西汉会要》卷三十二《职官二·大长秋》）

王应麟：将行，秦官，景帝中六年更名大长秋。或用中人，或用士人。《志》大长秋一人，二千石。宫卿之位。中兴常用宦者，职掌奉宣中宫命。凡给赐宗亲及宗亲当谒见者，关通之，中宫出则从。丞一人，六百石；中宫仆一人，千石，主驭；中宫谒者令一人，六百石；谒者三人，四百石，主报中章；中宫尚书五人，六百石，主中文书；私府令一人，六百石，主中藏币帛诸物，丞一人；永巷令一人，六百石，主宫人，丞一人。（《玉海》卷一百二十四《汉大长秋》）

杨　侃："长信詹事，掌皇太后宫。景帝更名长信少府"。张晏曰："以太后所居宫为名也。居长信宫，则曰长信少府；居长乐宫，则曰长乐少府也。"（《两汉博闻》卷七《长信少府》）

又：师古曰："秋者，秋成之时。长者，恒久之义。故以为皇后官名。景帝时置，皇后卿也。"（《两汉博闻》卷七《大长秋》）

梁章钜：大长秋，历代沿革，汉有常侍，赞导内事。魏有大长秋。（《称谓录》卷十一《太监古称》）

刘定山、龚浩康：将行，官名，掌管传达皇后意旨与皇后宫中事务，是皇后的近侍人员，大多由宦官充任。（见王利器主编《史记注译·孝景本纪》）

⑰【汇注】

裴　骃：服虔曰："天子死未有谥，称大行。"晋灼曰："礼有大行、小行，主谥官，故以此名之。"如淳曰："不反之辞也。"瓒曰："大行是官名，掌九仪之制，以宾诸侯。"（《史记集解·孝景本纪》）

司马贞：按：郑玄曰"命者五，谓公、侯、伯、子、男，爵者四，孤、卿、大夫、士，是九也"。（《史记索隐·孝景本纪》）

梁玉绳：按：《百官表》行人为典客属官，景帝改典客为大行令，未尝改大行为行人也。大行即大行令，省不言令也。（《史记志疑·孝景本纪》）

梁章钜："大行令""大鸿胪"，《汉书·百官表》典客，景帝中六年更名大行令。武帝太初元年更名大鸿胪。《太平御览》引韦昭《辨释名》云：腹前肥者胪，言以京师为心腹，王侯外国为四体以养之也。《辨》云：鸿胪本故典客，掌宾礼。鸿，大也；胪，陈序也，欲以陈序宾客也。（《称谓录》卷十七《理藩院》）

又："大行人""小行人"，《周礼·秋官》，大行人掌大宾之礼及大客之仪，以亲诸侯。小行人掌邦国宾客之礼，籍以待四方之使者。郑注：大宾，要服以内诸侯、大客谓其孤卿。贾《疏》言，要服以内诸侯者，对要服以外为小宾蕃国，世一见是也。（同上）

又："行人"，《管子·侈靡》，"行人可不有私"。注"行人，使人也"。（《称谓录》卷二十六《快脚》）

⑱【汇校】

梁玉绳：按：《百官表》奉常，秦官，景帝中六年更名太常，故《汉书·表》《传》中凡未更名之先多称奉常。而《史记》概称太常，如高帝拜叔孙通为太常之类，从不称奉常，岂非以后之制加前之人耶？然考唐玄宗《六典》云"汉高名曰太常，惠帝复曰奉常，景帝又曰太常"。《艺文类聚》四十九引《汉官典职》同，据此则非追书之词矣。疑《史》《汉纪》《表》但标大略，不甚分晰耳。又《百官表》景帝是年改太常属官太祝为祠祀，此阙。（《史记志疑·孝景本纪》）

【汇注】

裴　骃：《汉书·百官表》曰："奉常，秦官，掌宗庙礼仪。"（《史记集解·孝景本纪》）

徐天麟：奉常，秦官，掌宗庙礼仪，有丞。景帝中六年，更名太常。属官有太乐、太祝、太宰、太史、太卜、太医六令丞。又均官、都水两长丞。又诸庙寝园食官令长丞。有廱太宰、太祝令丞，五畤各一尉。又博士及诸陵县皆属焉。（《西汉会要》卷三十一《职官一·太常博士》）

王应麟：奉常，秦官，掌宗庙礼仪。……景帝中六年更名太常（师古曰："太常，王者旌旗画日月，王有大事则建以行，礼官主奉持之，故曰奉常，后改太常，尊大之义。"应劭曰："欲令国家盛大常存，故称太常。"……）奉常，高帝七年叔孙通（始为之）；太常，景帝中六年吴利（始为之……），莽改太常曰秩宗。（《玉海》卷一百二十三《汉奉常》）

又：《唐六典》：汉高名曰太常，惠帝复曰奉常，景帝又曰太常（……《汉官典职》亦云：惠帝改太常为奉常）。（同上）

丘　濬：太常名官始此。按：太常，在唐虞为秩宗，兼典乐之任也。周曰宗伯，掌邦礼；秦改曰奉常，汉初名太常，未几又为奉常；至是更为太常，遂为一定之制。太常者，王者旌旗也，王有大事则建以行礼。太者，尊大之义。（《世史正纲》卷三《汉世史·孝景皇帝》）

马非百：奉常，周为春官宗伯，掌邦礼。秦改奉常。汉初曰太常。颜师古曰："太常，王者旌旗也。画日月焉。王有大事，则建，以行礼官主奉持之，故曰奉常。掌宗庙礼仪。"有丞一人，属官有太乐、太祝、太宰、太史、太卜令丞。又博士亦属焉。（《秦集史·职官志·奉常》）

编者按：袁仲一在《秦代金文、陶文杂考三则》（载《考古与文物》1982年第4期）一文中认为：汉代的诸帝王陵的陵园内都设有一套官吏，即每陵设陵令、园令各一人，另有丞及校长各一人，食官令长丞等，属于奉常。

⑲【汇注】

司马贞：韦昭云："大行，官名，秦时云典客，景帝初改云大行，后更名大鸿胪，武帝因而不改，故《汉书·景纪》有大鸿胪。《百官表》又云武帝改名大鸿胪。鸿，声也。胪，附皮。以言其掌四夷宾客，若皮胪之在外附于身也。复有大行令，故诸侯薨，大鸿胪奏谥，列侯薨，则大行奏谥。"按：此大行令即鸿胪之属官也。（《史记索隐·孝景本纪》）

吕祖谦：景帝废太子荣，盖由大行请立栗姬为皇后。敢请立皇后，必非典客之属官。则改典客为大行，当在废立太子之前。又《百官表》：典客，景帝中六年更名大行令。武帝太初元年，更名大鸿胪。然景帝中二年，诸侯王薨，大鸿胪奏谥谏策，复与《表》不同，二者皆当考。（《大事记解题》卷十一本注）

王应麟：《表》：典客，秦官，掌诸侯归义蛮夷。景帝中六年，更名大行令（《史记》无"令"字），武帝太初元年更名大鸿胪。《表》典客，高五年薛欧（始为之……）。（《玉海》卷一百二十三《汉大鸿胪、典客》）

施之勉：按：《汉书·百官表》：典客，景帝中六年更名大行令。（《史记会注考证订补·孝景本纪第十一》）

刘定山、龚浩康：典客，官名，掌管接待四方边境各族来朝人员事务，为"九卿"之一。（见王利器主编《史记注译·孝景本纪》）

⑳【汇校】

梁玉绳：《百官表》景帝后元年更名大农令，此在中六年，小异。大农即大农令。（《史记志疑·孝景本纪》）

【汇注】

裴　骃：《汉书·百官表》曰："治粟内史，秦官，掌谷货也。"（《史记集解·孝景本纪》）

吕祖谦：《百官表》：治粟内史，秦官，掌谷、货。景帝后元年，更名大农令，武帝太初元年，更名大司农。（《大事记解题》卷十一本注）

王应麟：《表》：治粟内史，秦官，掌谷货。景帝后元年更名大农令（惠始为之……），武帝太初元年更名大司农，莽改曰羲和，后更为纳言。（《玉海》卷一百二十三《汉治粟内史》）

施之勉：按：《汉书·百官表》：治粟内史，秦官，掌谷货也。（《史记会注考证订补·孝景本纪第十一》）

刘定山、龚浩康：治粟内史，官名，掌管国家租税、钱谷、盐铁和财政收支，为"九卿"之一。（见王利器主编《史记注译·孝景本纪》）

周晓陆：《汉·表》记："治粟内史，秦官，掌谷货。属官有太仓、均输、平准、都内、籍田五令丞。"《史记·孝景本纪》记中元六年更名"治粟内史为大农。以大内为三千石，置左右内官，属大内"。《集解》引韦昭曰："大内，京师府藏。"又：《索隐》："主天子之私财物曰少内，少内属大内也。"汉武帝时大内改称都内。《睡虎·金布律》："都官输大内，内受买之，尽七月而毕。都官远大内者输县，县受买之。""已禀衣，有余褐十以上，输大内，与计偕。""在咸阳者致其衣大内，在它县者致衣从事之县。县、大内皆听其官致，以律禀衣。"（《西安出土秦封泥补读·秦内丞印》，载《考古与文物》1998年第2期）

㉑【汇注】

裴　骃：韦昭曰："大内，京师府藏。"（《史记集解·孝景本纪》）

刘定山、龚浩康：大内，官名，掌管京城仓库。二千石，官名，因每年俸禄为二千石（月俸一百二十斛）而得名，地位相当于太守。（见王利器主编《史记注译·孝景本纪》）

㉒【汇注】

司马贞：主天子之私财物曰少内。少内属大内也。（《史记索隐·孝景本纪》）

吕祖谦：按：《前汉·百官表》：宗正之属有内官长丞。又云：初，内官属少府，中属主爵，后属宗正。韦昭曰：大内，京师府藏。以《律历志》考之，分寸尺丈引，职在内官，则韦昭之说是也。所谓大内者，特内官之长耳。（《大事记解题》卷十一《本注》）

于豪亮：大内，西汉初还有此官名。《史记·景帝纪》："以大内为二千石，置左右内官属大内。"《集解》引韦昭曰："大内，京师府藏。"《索隐》云："主天子之私财物曰少内。少内属大内也。"《汉书·严助传》："越人名为藩臣，贡酎之奉，不输大内。"应劭云："大内，都内也。国家宝藏也。"（《云梦秦简所见职官述略》，载《文史》第8辑）

又：王先谦《补注》引姚鼐《惜抱轩笔记》，讨论"大内"建置沿革，其说颇为精当，现转引于下："后人率称天子宫中为大内，误会此书之语，应、颜以官解之，是也。而即以大内为都内，则尚非也。盖武帝太初以后，国家谷货统于大司农，若汉初之制，则治粟内史自掌谷粟，大内自掌财货，故《史记·景帝纪》云：中六年以治粟内史为大农，以大内为二千石，置左右内官属大内，是大农、大内各为一职之征也。淮南上书在武帝建元三年，其时大内之官固在也，及后更定官制，裁大内之官，而左右内官之名亦去，更设均输、平准，都内之官，以领左右内官之旧职，而皆属于大司农，然则大司农诚掌谷货矣，若为治粟内史之时，但掌谷耳。"姚鼐认为，在西汉初期，大内掌财货，治粟内史管理农业，两者是平行的机构，大内并不隶属于治粟内史。后来治粟内史改名为大农令，武帝时又改为大司农，不仅管理农业，还管财政，说在

大司农下面设立都内之官，掌管财货。这种说法是正确的。（同上）

㉓【汇注】

　　张大可：七月辛亥，七月二十九日。（《史记全本新注·孝景本纪》）

㉔【汇注】

　　徐天麟：（编者按：景帝中）六年七月辛亥晦，日有食之，在轸七度。（《西汉会要》卷二十九《祥异上》）

　　朱　权：七月晦，日食，以应匈奴寇雁门、上郡。（《汉唐秘史》上《景帝》）

【汇评】

　　孔颖达：日食是阴侵阳，是阳不胜也。（引自《十三经注疏·春秋左传正义》卷第五十）

　　顾炎武：《春秋》昭公二十一年"秋七月，壬午，朔，日有食之。公问于梓慎曰：'是何物也？祸福何为？'对曰：'二至二分，日有食之，不为灾。日月之行也，分同道也，至相过也。其他月则为灾'。"非也。夫日月之在于天，莫非一定之数。然天象见于上，而人事应于下矣，为此言者，殆于后世以天变不足畏之说进其君者也。《汉书·五行志》亦知其说之非，而依违其间，以为食轻不为大灾，水旱而已。然则食重也如之何？是故日食之咎，无论分至。（《日知录集释》卷三十《日食》）

㉕【汇校】

　　梁玉绳：《汉纪》在六月。（《史记志疑·孝景本纪》）

【汇注】

　　荀　悦：六月，匈奴入雁门，至武威酒泉邑。入上郡，取苑马，吏卒战死者三千人。（《汉纪·前汉纪孝景皇帝纪卷九》）

　　司马光：六月，匈奴入雁门，至武泉，入上郡，取苑马；吏卒战死者二千人。陇西李广为上郡太守。（《资治通鉴》卷十六《景帝中六年》）

　　吕祖谦：按：《匈奴传》，孝景帝复与匈奴和亲，通关市给，遗匈奴遣公主如故约。终孝景时，小入盗边无大寇，然则今年与后二年之寇，皆非大入也。（《大事记解题》卷十一）

　　胡三省：雁门有句注之险。如淳曰："《汉仪注》太仆牧师诸苑三十六所，分布北边、西边，以郎为苑监，官奴婢三万人，养马三十万匹。"师古曰："武泉，云中县也。养鸟兽通名曰苑，故谓牧马处曰苑。"《食货志》："景帝始造苑马以广用。"（见《资治通鉴》卷十六《汉纪八》注）

　　朱东润：按：《汉书·景帝纪》作六月，匈奴入雁门至武泉，入上郡取苑马，吏卒战死者二千人。又按：《李将军传》言景帝中李广为上郡太守，匈奴大入上郡，疑即此年。（《史记考索·汉初匈奴大事年表》）

刘定山、龚浩康：上郡，郡名，辖今陕西省北部和内蒙古自治区河套以南地带，郡治为肤施（今陕西省榆林县东南）。（见王利器主编《史记注译·孝景本纪》）

[美]**狄宇宙**：司马迁的一些天人相关的思想展示了更早时期古老的神话性的理学要素，例如天的一部分与对应的地球一部分地区相互关联的分野思想体系。……目前的研究表明，司马迁是第一个跨越了中国政治和文化领域的界限，将中国之外，特别是北方游牧民族纳入相互关联的宇宙论结构之内的占星学家。

……司马迁还为我们呈现了具体的有关内亚的预言事例，将天文现象和自然现象联系在一起。……司马迁通过这种方法，使自秦帝国建立以来，特别是汉武帝采取了军事扩张政策以来的中国和内亚关系史上所发生的战败和取胜，就可以以当时知识精英们能够接受的方式予以记载。……将一件历史事件和观察到的天体"异常现象"联系起来的最"典型"的例子是下边一段话："（公元前114年）七月辛亥，日食。八月，匈奴入上郡。"在此将日食与匈奴的入侵相联系，从内容上来说，与下面两句话类似，这两句话表达了"警示"与事件之间的关系。（《古代中国与其强邻：东亚历史上游牧力量的兴起》第四章《驯服北方民族——司马迁史学思想中对于游牧民族的理性化态度》）

　　后元年冬①，更命中大夫令为卫尉②。三月丁酉③，赦天下，赐爵一级④，中二千石、诸侯相爵右庶长⑤。四月，大酺⑥。五月丙戌⑦，地动⑧，其蚤食时复动⑨。上庸地动二十二日⑩，坏城垣。七月乙巳⑪，日食⑫。丞相刘舍免⑬。八月壬辰⑭，以御史大夫绾为丞相⑮，封为建陵侯⑯。

① 【汇注】
　　章　衡：戊戌，后元年，五月，地震。七月乙巳晦，日有食之。条侯周亚夫下狱死。丞相桃侯刘舍免。八月，以御史大夫卫绾代之，封建陵侯。（《编年通载》卷三《汉·孝景皇帝》）
　　吕祖谦：不知改元之繇，当考。（《大事记解题》卷十一）
　　编者按：改元之由，当与"三月丁酉之赦天下，赐爵一级"之举联系考察。
　　丘　濬：后元年，人君三改元始此。（《世史正纲》卷三《汉世史·孝景皇帝》）

② 【汇校】
　　[日]**泷川资言**：考证："令"字各本缺，馆本据《汉书·百官表》补。梁玉绳

曰："令"字不可省，盖中大夫是别一官名，不比大行令、大司农之可称大行、大农也。愚按：《汉纪》不载。(《史记会注考证附校补·孝景本纪第十一》)

王叔岷：《考证》本补"令"字，是。惟岷所据馆本（即殿本）亦无"令"字。《汉纪》《通鉴》亦并不载。(《史记斠证·孝景本纪》)

【汇注】

张守节：《汉书·百官表》云："卫尉，秦官，掌宫闱门卫屯兵。景帝初，更命中大夫令，后元年，复为卫尉。"(《史记正义·孝景本纪》)

吕祖谦：所以更名中大夫令者，是时，中大夫必属卫尉也。(《大事记解题》卷十一本注)

刘定山、龚浩康：中大夫令，官名，掌管宫门警卫事务，并统辖南军。(见王利器主编《史记注译·孝景本纪》)

③【汇注】

张大可：三月丁酉，三月十九日。(《史记全本新注·孝景本纪》)

[日]**泷川资言**：枫、三、南化本"赐"下有"民"字。中井积德曰："民"字脱，汉书可征。(《史记会注考证附校补·孝景本纪第十一》)

④【汇注】

班　固：赐民爵一级。(《汉书·景帝纪第五》)

吕祖谦：以改元而行庆赐也。赐中二千石，诸侯相爵。如淳所谓"虽有尊官，未必有高爵，故赐之"，其说是也。苟官高而爵卑，一旦去官，虽徭役而不免也。(《大事记解题》卷十一)

⑤【汇注】

颜师古：右庶长，第十一级爵也。(《汉书注·景帝纪第五》)

刘定山、龚浩康：中二千石，官名。汉代内自九卿郎将，外至郡守郡尉，都是二千石。但分为中二千石、二千石、比二千石三等。一般称二千石者，年俸实为一千四百四十石。而中二千石者，年俸实为二千一百六十石，因已满二千石，故名。中，"满"的意思。(见王利器主编《史记注译·孝景本纪》)

⑥【汇注】

班　固：夏，大酺五日，民得酤酒。(《汉书·景帝纪第五》)

朱绍侯：景帝后六年（前143）"三月，赦天下，赐民爵一级，中二千石，诸侯相爵右庶长。夏，大酺五日，民得酤酒。"这又是由于改元而赐爵，除赐民爵之外，还赐官爵，但奇怪的是没有赐吏爵（即六百石以上赐爵五大夫之类），与赐爵相伴随的还有大酺五日，《史记·孝景本纪》记载与此相似，只是大酺的时间记为"四月"，比《汉书》具体一些。(《军功爵制研究·秦汉非军功赐爵诏令及说明》)

[日] 西嶋定生：（编者按：景帝后元年）"三月，赦天下，赐民爵一级，中二千石诸侯相爵右庶长，夏，大酺五日，民得酤酒。"这是因改元而赐爵。这次在赐民爵一级的同时，如前述，对中二千石和诸侯的相，给与右庶长之爵。不过，这里又明示出，是三月赐爵。而到夏天，才大酺五日；自中元三年以来是禁止卖酒的，这时开禁。该赐爵与大酺，乍一看似无关系；但《史记》孝景本纪同条记有："三月丁酉，赦天下，赐爵一级，中二千石、诸侯相爵右庶长。四月，大酺。"该赐爵，在三月丁酉，即三月十九日。《汉书·本纪》作为事例所示的"夏，大酺五日"一事在四月，所以，赐爵与大酺在时间间隔上并不那么大，似乎不能断定两者没有关系。（《中国古代帝国的形成与结构：二十等爵制研究》第二章《民爵赐与的方法及其对象》）

⑦【汇校】
裴　骃：徐广曰："丙，一作'甲'。"（《史记集解·孝景本纪》）
【汇注】
张大可：五月丙戌，五月初九日。（《史记全本新注·孝景本纪》）

⑧【汇注】
刘友益：书地震多矣，未有书动者。动者何？动而止者也。震久而动速也，震无数而动有数也。（见《御批资治通鉴纲目》卷四上《孝景皇帝·书法》）

⑨【汇注】
程馀庆：食时，辰也。（《历代名家评注史记集说·孝景本纪》）
刘定山、龚浩康：蚤食时，早饭时分。蚤，通"早"。（见王利器主编《史记注译·孝景本纪》）

⑩【汇校】
[日] 泷川资言：《汉纪》只云"五月地震"。（《史记会注考证附校补·孝景本纪第十一》）
【汇注】
刘定山、龚浩康：上庸，县名，治所在今湖北省竹山县西南。（见王利器主编《史记注译·孝景本纪》）

⑪【汇注】
张大可：七月乙巳，七月二十九日。（《史记全本新注·孝景本纪》）

⑫【汇注】
班　固：景帝三年二月壬午，晦，日有食之，在胃二度。七年十一月庚寅，晦，日有食之，在虚九度。中元年十二月甲寅，晦，日有食之。中二年九月甲戌，晦，日有食之。三年九月戊戌，晦，日有食之，几尽，在尾九度。六年七月辛亥，晦，日有食之，在轸七度。后元年七月乙巳，先晦一日，日有食之，在翼十七度。（《汉书·五

行志第七下之下》）

【汇评】

刘友益：景帝即位十有六年，日食者八，而又有日赤、日紫之异。西汉日食之数，莫如帝世者矣。（见《御批资治通鉴纲目》卷四上《孝景皇帝·书法》）

⑬【汇校】

吴汝纶：《汉纪》作"周"。（《点勘史记读本·孝景本纪》）

【汇注】

王钦若等：后元元年七月，丞相舍免。八月，御史大夫卫绾为丞相。卫尉直不疑为御史大夫。（《册府元龟》卷七一《命相一》）

【汇评】

权德舆：萧曹以清静熙帝载，良平以谟明赞王业。至宣帝之时，则魏相通故事、丙吉知大体，斯皆章章可言者也。洎夫张苍之律历，孙弘之文章，韦贤之好学，平当之有耻，然亦号为贤相抑次焉。至若孔匡、张马服儒衣冠，被阿谀之讥，不胜其任。最下则陶青、刘舍、庄翟、赵周之徒皆龊龊备位，故身名皆泯。夫此数子者，岂不粗知君臣之道，古今之变哉。病于无所发明保持禄位而已，有时无功可不谓大哀哉！（引自《历代名贤确论》卷四十七《汉之人臣》）

黄　震：晁错穿庙堧，嘉请诛之，不果，发愤死。自后刘舍、陶青辈宰相，备位而已。（《黄氏日钞》卷二《古今纪要》）

张　功：汉承秦制，对不能认真履行职责的官员以渎职罪处罚，最典型者是对三公的策免。西汉时期的丞相"掌承天子，助理万机"，天下治理出现问题时，往往会追究丞相的渎职罪。景帝后元元年"七月乙巳，日食。丞相刘舍免。"出现"日食"就是阴阳不和，原因在于丞相玩忽职守，没有协助天子完成协理阴阳的任务。又因为"刑不上大夫"观念的影响，对他们一般以免官或者自杀作为惩罚。（《秦汉犯罪控制研究》第九章《秦汉渎职犯罪的立法控制》）

⑭【汇校】

梁玉绳：按：后元年八月丙午朔，无壬辰，而此与《将相表》《百官表》皆作"壬辰"，疑。（《史记志疑·孝景本纪》）

崔　适：后元年，以御史大夫绾为丞相。案：各本下有"封为建陵侯"句，衍也。建陵侯用中尉封，在前六年春，至此八年矣。今正。（《史记探源·孝景本纪》）

牛运震："以御史大夫绾为丞相，封为建陵侯"。此即卫绾也。六年已封为建陵侯，此处不应复叙，当作"以御史大夫建陵侯绾为丞相"，可矣。（《读史纠谬·孝景本纪》）

张文虎：后元年，七月丙午，丞相舍死。八月壬辰，御史大夫卫绾为丞相。案：

丙午本八月朔，而当时以为七月晦。说已见前。然即以八月为丁未朔，亦不得有壬辰，非月误即日误。（《史》《表》《荀纪》并同。）（《舒艺室随笔》卷五）

施之勉：王益之曰：《史记大事记》《汉书·百官表》、荀氏《汉纪》并作"八月壬辰"。按长历，是月有丙辰、戊辰，无壬辰。（《史记会注考证订补·孝景本纪第十一》）

李人鉴：按：《汉书·景帝纪》作"秋七月乙巳，晦，日有蚀之"，《五行志》则云"后元年七月己巳，先晦一日，日有食之"。《百官公卿表》谓"后元年，七月丙午丞相舍免，八月壬辰御史大夫卫绾为丞相"。据《景帝纪》则七月无丙午，八月无壬辰；据《五行志》则七月丙午晦，八月亦无壬辰。疑绾之为丞相当在九月壬辰，此《纪》及《百官公卿表》"八月"乃"九月"之误。梁玉绳《史记志疑》谓此《纪》当云"以御史大夫建陵侯绾为丞相"，"建陵侯"三字当在"绾"字之上，衍"封为"二字。（《太史公书校读记（上）·孝景本纪》）

⑮【汇注】

班　固：上立胶东王为太子，召绾拜为太子太傅，迁为御史大夫。五岁，代桃侯舍为丞相。朝奏事如职所奏。然自初宦以至相，终无可言。上以为敦厚可相少主，尊宠之，赏赐甚多。为丞相三岁，景帝崩，武帝立。建元中，丞相以景帝病时诸官囚多坐不辜者，而君不任职，免之。后薨，谥曰哀侯。子信嗣，坐酎金，国除。（《汉书·万石卫直周张传第十六》）

司马贞：姓卫也。（《史记索隐·孝景本纪》）

顾锡畴：初，绾以中郎将事文帝，醇谨无他。上为太子时，召文帝左右饮，而绾称病不行。文帝且崩，属上曰："绾长者，善遇之。"故帝亦宠任焉。（《纲鉴正史约》卷六《汉景帝》）

【汇评】

刘　沅：汉兴，公卿无大贤，绾，不疑长者，尚可减帝刻深之弊。（《史存》卷九《孝景本纪》）

吕祖谦：按：本传绾代桃侯舍为丞相，朝奏事如职所奏（师古曰：言守职而已）。然自初宦以至丞相，终无可言。帝以为敦厚可相，少主尊宠之赏赐甚多。谯郡张氏曰：景帝称窦婴沾沾自喜，多易，不足以任宰相持重，乃相卫绾。夫自喜多易固不足以持重是也，而求持重者必如卫绾，则已甚矣。绾，车戏之贱士也，其椎鲁庸钝，偶似夫敦厚长者之形耳。夫敦厚之士，其用之也必有蒙其利者矣，岂谓其无是非可否，如偶人而已哉。苟以是为长者而用之，则世之持重者多矣。（《大事记解题》卷十一）

李开元：从第十四任之卫绾开始，丞相第一次由汉初军功受益阶层以外的人担当，其时代已在景帝末年。也就是说，西汉初年，从高帝到景帝末，丞相例由功臣列侯世袭担当，即非功臣列侯不能任相。……从汉初到文帝后元，已有四十余年，汉初军功受益阶层之第一代，非亡即老，健在能任事者已不多了，文帝有意改变功臣列侯任相之惯例，仍然办不到，还是只能在功臣中选任。申屠嘉景帝二年死，其时，第一代功臣已无健在者了，因惯例之余，由功臣列侯之第二代担任丞相。陶青，功臣开封侯陶舍子。周亚夫，周勃子。刘舍，功臣桃侯刘襄子。至景帝后元元年，方有非汉初军功受益阶层出身的卫绾任丞相。卫绾，代人，以郎事文帝，迁中郎将。景帝初为河间王太傅。平吴楚七国之乱有军功，拜中尉，封建陵侯，后迁太子太傅，御史大夫，为笔者所谓的军者加近臣类型人物。笔者曾经论及，汉初军功受益阶层对于汉朝政治之支配，大致于景帝时丧失，卫绾之出任丞相，正是汉初军功受益阶层之影响力从汉代政治中消失的标志。（《汉帝国的建立与刘邦集团：军功受益阶层研究》第六章《汉初军功受益阶层与汉代政治》）

⑯【汇校】

余有丁：按："绾"即前六年用中尉封者，此复出，误。（引自《史记评林·孝景本纪》）

郭嵩焘：《志疑》云："当云'以御史大夫建陵侯绾为丞相'，衍'封为'二字。"按：上文前六年已封中尉赵绾为建陵侯矣，此不得重出。（《史记札记》卷一《孝景本纪》）

[日] **泷川资言**：卢文昭曰："封为建陵侯"五字衍。梁玉绳曰：依《史》例当云以御史大夫建陵侯绾为丞相。愚按：卫绾封建陵侯，见前六年《纪》。（《史记会注考证附校补·孝景本纪第十一》）

【汇注】

司马迁：建陵侯卫绾者，代大陵人也。绾以戏车为郎，事文帝，功次迁为中郎将，醇谨无他。孝景为太子时，召上左右饮，而绾称病不行。文帝且崩时，属孝景曰："绾长者，善遇之。"及文帝崩，景帝立，岁余不噍呵绾，绾日以谨为。景帝幸上林，诏中郎将参乘，还而问曰："君知所以得参乘乎？"绾曰："臣从车士幸得以功次迁为中郎将，不自知也。"上问曰："吾为太子时召君，君不肯来，何也？"对曰："死罪，实病！"上赐之剑。绾曰："先臣赐臣剑凡六，不敢奉诏。"上曰："剑，人之所施易，独至今乎？"绾曰："具在。"上使取六剑，剑尚盛，未尝服也。郎官有谴，常蒙其罪，不与他将争；有功，常让他将。上以为廉，忠实无他肠，乃拜绾为河间王太傅。吴楚反，诏绾为将，将河间兵击吴楚，有功，拜为中尉。三岁，以军功，孝景前六年中封绾为建陵侯。（《史记·万石张叔列传第四十三》）

后二年正月①，地一日三动②。郅将军击匈奴③。酺五日④。令内史郡不得食马粟⑤，没入县官⑥。令徒隶衣七緵布⑦。止马舂⑧。为岁不登⑨，禁天下食不造岁⑩。省列侯遣之国⑪。三月，匈奴入雁门⑫。十月⑬，租长陵田⑭。大旱⑮。衡山国、河东、云中郡民疫⑯。

① 【汇注】
　　章　衡：己亥，二年，正月，地一日三动。匈奴入雁门，杀太守，发车骑、材官屯雁门。秋，大旱。（《编年通载》卷三《汉·孝景皇帝》）

② 【汇注】
　　丘　濬：书地震多矣，未有书动者。书地动仅此。先儒谓震久而动速也。震无数而动有数也。（《世史正纲》卷三《汉世史·孝景皇帝》）

③ 【汇校】
　　梁玉绳：附案：《通鉴考异》曰"《酷吏传》郅都死后宗室多犯法，上乃召宁成为中尉，在中六年，则后二年所谓郅都将军者，非都也，疑别一人。《汉书·纪》无郅将军事"。（《史记志疑·孝景本纪》）
　【汇注】
　　司马迁：（编者按：窦太后以临江王自杀郅都府中）怒，以危法中都。都免归家。孝景帝乃使使持节拜为雁门太守，而便道之官，得以便宜从事。匈奴素闻郅都节，居边，为引兵去，竟都死不近雁门。匈奴至为偶人像郅都，令骑驰射，莫能中，见惮如此。匈奴患之。窦太后乃竟中都以汉法。景帝曰："都忠臣。"欲释之。窦太后曰："临江王独非忠臣邪？"于是遂斩郅都。（《史记·酷吏列传第六十二》）
　　班　固：郅都，河东大阳人也，以郎事文帝。景帝时，为中郎将。敢直谏，面折大臣于朝。……拜都为雁门太守，……匈奴素闻郅都节，举边，为引兵去。竟都死，不近雁门。匈奴至为偶人象都，令骑驰射，莫能中，其见惮如此。匈奴患之。（《汉书·酷吏传第六十》）
　　张守节：郅，真栗反。《郅都传》云匈奴刻木为郅都而射，不中。（《史记正义·孝景本纪》）

④ 【汇校】
　　[日] 泷川资言："地一日三动"一下，《汉纪》不载。（《史记会注考证附校补·孝景本纪第十一》）
　【汇注】
　　朱　礼：汉法，三人无故群饮，则罚金。故自汉以来，皆有酒酤之禁，间赐民酺，以适一时之欢。是非欲夺民利特为是堤防也，惧其为酒醪以糜谷故也。（《汉唐事笺》

前集卷十《酒酺》)

王观国：《前汉·文帝纪》诏曰："朕初即位，其赦天下，赐民爵一级，女子百户牛酒，酺五日。"服虔注曰："酺音蒲。"文颖注曰："酺音步。《汉律》三人以上无故群饮酒，罚金四两。"今诏酺赐，得令会聚饮食五日也。颜师古注曰："酺之为言布也。王德布于天下，而合聚饮食为酺。"……《汉律》无故群饮者有罚，因恩诏赐酺而后始得会饮食焉。赐酺五日者，使得会聚饮食五日也。……颜师古乃曰："酺，布也。王德布于天下，而合聚饮酒为酺，此非赐酺之本意也。"许慎《说文》曰："王德布，大饮酒。"盖王德布者，谓恩赐也。酺乃祭名也，非王德之名也。(《学林》卷二《酺》)

张传玺：《汉律》："三人以上，无故群饮，罚金四两。"每有嘉庆，必须先由皇帝暂解禁令，"令天下大酺五日"，民间的聚饮方有可能。可是贫困的人民群众对这样的聚饮到底有多大的积极性，是很难说的。(《秦汉问题研究·"更名民曰黔首"的历史考察》)

⑤【汇注】

班　固：以岁不登，禁内郡食马粟。(《汉书·景帝纪第五》)

李昉等：《礼》曰：岁凶年，谷不登，君膳不祭肺，马不食谷，驰道不除。(《太平御览》卷三五《时序·凶荒》)

徐仁甫：按：不得食马粟，此禁止句，下当省"食马粟"三字，文方与"没入县官"连贯。《汉书·景纪》作"禁内郡食马粟，没入之。"没入之上亦省"食马粟"三字。没入之谓没入其马。(《史记注解辨正》)

【汇评】

姚允明：禁食马粟，犯者没入马。糜谷于人所忽者。二事，文帝及之，而增严其禁，是帝之克子也。天等之秩，禽兽别草木，人别禽兽，官位序辨，而后天子独尊其上，玉食万方，以为制。若粟马而人莩，是养畜以害人也，天养为倒。(《史书》卷二《汉景帝》)

⑥【汇注】

颜师古："没入"者，没入其马。(《汉书注·景帝纪第五》)

吕祖谦：是时关中未分三辅，皆称内史郡。《汉书》只书内郡，非也。所以禁以粟食马者，年荒重谷也。没入县官者，谓没入其马也。(《大事记解题》卷十一本注)

[日]**泷川资言**：《汉纪》作"以岁不登，禁内郡食马粟，没入之"。颜师古曰：食读曰"饲"，没入者，没入其马。与此纪小异。(《史记会注考证附校补·孝景本纪第十一》)

刘定山、龚浩康：县官，古代指天子，这里指朝廷、官府。"没入县官"之前省略了"违者""否则"等一类的话。(见王利器主编《史记注译·孝景本纪》)

张家英：《礼记·王制》："天子之县内，方百里之国九，七十里之国二十有一，五十里之国六十有三，凡九十三国。"郑玄注："县内，夏时天子所居州界名也。殷曰畿……周亦曰畿。"因为古代天子掌握控制的地方可以称之为"县"，所以"县官"就可以成为天子的别称了……以"县官"称"天子""朝廷"以至于"官府"的习惯，在汉代特别盛行。《史记》中所记汉代以前的事，也有一个例子中用到了这个"县官"。《范雎蔡泽列传》："秦王乃拜范雎为相。收穰侯之印，使归陶，因使县官给车牛以徙，千乘有余。到关，关阅其宝器，宝器珍怪多于王室。"上例中的"县官"，应该是一般的"县的官吏"的意义。至于所指的是哪一个县，则不得而知了。（《〈史记〉十二本纪疑诂·孝景本纪》）

⑦【汇注】

司马贞：七缌，盖今七升布，言其粗，故令衣之也。（《史记索隐·孝景本纪》）

张守节：衣，於既反。缌，祖工反。缌，八十缕也，与布相似。七升布用五百六十缕。（《史记正义·孝景本纪》）

郑　樵：二年……春，匈奴入雁门，太守冯敬与战，死。发车骑材官屯。以岁不登，令内史郡不得食马粟，徒隶衣七缌布。（《通志》卷五下）

陈　直：七缌布等于丧家所用之粗麻布，班固《汉书》在《景帝纪》删此文，为汉讳也。此外有八缌布，见《居延汉简释文》卷三二页，云"广汉八缌布，十九匹八寸大半寸，直四千三百二十"。有九缌布，见同书卷一八十二页，云"九缌布三匹，值三百"。有十缌布，《汉书·王莽传》卷中云："一月之禄，十缌布二匹。"缌名愈高，则布质愈细。（《史记新证·孝景本纪》）

于琨奇：《史记·孝景本纪》："令徒隶衣七稯布。"《正义》曰："稯，八十缕也，与布相似，七升布用五百六十缝也。"《仪礼·既夕礼》贾公彦疏"功布"曰："功布，灰治之布也者，亦谓七升以下之布也。"由此我们可知，七稯布乃是正常人所穿衣服中最粗疏者，低于七稯，即为丧服之"功布"，孝景帝"令徒隶衣七稯布"，则常人所用之布即为八稯以上布也。（《秦汉奴价考辨》，载《中国经济史研究》1987年第1期）

刘定山、龚浩康：七缌布，一种质地很粗糙的布。古代布帛在二尺二寸的幅度内以八十根经线为一缌，七缌就是只有五百六十根经线，所以极粗糙。（见王利器主编《史记注译·孝景本纪》）

⑧【汇注】

司马贞：止人为马舂粟，为岁不登故也。（《史记索隐·孝景本纪》）

吕祖谦：《正义》曰：马碾硙之比也。先时用马，今止之。（《大事记解题》卷一一本注）

程馀庆：不用马服碾硙。（《历代名家评注史记集说·孝景本纪》）

[日]泷川资言：中井积德曰：马舂，以马舂粟也。设机轮为之，制如水碓。止马，必用人为之，则贫人得食。（《史记会注考证附校补·孝景本纪第十一》）

刘定山、龚浩康：止，禁止。马舂，用马舂粮食。止马舂，意在提倡吃粗米。（见王利器主编《史记注译·孝景本纪》）

⑨【汇注】

班　固：秋，大旱。（《汉书·景帝纪第五》）

又：正月诏曰："间者岁比不登，民多乏食，夭绝天年，朕甚痛之。郡国或硗狭，无所农桑系畜，或地饶广，荐草莽，水泉利，而不得徙。其议民欲徙宽大地者，听之。"（同上）

编者按：易白沙在《帝王春秋·弱民第三》中评之曰："帝王政策以人民不相往来为至治，故禁其迁居，虽水旱灾异，非政府移民就谷，不能移动。"

刘定山、龚浩康：不登，没成熟，指庄稼没有收成。（见王利器主编《史记注译·孝景本纪》）

⑩【汇注】

王钦若等：（编者按：景帝后）三年，正月，诏曰：农，天下之本也。黄金珠玉饥不可食，寒不可衣，以为币用，不识其终始。间岁或有不登，意为末者众，农民寡也。其令郡国务劝农桑，益种树，可得衣食物。吏发民若取庸，采黄金珠玉者，坐赃为盗，二千石听与同罪。（《册府元龟》卷七〇《务农》）

程馀庆：造，至也。禁天下费米谷，恐食不至明岁也。（《历代名家评注史记集说·孝景本纪》）

[日]泷川资言：冈白驹曰：造，作也，为也。不耕不织，徒居而食，谓之食于不造。中井积德曰：天下食，盖饼饵之类。张文虎曰：造乃"灶"之假借字。禁不造食者，行灶苟且不成灶，灶列五祀，尊灶，所以重饮食也。梁玉绳曰：句必有误字，当缺所疑。愚按："令徒隶"以下，《汉纪》不载。（《史记会注考证附校补·孝景本纪第十一》）

吴汝纶：禁天下食不造岁，句未详，当有误字。即《汉书》"岁不登，禁内郡食马粟"也。（《点勘史记读本·孝景本纪》）

王叔岷：案：《正义》说可从。"禁天下食不造岁"，盖令民节食之意。"令徒隶"一下，《汉纪》《通鉴》亦并不载。（《史记斠证·孝景本纪》）

陈　直：食不造者，谓不以谷食造酒，一岁为禁令也。（《史记新证·孝景本纪》）

吴静容："不造"谓何？国内版本旧注无。梁玉绳曰："食不造'句必有误字，当阙所疑。"又引周孝廉云："'造'当如《周礼·天官·膳夫》'以乐撤于造'之'造'。"（按：郑注：造，作也。）吴汝纶曰："句未详，当有误字。"陈直曰："食不造者，谓不以谷食造酒，一岁为禁令也。"《史记会注考证》引《正义》云："造，至也。禁天下费米谷，恐食不造岁。"按：以上诸说，或无解而存疑，或有解而意不安。先君吴国泰先生以为"造者，糙之省文。《广韵》：'粗米未舂者。'不造者，非粗糙之米，即精米也。为岁不登，故禁人食之。"以精米释"不造"，正与上文"止马舂"相应，即所谓"糠菜半年粮"之谓，怡然而理顺矣。（见《古籍点校疑误汇录（二）·〈史记·本纪〉校点商榷》）

【汇评】

吕祖谦：按：《史记·本纪》"令内史郡不得食马粟，没入县官。令徒隶衣七缌布，止马舂，为岁不登，禁天下食不造岁"。此皆自古荒政之遗法，与《曲礼》《玉藻》《穀梁》相出入（《曲礼》曰：岁凶，年谷不登，君膳不祭肺，马不食谷，驰道不除，祭事不县，大夫不食梁，士饮酒不乐。《玉藻》曰：年不顺成，君衣布。搢本关梁，不租山泽，列而不赋，土功不兴，大夫不得造车马。《穀梁》曰：大侵之礼，君食兼味，台榭不涂，驰侯，廷道不除，百官布而不制，鬼神祷而不祀）。班《史》止载"食马粟"一事，余皆不书。（《大事记解题》卷十一）

⑪【汇校】

梁玉绳：遣列侯，《汉纪》在十月，此在正月，亦小异。（《史记志疑·孝景本纪》）

【汇注】

裴　骃：晋灼曰："《文纪》遣列侯之国，今又省之。"（《史记集解·孝景本纪》）

王钦若等：景帝后二年十月，省彻侯之国。（《册府元龟》卷六二《发号令一》）

又：文帝遣列侯之国，今省之。省音所领反。（《册府元龟》卷六二《发号令一》本注）

吕祖谦：《史记·列侯表》各书元年，盖汉初封列侯犹有君国子民之意也（《汉书·列侯年表》但书某年某月封，不书元年，失其旨矣），故文帝遣列侯就国之诏曰："古者诸侯建国千余，各守其地。今列侯多居长安，吏卒给输费苦，而列侯亦无由教训其民。"然则岂徒使之利租税之入而已哉？景帝既不令诸侯王治事，故亦省彻侯之国。自是之后，事权皆在其相，所谓侯国者，亦与县邑无异矣。（《大事记解题》卷十一）

程馀庆：文帝遣列侯之国，今既不令诸侯王治事，故省之也。（《历代名家评注史记集说·孝景本纪》）

［日］泷川资言：《汉纪》云：二年冬十二月，省彻侯之国，此在正月小异。中井积德曰：列侯之国者尚多，故量省而遣之也。孝文尝遣列侯之国，然当时以职事留京者有之，诏旨止之者有之。又虽之国者，其子孙继袭，则或留京者亦有之，新封者亦有焉。是以其数年多耳。（《史记会注考证附校补·孝景本纪第十一》）

刘定山、龚浩康：省列侯，遣之国：减少京城里的列侯，让他们回到自己的封地去，以减轻京城压力和民众负担。（见王利器主编《史记注译·孝景本纪》）

⑫【汇注】

班　固：春，匈奴入雁门，太守冯敬与战，死。发车骑材官屯。（《汉书·景帝纪第五》）

司马光：三月，匈奴入雁门，太守冯敬与战，死。发车骑、材官屯雁门。（《资治通鉴》卷十六"景帝后二年"）

刘定山、龚浩康：雁门，郡名，辖今山西省北部和内蒙古自治区黄旗海、岱海以南的部分地区，郡治为善无（今山西省右玉县东南）。郡南长城附近的雁门关，是当时的南北交通要冲。（见王利器主编《史记注译·孝景本纪》）

⑬【汇注】

梁玉绳：附按：十月不当书于三月之后，《史诠》谓"七月"之讹，是也。（《史记志疑·孝景本纪》）

吴汝纶：十，《史诠》校改"七"。（《点勘史记读本·孝景本纪》）

施之勉：《考证》：陈仁锡曰：十月、七月误。梁玉绳曰：十月不当书三月后。按：《汉书》：秋大旱。则十月是七月之讹。（《史记会注考证订补·孝景本纪第十一》）

张大可：十月，系七月之误，汉以十月为岁首，三月后无十月。十与七易讹。（《史记全本新注·孝景本纪》）

郑慧生：《史记·孝景本纪》："后二年正月，地一日三动，郅将军击匈奴……三月，匈奴入雁门。十月，租长陵田。大旱。"禾稼七月，正是抽穗结籽季节，最忌旱灾。十月农事已毕，则无人关心旱情。所以景帝后二年这次"大旱"，应在七月。《汉书·景帝纪》：后二年"春，匈奴入雁门……秋，大旱"。以此知此年大旱，确在七月。（《校勘杂志·也谈秦汉颛顼历十月、七月之误》）

⑭【汇注】

吕祖谦：长陵禁耕，地必广，景帝赋以与贫民，使奉陵邑，可也。今书曰租长陵田，是利其租入而已，奉先之意衰矣。（《大事记解题》卷十一）

王　恢：《清统志》（二二九）：陵在咸阳东北四十里。《关中记》：高帝陵在西，吕后陵在东。按：高帝长陵，文帝霸陵，景帝阳陵，武帝茂陵，昭帝平陵，宣帝杜陵，薄太后南陵，赵倢伃云陵，合称"九陵"。其中渭北长陵、安陵、阳陵、茂陵、平陵，又称"五陵"。（《史记本纪地理图考·高祖本纪》）

⑮【汇注】

朱　权：正月，地一日三动。秋大旱，以应匈奴掠上郡。（《汉唐秘史》上《景帝》）

【汇评】

李昉等：《瑞应图》曰：遇旱，责躬引咎，理察冤枉，退去贪残，侧修惠政，则降以零雨。（《太平御览》卷三五《凶荒》）

⑯【汇校】

[日]**水泽利忠**：南化、枫、三、谦、狩、嵯"民疾疫"。（《史记会注考证附校补·孝景本纪第十一》）

【汇注】

张守节：衡山国，今衡州。河东，今蒲州。云中郡，今胜州。（《史记正义·孝景本纪》）

王　恢：衡山国，前两次（两）[雨]雹，此次民（役）[疫]，皆指衡山国（分淮南国衡山郡置，立安阳侯勃，都六）。《正义》误以为"今衡州"。江都（吴王濞故国，三年六月，更名江都，徙汝南王非来王）风灾，以及河东、云中（赵武灵破林胡楼烦开置。秦因之，楚汉之际属赵国。高帝三年属汉，四年复以属赵，六年又属代国，十一年以边郡收）民（役）[疫]，皆指郡国。（《史记本纪地理图考·景帝本纪》）

又：《汉志》河东郡，有今山西西南部及汾水下流西北城，治蒲坂，今永济县。（同上）

又：赵武灵破林胡楼烦开置（前三〇一），秦因之。楚汉之际属赵国，高帝三年属汉，四年复以属赵，六年又属代国，十一年以边郡收。《汉志》云中郡治云中，据《河水注》：故城在今绥远托克托东北黑水河南岸。《周勃世家》"定云中郡十二县"，《汉志》县十一，除沙南一县在河南，余载河东——大河东流转南之一曲。（《史记本纪地理图考·文帝本纪》）

刘定山、龚浩康：河东，郡名，辖今山西省石楼县以南、沁水县以西地区，郡治为安邑（今山西省夏县西北）。云中，郡名，辖今内蒙古自治区四子王旗以南、前房子以北地区，郡治为云中（今内蒙古自治区托克托县东北）。（见王利器主编《史记注译·孝景本纪》）

【汇评】

董仲舒：天地之物，有不常之变者谓之异，小者谓之灾。灾常先至而异乃随之。灾者天之谴也；异者天之威也。谴之而不知，乃畏之以威。《诗》云"畏天之威"，殆此谓也。凡灾异之本，尽生于国家之失。国家之失乃始萌芽，而天出灾害以谴告之。谴告之而不知变，乃见怪异以惊骇之。惊骇之尚不知畏恐，其殃咎乃至。以此见天意之仁，而不欲陷人也。（《春秋繁露·必仁且知》）

又：美事召美类，恶事召恶类，类之相应而起也。……帝王之将兴也，其美祥亦先见；其将亡也，妖孽亦先见。物故以类相召也。（《春秋繁露·同类相动》）

后三年十月①,日月皆(食)赤五日②。十二月晦,雷③。日如紫④。五星逆行守太微⑤。月贯天廷中⑥。正月甲寅⑦,皇太子冠⑧。甲子⑨,孝景皇帝崩⑩。遗诏赐诸侯王以下至民为父后爵一级⑪,天下户百钱⑫。出宫人归其家,复无所与⑬。太子即位⑭,是为孝武皇帝⑮。三月,封皇太后弟蚡为武安侯⑯,弟胜为周阳侯⑰。置阳陵⑱。

① 【汇校】
张文虎：十月,《志疑》云"十月"不当书"三月"后。《史诠》谓"七月"之讹。(《校刊史记集解索隐正义札记》卷一《孝景本纪》)

② 【汇校】
梁玉绳：附案：《史诠》曰"日食在朔,月食在望,盖十月之朔日食而望月食,非食在一日也"或疑"食"字衍,当合下作"皆赤五日",因《汉书·纪》《志》俱不言日食故也。(《史记志疑·孝景本纪》)

【汇注】
李昉等：《礼》曰：妇顺不修,阴事不得,谪见于天,月为之蚀。故月蚀则后素服而修六宫之职,荡天下之阴事。(《太平御览》卷四《天部·月蚀》)

又：《荆州占》曰：月蚀,后自提鼓阶前,把槌击鼓者三,中良人、诸御者、宫人皆击杵救之。月已蚀,后乃入斋,服缟素三日,不从乐,以应其祥,此先王之所以免天地之诛而解四境之患也。(同上)

又：《礼斗威仪》曰：政太平则日五色；政颂平则日黄中而赤晕；政和平则日黄中而黑晕；政象平则日黄中而白晕；政升平则日黄中而青晕。(《太平御览》卷三《日上》)

又：政太平则月多耀,政颂平则赤明,政和平则黑明,政象平则白明,政升平则青明。(《太平御览》卷四《月》)

李克家：日赤如血,君忧臣背,灾疠盗贼并起。(《戎事类占》卷二《日类》)

又：月变色,将殃臣忧。赤,兵忧。(《戎事类占》卷四《月类》)

王英明：地悬于六合中央如鸡卵,黄在白内,故日由西照地,地必有影射东。照东必有影射西。夫日轮恒在黄道上,若遇望日,而月轮亦在黄道上,与日正对望,则地球障隔在日月之间,月轮必入地影之内,太阳不能照之,故失光而食也。渐出地影之外,太阳能照之,乃渐复得原光矣。(《历体略图》卷五)

余文龙：汉灵帝时,日数出东方正赤如血。……占曰：事天不谨,则日月赤。是

时，月出入地二三丈，皆赤如血者数矣。(《史异编》卷一《日月》)

徐　发：日……赤，其下有叛。(《天元历理》卷三《观象辑要》)

又：日始出……有赤气如死蛇，为饥。(同上)

又：日……赤如血，君丧臣叛。(同上)

又：月珥……赤，兵。(同上)

[日]泷川资言：考证：陈仁锡曰：日食在朔，月食在望，盖十月之朔日食，而望月食，非食在一日。(《史记会注考证附校补·孝景本纪第十一》)

朱东润：月食例不书，岂连类而及之耶！(《史记考索·徐广异文考证》)

【汇评】

李　贤：《礼斗威仪》曰："日月赤，君喜怒无常，轻杀不辜，戮于无罪，不事天地，忽于鬼神。"(见《后汉书·五行志》六注)

尹起莘：景帝自三年平七国后，至此凡十二年间，书日食七，地震四、星、孛、蝗各二，雨雹、冬雷、大霖雨、大水、春雨雪、东阙灾、秋大旱，皆一见。是年所书，日月皆赤等灾，尤为可畏。帝非有甚失德也，特以刻忌少恩，故尔晁错以忠谋杀，皇后、太子以无罪废，丞相亚夫以守正不阿死，此皆非小故也。上天变异，夫岂适然？惟合先后所书而考之，则帝之得失，粲然可知，人主其无曰天道远云。(见《御批资治通鉴纲目》卷四上《孝景皇帝·发明》)

③【汇校】

裴　骃：徐广曰："一作'雷'字，又作'图'字，实所未详。"(《史记集解·孝景本纪》)

洪颐煊：按："书"当作"昼"，属下文"日如紫"句，言"十二月晦日昼时日如紫也。图即"雷"字之讹。(《读书丛录》卷十七《史记·晦雷》

又：晦、雷，《孝景本纪》："后三年十月，日月皆食，赤五日。十二月晦，雷。"《集解》徐广曰："一作'雷'字，又作'图'字，实所未详。"颐煊案："书"当作"昼"，属下文"日如紫"句，言十二月晦日昼时日如紫也。"图"即"雷"字之讹。(同上)

王骏图、王骏观：十二月晦，雷：此事《汉书帝纪》及《天文志》皆不载。雷本古雷字，《史》《汉》亦数用之。十二月雷，故书本无疑义，何能作"书"又作"图"耶？张氏《札记》谓书乃雷之讹，图乃雷之讹，可见作"书"作"图"之非是。徐云"未详"，失之疏矣。(《史记旧注平义·孝景本纪》)

【汇注】

王　充：冬雷，人谓之阳气泄；春雷，谓之阳气发；夏雷，不谓阳气盛，谓之天怒。竟虚言也。(《论衡校注·雷虚篇》)

又：实说雷者，太阳之激气也。何以明之？正月阳动，故正月始雷；五月阳盛，故五月雷迅；秋冬阳衰，故秋冬雷潜。（同上）

又：雷者，火也，以人中雷而死，即询其身，中头则须发烧焦，中身则皮肤灼燔，临其尸上闻火气，一验也。道术之家，以为雷烧石色赤；投于井中，石焦井寒，激声大鸣，若雷之状，二验也。人伤于寒，寒气入腹，腹中素温，温寒分争，激气雷鸣，三验也。当雷之时，电光时见，大若火之耀，四验也。当雷之击时，或燔人室屋，及地草木，五验也。夫论雷之为火有五验，言雷为天怒无一效。然则雷为天怒，虚妄之言。（同上）

编者按："雷"：籀文雷字，从"回"者，象雷声之回转也。许慎《说文》云："籀文霝间有回，霝声也。"段《注》曰："阴阳迫动，即谓霝也。……回生万物者也。二月阳盛，霝发声，故以畾象其回转之形，非三田也。"

陈耀文：雷于天地为长子，以其首长万物，与其出入也。阳用事百八十三日而终，阴用事亦百八十三日而终。雷二月出地百八十三日，雷出，则万物出；八月入地百八十三日，雷入则万物入，此其常经也。故雷安万物安，雷害万物害。犹国也，君安国亦安，君害国亦害。（《天中记》卷二《雷》引《洪范论》）

[日] **泷川资言**：焦竑曰：上雨下回即雷字，此以发声非时，故特纪异耳。雷，《集韵》原作"上雨下回"，《通志》云：回，古雷字，后人加雨作"上雨下回"，回象雷形，古尊罍多作云回，今人不通字学，而欲读古书，难矣哉。（《史记会注考证附校补·孝景本纪第十一》）

朱东润：今按：日食条，焦竑曰："日当作月，刊本误耳。尽日食必于朔，月食必于望，时以晦既日食，望又月食，不半月而灾变两见，故于望日下诏书修省，而诏止云，乃十一月晦，日有食之，则因感月食之变而益勤日食之戒故也。"张文虎曰："以今《癸卯元术》上考：是年十二月癸卯朔，太阴交周六宫一度四分二十九秒，入食限，而是月望太阴交周初宫十六度二十四分三十六秒，月亦入食限。月食例不书，岂连类而及之耶！"据焦、张两说，知当从一本作月，徐广下语，尤见审慎。雷、雷字同，《通志》云：回，古雷字，后人加雨作雷。回象雷形，古尊罍多作云回。徐广不知古字，诚无可讳，然既存雷字，又称未详，贤于不知而妄作者远矣。（《史记考索·史记徐广本异文考证》）

编者按："十二月晦，雷"，标示雷震非时，亦有预示国君不安之意乎？观下文"孝景皇帝崩"，可谓匠心独运。

④【汇注】

李克家：（编者按：日）紫色无光，草寇起兵。（《戎事类占》卷二《日类一》）

丘　濬："十二月，日如紫"，书日月异色，仅此见。（《世史正纲》卷三《汉世

纪·孝景皇帝》）

徐克范：（编者按：高后）六年书昼昏，纪变也。（吕后恶之曰：此为我也。）凡灾异不悉书，书者有为也。（《读史记十表·读汉兴以来将相名臣年表补》）

⑤【汇注】

司马迁：余观史记，考行事，百年之中，五星无出而不反逆行，反逆行，尝盛大而变色；日月薄蚀，行南北有时：此其大度也。故紫宫、房心、权衡、咸池、虚危，列宿部星，此天之五官坐位也，为经，不移徙，大小有差，阔狭有常。水、火、金、木、填星，此五星者，天之五佐，为经纬，见伏有时，所过行赢缩有度。（《史记·天官书第五》）

胡三省：《晋·天文志》：太微，天子廷也，五帝座也，十二诸侯府也。其外蕃，九卿也；南蕃中二星间曰端门，东曰左执法，廷尉象也；西曰右执法，御史大夫象也。左执法之东，左掖门也；右执法之西，右掖门也。东蕃四星：南第一星曰上相，其北东太阳门也；第二星曰次相，其北中华东门也；第三星曰次将，其北东太阴门也；第四星曰上将，所谓四辅也。西蕃四星：第一星曰上将，其北西太阳门也；第二星曰次将，其北中华西门也；第三星曰次相，其北西太阴门也；第四星曰上相，次亦四辅也。（见《资治通鉴》卷十六"景帝后三年"注）

徐　发：凡五星：岁星色青，比参左肩；荧惑色赤，比心大星；镇星色黄，比参右肩；太白色白，比狼星；辰星色黑，比奎大星。得其常色，而应四时，则吉，变常为凶。（《天元历理》卷三《五星总论》）

又：五星俱见，其年必恶。（同上）

刘定山、龚浩康：五星，即金、木、水、火、土五大行星。太微，星宿名，是"三垣"（太微垣、紫微垣、天市垣）之一。（见王利器主编《史记注译·孝景本纪》）

张大可：五星逆行守太微，金木水火土五星倒行，徘徊在太微星区。（《史记全本新注·孝景本纪》）

⑥【汇校】

[日] **水泽利忠**：《索隐》、金陵同。各本"廷"字作"庭"。（《史记会注考证附校补·孝景本纪第十一》）

【汇注】

司马贞：天廷即龙星右角也。按：《石氏星传》曰"龙在左角曰天田，右角曰天廷"。（《史记索隐·孝景本纪》）

程馀庆：《史》于《景纪》书灾异特详。（《历代名家评注史记集说·孝景本纪》）

【汇评】

司马迁：日变修德，月变省刑，星变结和。凡天变，过度乃占。国君强大，有德者昌；弱小，饰诈者亡。大上修德，其次修政，其次修救，其次修禳，正下无之。夫常星之变希见，而三光之占亟用。日月晕适，云风，此天之客气，其发见亦有大运。然其与政事俯仰，最近大天人之符。此五者，天之感动。为天数者，必通三五。终始古今，深观时变，察其精粗，则天官备矣。(《史记·天官书第五》)

张 宁："（编者按：景帝后天年）春正月，地一日三动。秋大旱。三年冬十月，日月皆赤，十二月雷，日如紫，五星逆行，守太微，月贯天廷中"：按：孝景自七国平后，无岁不书变异，然未有如此二年之甚者。论者谓帝无甚失德，特以忌刻少恩故而。予意人君之失，莫大于刑赏不中。景帝自即位以来，王夫人以夺妇为后，而正后以无宠坐废，梁王武以贼杀曲全，而太子荣以无罪致死，晁错以忠谋市斩，而袁盎以谗嫉显荣，郅都、宁成以残酷召用，而窦婴、申屠以正议疏诎，王信、隆虑以私叛封侯，而丞相亚夫以守正狱死，天下犯法者皆得从减笞之惠，而天子之至亲骨肉，乃不能终命于恩泽之余。刑赏失中，莫此为甚，此天所以大动威以彰之，不独因其心事一二之微而遂出灾异焉。此所以不逾年而有大故也。(《方洲集》卷二十八《读史集·景帝后二年》)

尤 侗：班史以文景并称，然文帝恭俭养民，景袭其遗业，故得苟安。而天资刻薄，刑政失理，相去奚翅霄壤哉！废薄后，杀太子及梁王，七国之反不为建文者幸也。相如申屠嘉，将如周亚夫，皆不得其死。用郅都、甯成酷吏，多杀人，而天变亦应之。十六年中，日食、雨雹、地震、荧惑岁星逆行、日月皆赤、日如紫月，贯天廷，长星出西方，彗星出东北，有星孛于西南、北，岁不胜书，获罪于天甚矣！史迁作纪极言景帝之短，岂为过乎！(《艮斋杂说续说·看鉴偶评》卷二)

⑦【汇注】

张大可：正月甲寅，正月十七日。(《史记全本新注·孝景本纪》)

⑧【汇注】

王钦若等：（编者按：后元）三年正月，皇太子冠。赐民为父后者爵一级。(《册府元龟》卷七九《庆赐一》)

吕祖谦：景帝以甲子崩，相距才十日耳，盖武帝方十六，未冠，故亟加元服也。(《大事记解题》卷十一)

刘定山、龚浩康：冠，加冠，古代男子二十岁时，结发戴冠，举行加冠典礼，表示已经成年。(见王利器主编《史记注译·孝景本纪》)

陈戌国：《史记·孝景本纪》，景帝后元三年正月甲寅，"皇太子冠"。《汉书·本纪》云："皇太子冠，赐民为父后者爵一级。"按：冠即成人之礼，意味着可以接父皇的班了。"为父后者"，是指父亲的嫡长子，已经认可的继承人。皇太子冠，赐民为父后者各升爵一级，既表明皇太子之冠受国人重视，也表示储君特别和那些为父后者共

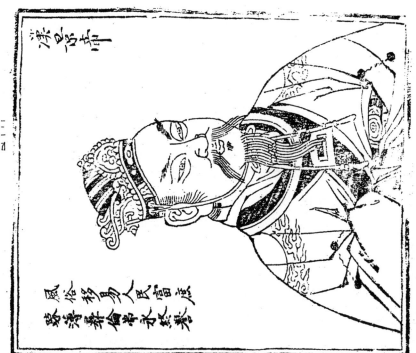

（录自公元1475年明成化十一年刊本《历代古人像赞》）

庆冠礼，他们都是任重而道远。(《中国礼制史》秦汉卷《西汉冠礼、藉田礼和射礼》)

⑨【汇注】

张大可：甲子，正月二十七日。(《史记全本新注·孝景本纪》)

⑩【汇校】

牛运震：孝景皇帝崩，当依《汉书》作"帝崩于未央宫"。(《读史纠谬》卷一《孝景本纪》)

李景星：孝景皇帝崩，按："孝景"二字当省。(《四史评议·孝景本纪》)

王叔岷：案：《汉书》《汉纪》《通鉴》并作"帝崩于未央宫"。《御览》八八引《帝王世纪》："孝景帝即位十六年，年四十八。葬阳陵。"(此《纪》亦有"葬阳陵"三字，惟错在《纪》末。梁氏《志疑》有说，《考证》本之。)《帝王略论》云："帝即位十年，年四十八。"十下脱六字。(《史记斠证·孝景本纪》)

【汇注】

荀　悦：甲午，帝崩于未央宫。遗诏赐诸侯王、列侯马二驷，吏二千石黄金二斤，民户百钱，出宫人，复终身。(《汉纪·前汉纪孝景皇帝纪卷九》)

皇甫谧：孝景帝即位十六年，年四十八，葬阳陵，庙名德阳。……阳陵山方百二十步，高十四丈，去长安四十五里。(《帝王世纪辑存·汉第七》)

裴　骃：皇甫谧曰："帝以孝惠七年生，年四十八。"

又：《汉书》云"二月癸酉，帝葬阳陵"。皇甫谧曰："阳陵山方百二十步，高十四丈，去长安四十五里。"(《史记集解·孝景本纪》)

颜师古：臣瓒曰："帝年三十二即位，即位十六年，寿四十八。"(《汉书注·景帝纪第五》)

郑　樵：甲子，帝崩于未央宫，年四十八，遗诏赐诸侯王、列侯马二驷，吏二千石黄金二斤，吏民户百钱，出宫人，归其家，复终身。二月癸酉，葬阳陵。(《通志》卷五下)

徐天麟：孝景皇帝，文帝太子也。文帝元年正月，立为皇太子。后七年六月，文帝崩，丁未，即皇帝位。后三年正月甲子，帝崩于未央宫。二月癸酉，葬阳陵。(《西汉会要》卷一《帝系一》)

吕祖谦：甲子，帝崩于未央宫。二月，癸酉，葬阳陵。上谥曰孝景皇帝。(《大事记》卷十一)

又：臣瓒曰：自崩及葬凡十日。阳陵在长安东北四十五里。(同上)

刘安国：景帝王后陵，距阳陵一百步。《前汉纪·外戚传》，后元朔三年崩，合葬阳陵。(见《(民国)重修咸阳县志》卷一《陵墓》)

王学理：汉景帝刘启，系汉文帝刘恒之子，是西汉的第四代皇帝。他于汉惠帝七年（前188）出生在代地，文帝后元七年（前157）即位，时年32岁。崩于景帝后元三年（前141），居世仅47个春秋。（《中国汉阳陵彩俑·阳陵汉俑》）

【汇评】

荀　悦：自汉初，务劝农，累世承业，至是始天下殷富，家给人足，京师之钱，累百巨亿，贯朽而不可校。太仓之粟充实，露积于外，腐败而不可食。众庶街巷有马，阡陌之间成群，守闾阎者食粱肉，为吏者长子孙，居官者以官为姓号，人人自爱而重犯法，仁义兴焉。（《汉纪·前汉纪孝景皇帝纪卷九》）

⑪【汇校】

梁玉绳：按：《汉纪》"赐诸侯王、列侯马二驷，吏二千石黄金二斤"，此但云赐诸侯王以下，则疏略矣。而赐民为父后者爵一级，乃前十日皇太子冠时事，非遗诏也。（《史记志疑·孝景本纪》）

【汇注】

刘定山、龚浩康：民为父后，即继承父业的百姓。（见王利器主编《史记注译·孝景本纪》）

朱绍侯：景帝后三年（前141）春正月，"皇太子冠，赐民为父后者爵一级"。此为太子加冠赐爵之例，又是一种开创性的赐爵。《史记·孝景本纪》记载与此稍异。其记为："正月甲寅，皇太子冠。甲子，孝景帝崩。遗诏赐诸侯王以下至民为父后者爵一级，天下户百钱。出宫人归其家，复无所与。"这就是说皇太子冠，并没赐爵，而是景帝崩后遗诏赐爵，这是不符合实际情况的，特别是说"赐诸侯王……为父后爵一级"极不合理，因为诸侯王已是最高爵位，不可能再赐一级。再考之《汉书·景帝纪》，问题就迎刃而解。《景帝纪》在"赐为父后者爵一级"之后，接着就是"甲子，帝崩于未央宫。遗诏赐诸侯王、列侯马二驷，吏二千石黄金二斤，吏民户百钱。出宫人归其家，复终身。"可见遗诏所赐给诸侯王的是马，赐给二千石的是金，赐给吏民的是钱，其中并没有"赐为父后者爵一级"的内容，《史记》是把皇太子加冠的赐爵误记入遗诏之中。这又是一次明显的失误。（《军功爵制研究·秦汉非军功赐爵诏令及说明》）

[日] 西嶋定生：（编者按：景帝后三年春正月）皇太子冠，赐民为父后者爵一级。这是皇太子加冠庆典之际的赐爵，这种场合，也跟立皇太子之际同样，把"为父后者"当作赐爵的对象。《史记》卷一一一《孝景本纪》，在这条记有："正月甲寅，皇太子冠。甲子，孝景皇帝崩。遗诏：赐诸侯王以下至民为父后爵一级，天下户百钱。出宫人归其家，复无所与。"这个对"为父后者"的赐爵，是在皇太子加冠之后，按崩逝的景帝遗诏而进行的，诸侯王以下，直至"为父后者"，尽皆赐爵一级。但给诸侯王加赐爵一级，实无意义。《汉书·本纪》在上述事例这段文字下边接着写道："甲子，帝崩于未央宫。遗诏赐诸侯王、列侯马二驷，吏二千石黄金二斤，吏民户百钱。出宫

人，归其家，复终身。"遗诏中未包含赐爵。《史记会注考证》同条所引中井积德的见解说："据《汉书》，赐民为父后者爵，是太子冠之覃恩，理当然非遗诏所宜赐。又赐诸侯王爵一级，岂有是理哉。皆当以《汉书》为正。"这是否定《史记》的记载，主张依从《汉书》的记载，应认为是正确的。《史记》之文，是把皇太子加冠之际的赐爵之诏与景帝遗诏弄成了一篇文章。因之，把遗诏中的诸侯王云云跟赐爵诏中的"民为父后者"错误地结合起来，于是记载成自诸侯王以下到民之为父后者都成了赐爵对象。本来，按遗诏赐爵，如稍后考察所知，是有悖于赐爵的意义的；所以，《史记》的该处文字，当不是熟谙赐爵意义的司马迁本人所写，恐属后来人改撰而成。(《中国古代帝国的形成与结构：二十等爵制研究，》第二章《民爵赐与的方法及其对象》)

⑫【汇注】

刘定山、龚浩康：天下户百钱，指赏给全体百姓每户一百钱。(见王利器主编《史记注译·孝景本纪》)

⑬【汇注】

班　固：遗诏赐诸侯王、列侯马二驷，吏二千石黄金二斤，吏民户百钱。出宫人，归其家，复终身。(《汉书·景帝纪第五》)

章　衡：遗诏出宫人，归其家，复终身。(《编年通载》卷三《汉·孝景皇帝》)

王鸣盛：文帝崩，归夫人以下至少使。景帝崩，亦出宫人归其家。至武、昭乃有奉陵之制。平帝崩，王莽乃复出媵妾皆归家。要之，文、景之制，信可以为后世法。(《十七史商榷》卷九"出宫人")

[日] 泷川资言：《汉纪》云"皇太子冠，赐民为父后者爵一级。甲子，帝崩于未央宫。遗诏赐诸侯王、列侯马二驷，吏二千石黄金二斤，吏民户百钱，出宫人归其家，复终身"。中井积德曰：据《汉书》"赐民为父后者爵"，是太子冠之覃恩，理当然，非遗诏所宜赐。又赐诸侯王爵一级，岂有是理哉？皆当以《汉书》为正。王鸣盛曰：文帝崩，归夫人以下至少使。景帝崩，亦出宫人。至武、昭，乃有奉陵之制。平帝崩，王莽复出媵妾皆归家。(《史记会注考证附校补·孝景本纪第十一》)

张家英：谨按：《汉书·景帝纪》作："出宫人归其家，复终身。"本例中之"复无所与"，应与"复终身"或"复勿事"，"复不事"同一含义。"复"是免除徭役赋税，"勿事""不事"是不供役使。"无所与"即不参与，"与"应读yù。(《〈史记〉十二本纪疑诂·孝景本纪》)

刘定山、龚浩康：复无所与，即终身免除赋税。(见王利器主编《史记注译·孝景本纪》)

[日] 金子修一：在西汉，文帝以外留下遗诏的仅有景帝。《史记·孝景本纪》中有"遗诏赐诸侯王以下至民为父后爵一级，天下户百钱，出宫人归其家，复无所与"，

《后汉书·景帝纪》后三年（公元前141）正月条中有："皇太子冠，赐民为父后者爵一级。甲子，帝崩于未央宫。遗诏赐诸侯王、列侯马二驷，吏二千石黄金二斤，吏民户百钱，出宫人归其家，复终身。"所述内容有若干不同，但整体上可说是实施以赐予为中心的善政。可以说，它除宫人归家以外，是在文帝的遗诏中没有，后世也未见其例的，是景帝独有的遗诏。（《从皇帝遗诏来看唐代的中央和地方》，载《唐代国家与地域社会研究——中国唐史学会第十届年会论文集》）

⑭【汇注】

王之枢、周清源等：甲子，帝崩于未央宫，太子彻即位，年十六。（《御定历代纪事年表》卷二十三"孝景皇帝后三年"）

梁玉绳：附按：景帝正月甲子崩，以二月癸酉葬。是崩后九日而葬也。丙子太子立，是葬后三日而即位也。乃《汉书》谓甲子太子即皇帝位何欤？《大事记》曰：《史记》书正月甲子，孝景崩，二月丙子，太子立。景帝以癸酉葬，武帝以丙子立，用惠帝以来既葬即位之典也。班氏《景纪》书甲子帝崩，《武纪》又书甲子太子即皇帝位，是崩之日遽即位也，其误甚矣。盖武帝享国，多历年所，招方士，求长年，恤典废而不讲，受遗大臣如霍光辈，皆不学少文，故武帝以丁卯崩，明日戊辰昭帝遽即位。是后元之继宣，成之继元，哀之继成，皆以葬前正位号，自古既葬即位之礼遂废矣。班氏徒习见汉中叶以后故事，不复知先王之典制，谬误若此比者，非一条也。（《史记志疑·孝景本纪》）

⑮【汇注】

王鸣盛：愚谓迁实卒于昭帝初，观《景帝本纪》末云："太子即位，是为孝武皇帝。"《卫将军骠骑传》末段亦屡称武帝，按其文义，皆非后人附益，间有称武帝为"今上"者。《史记》作非一时，入昭帝未久即卒，不及追改也。惟《贾生传》末述"贾生之孙嘉与余通书，至孝昭时，列为九卿"，此"孝昭"二字，则是后人追改，其元本当为"今上"耳。（《十七史商榷》卷一"子长游踪"）

梁玉绳：附按：史公本书称武帝曰"今上"，曰"今帝"，曰"今天子"，曰"今皇帝"，故凡言"孝武"者，悉后人所妄改也。（《史记志疑·孝景本纪》）

牛运震："太子即位，是为孝武皇帝"。按："孝武"当作"今上"，此皆后人改《史记》原本而失之者。（《读史纠谬》卷一《孝景本纪》）

施之勉：《考证》：梁玉绳曰：《太史公书》称武帝曰今上，曰今帝，曰今天子，曰今皇帝。故凡言孝武者，悉后人所妄改也。吴汝纶曰：某谓《史记》诸篇，有作于武帝时者，则称今上。有作于昭帝时者，则称武帝。其云讫于太初者，据大率言之，非太初后，遂无文也。（《史记会注考证订补·孝景本纪第十一》）

刘定山、龚浩康：是为孝武皇帝，司马迁在《史记》中称武帝均为"今上""今

帝""今天子""今皇帝",此处独以谥号相称,疑为后人所改。(见王利器主编《史记注译·孝景本纪》)

⑯【汇注】

司马迁:以孝景后同母弟侯,户八千二百一十四。(《史记·惠景间侯者年表第七》)

又:后三年三月,侯田蚡元年。(同上)

裴　骃:苏林曰:"蚡音鼢。"(《史记集解·孝景本纪》)

司马贞:蚡音扶粉反。按:《外戚世家》皇太后母臧氏初嫁王氏,生子信而寡,更嫁长陵田氏,生蚡及胜也。(《史记索隐·孝景本纪》)

胡三省:班《志》,武安县属魏郡。又据《沟洫志》,蚡封武安,而奉邑食清河之鄃。蚡,房吻翻。(见《资治通鉴》卷十六"景帝后三年"注)

赵　翼:《史记·田蚡传》,景帝后三年,封蚡为武安侯。《汉书》则云,武帝初即位,蚡以舅封武安侯。按:景帝后三年,正是武帝即位之岁,蚡乃武帝所封,特是时尚未改元故耳。(《廿二史札记》卷一《史汉不同处》)

刘定山、龚浩康:蚡,即田蚡(?—前131),长陵(今陕西省咸阳市)人,景帝王皇后的同母弟。武帝即位后,被封为武安侯,先后任太尉、丞相。事详《魏其武安侯列传》。武安,县名,治所在今河北省武安县。(见王利器主编《史记注译·孝景本纪》)

⑰【汇校】

牛运震:"三月,封皇太后弟蚡为武安侯,弟胜为周阳侯"。按:此系武帝时事,不应载于《景帝纪》中。(《读史纠谬》卷一《孝景本纪》)

【汇注】

司马迁:以孝景后同母弟侯,户六千二百十六。(《史记·惠景间侯者年表第七》)

又:后三年三月,懿侯田胜元年。(同上)

胡三省:《史记正义》:绛州闻喜县东二十九里有周阳故城。(见《资治通鉴》卷十六"景帝后三年"注)

梁玉绳:附按:周阳,地在河东闻喜县。《水经注》六可证,《索隐》以上郡阳周当之,舛矣。(《史记志疑》卷十二)

刘定山、龚浩康:胜,即田蚡的弟弟田胜。周阳,据《索隐》说,"县名,属上郡。"按:属上郡者为阳周,周阳在今山西省闻喜县东北。(见王利器主编《史记注译·孝景本纪》)

【汇评】

吕祖谦:景帝封后弟,已非故典;武帝又封母之异父同母弟,恩亦滥矣。(《大事

记解题》卷十一）

刘　沅：初即位，先封母族，过也。事固有更亟于此者！高帝约，非军功不侯，何乃违之？（《史存》卷九《孝景本纪》）

⑱【汇校】

梁玉绳：附按：《评林》谓一本"置"作"葬"，是也。《史诠》云湖本"葬"作"置"，误，但此三字当在上文"太子即位"句前，错简于封太后弟之后。盖封太后弟在三月，而孝景之葬阳陵在二月癸酉，其去甲子之崩才十日耳。（《史记志疑·孝景本纪》）

张文虎：置阳陵，凌云"置"一作"葬"。《志疑》云作"葬"是。《史诠》云此三字当在上文"太子即位"句前，错简。盖封太后弟在三月，而孝景之葬在二月癸酉，去甲子崩才十日尔。（《校刊史记集解索隐正义札记》卷一《孝景本纪》）

崔　适：二月。癸酉葬阳陵。案：各本作"三月"，误也。上云"正月甲寅，皇太子冠；甲子，孝景皇帝崩"，则癸酉在二月，上距甲寅二十日、甲子十日也，又脱"癸酉"二字，误"葬"为"置"，今依《汉书》正。（《史记探源·孝景本纪》）

王叔岷：案：《汉书》云："二月癸酉，葬阳陵。"《通鉴》作"二月癸酉，葬孝景皇帝于阳陵"。（《史记斠证·孝景本纪》）

吴汝纶：局本作"置"，依凌本校改作"葬"。（《点勘史记读本·孝景本纪》）

【汇注】

班　固：二月癸酉，葬阳陵。（《汉书·景帝纪第五》）

颜师古：臣瓒曰：自崩及葬凡十日。阳陵在长安东北四十五里。（《汉书注·景帝纪第五》）

王在晋：景帝阳陵，高陵县西南三十里。东有王后陵，其废太子临江王墓在蓝田县，葬时有数万燕衔土置冢上，世名燕子冢。（《历代山陵考》卷上《西安府》）

刘庆柱、李毓芳：在景帝陵东南420米、王皇后陵西南740米，有一处西汉建筑遗址。遗址外貌呈缓坡状，东西长120米，南北长80米。遗址中部有一夯台，应为其主体建筑的台基，其上有一块石板，平面为方形，边长1.7米，厚0.4米。石板上部加工成直径1.35米的圆盘，圆盘中心有"十"字形凹槽，槽宽3厘米、深2厘米。经测定，该"十"字为正方向。当地群众叫做"罗盘石"（编者按：亦称"罗经石"）。夯土台四周有卵石散水和砖铺地面遗迹。（《西汉十一陵·景帝阳陵·礼制建筑》）

李毓芳："惠帝安陵和景帝阳陵"：惠帝安陵在今咸阳市秦都区韩家湾乡白庙村，东距长陵3300米。景帝阳陵在今咸阳市秦都区肖家村乡张家湾村，西距长陵5800米。安陵和阳陵分别位于长陵西、东两侧。安陵南与长安城西城墙相对。阳陵在长安城东北，阳陵陵区东部基本与汉长安城东都门（或称东郭门）南北相对。惠帝和景帝这样安排自己的陵墓位置，首先是因为他们分别属于穆位与昭位。以高祖长陵为祖位，穆位居西、昭位居东。其次，关于二陵与长陵的间距，主要是考虑帝陵应与汉长安城的西墙和东郭门南北相对。(《西汉帝陵分布的考察》，载《考古与文物》1989 年第 2 期)

张永禄：阳陵，亦称阳陵县，是汉景帝刘启的陵县。《史记·孝景本纪》记载："前元四年（前 153）后九月，更以弋阳为阳陵。五年三月作阳陵、渭桥。五月，募徙阳陵，予钱二百万。"弋阳是秦时旧县，景帝时改名阳陵。《史记》《汉书》注释阳陵去长安东北 45 里。《三辅黄图》记载阳陵在长安东北 45 里。今咸阳市东北约 24 公里张家湾西北即汉景帝阳陵和王皇后陵，西距长陵约 6 公里。据考古调查阳陵县城可能在阳陵东约 3 公里高陵县米家崖村附近，县城近泾渭之交，东为高陵县，西为长陵县，县境所辖面积有限。东汉时京兆尹樊陵于阳陵县东引泾水灌田，三国魏黄初元年（220）撤销阳陵县建制。(《汉代长安词典》—《地理环境·阳陵》)

王学理、王保平："阳陵"系西汉景帝刘启（前 188—前 141）和王皇后（？—前 126）合葬陵园的统称，位于咸阳市渭城区正阳乡张家湾村北的原上，是西汉帝陵位处"五陵原"最东端的一个，隔渭水南望西安城，仅有 22 公里之遥。(《西汉阳陵陵园考古有重大发现》，载《考古与文物》1991 年第 2 期)

又：1990 年 5 月起，陕西省考古研究所汉陵考古队为配合咸阳国际机场东线专用公路建设，在阳陵南区的路基上作随工清理。随后经探测，发现了一组包括 14 行 24 个俑坑的从葬设施。这些坑是南北走向，东西平行，占地范围约 96000 平方米。俑坑南北均具斜坡道，宽度约 4 米，深 7 米，其长度可分大、中、小三级。最长的坑南北 291 米，最短约 25 米，中等的在 120 米以上。从清理和发掘可知，原来坑底横铺木板，侧垒枋木，上盖棚板，再覆席子，从而形成为一个放置陶俑、车马和其他文物的大型地下木结构藏室。（同上）

又：经清理的第六、八号两坑坑端面积不到 40 平方米，均遭严重盗扰，文物移位，仍出土彩俑陶俑个体 400 余件，铜铁兵器、农工工具、衣饰及货币千余件。（同上）

又：伴出的金属文物有铜镞、弩机、带钩、马衔、"半两"钱、铁矛、戟、剑、锸、凿、锛、陶井、灶等。这些都是装配给陶俑的，属于缩小比例的模拟品。但制作精巧，加工细致，无一丝含糊，是些具有同等研究价值的"明器"。（同上）

又：除已知的陵阙、"寝殿"等礼制性建筑正在探测其布局、结构外，在陵园的南侧、东南和正东都发现了大片的建筑群，形成对俑坑、陵园及其他从葬设施的半月形包围。在陵区地面上，除残留的几座陪葬墓封土堆外，东部远距离的陪葬墓多已平毁。但已勘探出墓区的大致范围及墓形。（同上）

又：据史载，高祖刘邦建立西汉政权之后，经惠帝"与民休养"、文帝刘恒和景帝刘启父子的苦心经营，前后五十余年（前194—前141），使国力从恢复到发展，创设下雄厚的经济基础，形成为历史学家所称道的"文景之治"。从此次陵园考古所获得的初步收获，即可看到当时治国的成效。（同上）

【汇评】

徐孚远：此《纪》严奥有法，特似古史，盖太史迁另一体也。而武帝以为谤书，与《文帝纪》并观，则知之矣。（《史记测议·孝景本纪》）

吴　溥：腾阳边郡，感荷神庥。在昔邑中宰官大夫以及都人士女，罔不仰其灵爽而祠之。由是庙貌以立。……虽然岁月云遥，泥涂易败，后之君子，倘能缺者补之，毁者葺之，或更光大而润色之，庶万年禋祀绵延不绝，获帝之眷，亦必无穷矣。是为记。清雍正五年丁未岁孟夏月谷旦。（引自《永昌府文征》卷十《重修来凤山汉景帝碑记》）

编者按：清人吴楷考证，来凤山汉景帝庙乃唐代屡屡寇边之蒙世隆，伪谥景庄帝，因以讹传为汉景帝。可作一说。见《永昌府文征》文卷十一《景帝非正祀辨》。

太史公曰①：汉兴，孝文施大德②，天下怀安③。至孝景④，不复忧异姓⑤，而晁错刻削诸侯⑥，遂使七国俱起，合从而西向⑦，以诸侯太盛⑧，而错为之不以渐也⑨。及主父偃言之⑩，而诸侯以弱⑪，卒以安⑫。安危之机⑬，岂不以谋哉⑭？

① 【汇评】

徐朔方：在十来篇《本纪》的"太史公曰"中，它以警辟的历史见解和政治评论而引人注目，显然不是后人的补作或伪托所能相比。《汉书·景帝纪》的赞语以汉代的文景之治与周代的成康之世相比，司马迁在高后、文帝、景帝三篇《本纪》中提出的却是另外一个看法。他赞美惠帝、高后时"天下晏然，刑罚罕用，罪人是希，民务稼穑，衣食滋殖"，"孝文施大德，天下怀安"，对景帝之世只说是"不复忧异姓"，指出朝廷和异姓诸王的矛盾已经让位给朝廷和同姓诸王的矛盾，对政治设施没有说一句好话，却间接地说"晁错刻削诸侯"，同他在《晁错列传》以及武帝时的几个"酷吏"的传记中，对刑法之治的非议都是一致的。《史记》和《汉书》对景帝有不同的评价，《史记》把景帝一朝看作是武帝一朝的刑法之治的先声，而《汉书》则以文、景之治标榜后世。（《史汉论稿·〈史记·孝景本纪〉非后人补作辨》）

② 【汇评】

苏　辙：汉之贤君，皆曰文景。文帝宽仁大度，有高帝之风；景帝忌刻少恩，无人君之量。其实非文帝比也。帝之为太子也，吴王濞世子来朝，与帝博而争道，帝怒，以博局提杀之。濞之叛逆，势激于此。张释之，文帝之名臣也，以劾奏之贬，斥死淮南。邓通，文帝之倖臣也，以吮痈之怨，困迫至死。晁错始与帝谋削诸侯，帝违众而用之，及七国反，袁盎一说，谲而斩之东市，曾不之恤。周亚夫为大将，折吴楚之锐锋，不数月而平大难。及其为相，守正不阿，恶其悻悻不屈，遂以无罪杀之。梁王武，母弟也，骄而纵之，几致其死。临江王荣，太子也，以母失爱，至使酷吏杀之。其于君臣父子兄弟之际，背理而伤道者，一至于此！原其所以能全身保国，与文帝俱称贤君者，惟不改其恭俭故耳。《春秋》之法，弑君称君，君无道也；称臣，臣之罪也。然陈侯平国、蔡侯般，皆以无道弑，而弑皆称臣，以为罪不及民故也。如景帝之失道非一也，而犹称贤君，岂非躬行恭俭，罪不及民故耶？此可以为不恭俭者戒也。（《栾城集·栾城后集》卷七《汉景帝第九》）

胡　寅：文帝宽厚长者，以德化人，无事则谦抑如不能，有难则英气奋发。景帝则刻薄任数，以诈力御下。平居则诛赏肆行，缓急则揣惧失措，其大较悬绝如此。而又以无能废正后，而夫妇之义薄；无罪废太子，而父子之恩暌；过爱梁王，轻许传位，而兄弟之好不终；信谗用私，诎申屠嘉，戮晁错，杀周亚夫，而君臣之道乖。其视乃翁益相辽矣。独节俭不妄费，育民以致丰富一事，为克遵前业耳。（《致堂读史管见》卷二）

徐复观：《史记·孝景本纪》的全文不可见，但由保存下来的"赞"，与《汉书·景帝纪》的"赞"，两相比较，史公与班氏两人对景帝的观点，并不相同；但班氏下笔是相当有技巧的。……史公首先承认景帝时代是社会比较太平安定的时代，但他把功劳归之文帝而不愿归之景帝。其次，他以七国之变，为景帝时代政治上的大事。晁错为之不以渐，未能善其谋，责晁错，实以责景帝。《汉书·景帝纪·赞》："赞曰，孔子称斯民三代之所以直道而行也，信哉。周秦之敝，罔密文峻，而奸轨不胜。汉兴，扫除烦苛，与民休息。至于孝文，加之以恭俭。孝景遵业。五六十载之间，至于移风易俗，黎民醇厚。周云成康，汉言文景，美哉。"班氏对景帝的称颂，也止用"遵业"两字，则他仍未跳出史公所作批评的范围。但他不提七国之变，即是不打景帝的痛脚，而转一个弯，把汉的文、景，比之周的成、康，这便把景帝的地位提得很高了。（《两汉思想史·〈史〉〈汉〉比较研究之一》）

瞿林东：司马迁对汉文帝的评论是意味深长的，他引用孔子的话加以发挥说："孔子言'必世然后仁。善人之治国百年，亦可以胜残去杀。'诚哉是言！汉兴，至孝文四十有余载，德至盛也。廪廪向改正服封禅矣，谦让未成于今。呜呼，岂不仁哉！"（《史记·孝文本纪》后论）他又说："汉兴，孝文施大德，天下怀安。"（《史记·孝景本纪》后论）所谓"德至盛""施大德"，这是对汉文帝的"德"给予了崇高的评价。在这个评价中，也暗含着对汉武帝大行封禅的批评。而司马迁对汉景帝本人，几乎没有作任何直接的评论。由此可见，司马迁在评价本朝君主时，在历史认识上是严肃的，在评价方法上是有分寸的，堪称史家评价君主的典范。（引自《中华文化通志·史学志》第六章《历史评价·历史评价与道德评价》）

③【汇注】

　　刘定山、龚浩康：怀安，怀念帝王的德政而安居乐业。（见王利器主编《史记注译·孝景本纪》）

【汇评】

　　张大可：孔子说："老者安之，朋友信之，少者怀之。"这是孔子抒发自己为政的理想，只表示一种志向；司马迁凝练成为一个单词，用以描写文景之世的太平景象，赞颂文帝之德，他在《孝景本纪·赞》中说："汉兴，孝文施大德，天下怀安。"这里"怀安"一词说是孔子抒志言论的凝缩。（《司马迁评传·家学渊源与师承》）

④【汇评】

　　章　衡：帝遵文帝之业，黎民醇厚。（《编年通载》卷三《汉·孝景皇帝》）

　　胡一桂：先儒谓其独有节俭，不妄费，育民以致殷富一事，为克遵洪业。（《十七史纂古今通要》卷七《西汉》）

　　孙　琮：先从孝文说起，递出孝景，立言有次。（《山晓阁史记选》卷一《孝景本纪赞》）

⑤【汇注】

　　张大可：不复忧异姓，异姓，指异姓诸侯王。刘邦与项羽争天下，先后封了九个异姓诸侯王。全国统一后，刘邦一个一个收拾了异姓王，改封同姓王，至景帝时，唯一的异姓王长沙国吴氏无后国除，一个异姓王也没有了，所以说"不复忧异姓"。（《史记全本新注·孝景本纪》）

【汇评】

　　金圣叹：异姓不复忧，乃自"施大德"来，则七国之事，不言可知。真正妙笔！（《金圣叹批才子古文·西汉文·孝景本纪赞》）

⑥【汇注】

　　张家英：《尚书·微子》"我旧云刻子"，孔《传》："刻，病也。"《经典释文》引马云："刻，侵刻也。"孔《疏》："刻者伤害之义，故为病也。""刻"有"伤害"之义，"削"有"掠夺"之义，因而"刻削"有"侵害、侵夺"的意思。晁错刻削诸侯，实主张缩小诸侯的封地，削弱诸侯的实力。"刻削"一语，《史记》中二见。另一见

《秦始皇本纪》之"刻削毋仁恩和义"。这个"刻削"和本例不同,它表达的是"严酷、残虐"之类的含义。(《〈史记〉十二本纪疑诂·孝景本纪》)

【汇评】

孙　琮:"而"字,微文。(《山晓阁史记选》卷一《孝景本纪赞》)

⑦【汇注】

刘定山、龚浩康:合从,本指战国时南北六国联合起来共同抗秦,这里借指吴楚七国联合起兵反叛朝廷。(见王利器主编《史记注译·孝景本纪》)

【汇评】

金圣叹:孝景事无大于此,故只举一事。(《金圣叹批才子古文·西汉文·孝景本纪赞》)

⑧【汇校】

[日]水泽利忠:延久、凌、金陵同。各本"太"字作"大"。(《史记会注考证附校补·孝景本纪第十一》)

【汇评】

王应麟:天下未定,名分未明,宜建侯以治之,而未可遽谓安宁也。古者列爵惟五,分土惟三,大国止于百里。……汉惩秦孤立,封王子弟,大启九国,跨州兼郡,连城数十,宫室百官,同制京师,虽有犬牙磐石之固,亦有指大如股之忧,此诸侯大盛,疆土逾制,自高帝失之。(《通鉴答问》卷四"七国反")

⑨【汇注】

张大可:渐,因势利导。(《史记全本新注·孝景本纪》)

张家英:《广雅·释诂二》:"渐,进也。"这个"渐",古作"趣",是"逐渐、逐步发展"的意思。"错之不以渐"是批评晁错想维护中央集权,却不能依照逐步进行的原则来办理。(《〈史记〉十二本纪疑诂·孝景本纪》)

【汇评】

杨　时:晁错曰:"人君必知术数。"又曰:"五帝神圣,其臣莫能及,而自亲事。"操是说,盖未尝知治体也。夫天下大器,非智力所能胜也。舜之惇五典,庸五礼,用五刑,皆因天而已,未尝自为也。虽股肱耳目,付之臣而不自用,况以术数而自亲事乎?使后世怀诡者误其君,挟术以自用,必质是言也,其为祸岂浅哉?若吴楚之反,不在错,天下已知之矣。景帝用逸邪之谋以诛错,其失计不已甚乎?当是时,兵之胜负,国之安危,未可知也。而诛其谋首,岂不殆哉?而在庭之臣无一人为错言者,盖变起仓卒,各欲侥幸于无事,而莫敢以身任之也。然而错亦有以取之矣。夫汉之有七国,未若鲁之三家也。孔子堕三都之城,而三家无敢不受命者,则其处之必有道矣。孟子曰:"子以为有王者作,则鲁在所损乎,在所益乎?"孟子而得志,固将损之也。错无硕德重望以镇服其心，而强为之谋，其召乱而取祸，盖无足怪者。武帝时，淮南王欲反，独畏汲黯之节义，视公孙弘辈如发蒙耳，则天下果非智力可为也。以一汲黯犹足以寝淮南之谋，况不为黯者乎？（《龟山集》卷九史论《晁错》）

苏　轼：昔者晁错尽忠为汉，谋弱山东之诸侯。诸侯并起，以诛错为名，而天子不察，以错为之说。天下悲错之以忠而受祸，而不知错之有以取之也。古之立大事者，不惟有超世之才，亦必有坚忍不拔之志。……夫以七国之强而骤削之，其为变岂足怪哉？错不于此时捐其身，为天下当大难之冲，而制吴、楚之命，乃为自全之计，欲使天子自将而己居守。且夫发七国之难者谁乎？己欲求其名，安所逃其患？以自将之至危，与居守之至安，己为难首，择其至安，而遗天子以其至危，此忠臣义士所以愤惋而不平者也。当此之时，虽无袁盎，错亦不免于祸。何者？己欲居守，而使人主自将，以情而言，天子固已难之矣，而重违其议，是以袁盎之说得行于其间。使吴、楚反，错以身任其危，日夜淬砺，东向而待之，使不至于累其君，则天子将恃之以为无恐，虽有百袁盎，可得而间哉！嗟夫！世之君子，欲求非常之功，则无务为自全之计。使错自将而击吴、楚，未必无功。惟其欲自固其身，而天子不悦，奸臣得以乘其隙。错之所以自全者，乃其所以自祸欤！（《苏文忠公全集·东坡应诏集》卷十《晁错论》）

苏　辙：臣闻圣人应变之机，正在迟速之际，但使事变稍缓，则吾得算已多。昔汉文景之世，吴王濞内怀不轨，称病不朝，积财养士，谋乱天下。文帝专务含养，置而不问，加赐几杖，恩礼日隆，濞虽包藏祸心，而仁泽浸渍，终不能发。及景帝用晁错之谋，欲因其有罪削其郡县。以为削之亦反，不削亦反；削之则反疾而祸小，不削则反迟而祸大。削书一下，七国尽反。至使景帝发天下之兵，遣三十六将，仅而破之。议者若不究利害之浅深，较祸福之轻重，则文帝隐忍不决，近于柔仁；景帝刚断必行，近于强毅。然而如文帝之计，祸发既迟，可以徐为备御，稍经岁月，变故自生，以渐制之，势无不可。虽有千濞，亦何能为？如景帝之计，祸发既速，未及旋踵，已至交兵。锋刃既接，胜负难保，社稷之命，决于一日。虽食晁错之肉，何益于事！（引自《历代名臣奏议》卷三百三十二《御边·再论兰州等地状》）

秦　观：臣闻世之论者，皆以为汉用袁盎之谋，斩晁错以谢天下为非。是以臣观之，汉斩错，七国之兵所以破也。何则？胜败之机，系于理之曲直。理直则师壮，师壮胜之机也；理曲则师老，师老败之机也。故善战者战理。……汉斩晁错之事，何异于此？夫汉之诸侯，连城数十，地方千里，虽号强大，然则皆高帝之封也。一旦用错计，摘其罪过而削夺之，则天下忿然，皆有不直汉之心。当此之时，诸侯直而汉曲，故吴王得以藉口反也。然吴王即山铸钱，煮海为盐，以其子故，招致天下亡命，欲为反者三十余年。其称兵也，发愤削地，以诛错为名耳。汉斩错而兵不罢，则逆节暴露，天下亦忿然，有不直七国之心。当此之时，诸侯曲而汉直，故太尉得以破其兵也。

（《淮海集》卷十九《进论·晁错论》）

蔡襄：或曰：晁错为景帝谋削诸侯以尊汉，而陷于仇人，身死都市。事适未就而遭谗被祸，其诚忠矣，而扬子云乃以为愚，何哉？愚错而孰为忠耶？曰：错诚忠矣，然为汉谋诸侯，则曰削亦反，不削亦反，非愚而何？若主父偃、贾生推恩以分地，乃谋者之长策。（《蔡襄全集》卷三十一《杂说》）

周紫芝：世之议者皆以晁错不当削七国以发其怒，及七国反，以诛错为名，则景帝不得不杀错以谢七国。余以谓此特书生之谈，儿童之见耳。盖世之善论人者，不以迹而以心。其迹是也，其心非也，则世俗皆以为忠，而君子以谓未见其所以为忠焉，若王莽之安刘是也。其心是也，其迹非也，世俗未必以为忠，而君子以谓是乃所以为忠矣，若晁错之削七国是也。七国之地，高祖之所封，削之则为贼恩，吴楚之君怀奸而未发，激之则必至速祸，故削书一出而七国果反，连衡以叛，天子忧劳，王师四出而仅以仆灭，错亦可谓无策矣。当是之时，非特七国欲诛错，虽左右无不欲诛之者。非特当时左右之不知错，后世虽贤如扬雄者，亦以错为愚。景帝固知其为智囊，而先入之言已不可变，虽欲活之，计将安出？此无他，是皆观其迹而终其心，有不察焉者也。为景帝者，胡不察其心，以谓错所以削其国者，为其一身计耶？为天下计耶？二者有所不能明，则徐而思之，以谓吴楚之君地大势强，日以滋横，铸山煮海，招亡集叛，反状已萌，特未有以发耳。虽三尺之童知其必至于此也。错虽至愚，岂不知削其地则必叛，叛则祸必及己。错所以不畏其祸，而肯为其君言之者，其心果安在哉？盖特以安国家而定社稷也。察其心，苟知其如此，则左右大臣虽劝帝以杀错，勿杀可也。惜乎！孝景惑于一时之言，仓皇无术，而于错之心有不察也。……然而察错之心，则要在安刘氏而已。景帝不察其心，此盎之说所以得行于疑似之间也。或有以谓汉不诛晁错，无以折七国之兵，犹唐不杀国忠无以弭禄山之祸。孝景之杀错，岂得已哉？曰：错之忠岂可与国忠比？孝景之治岂可与明皇论？时国忠虽诛，而禄山之难未必戢，晁错不诛，七国将何为哉？此其理较然易知者，而景帝竟纳盎言，此殆不察其心而然欤？或者又谓七国之难作，错不能捐身以当其危，反使天子将兵而己居守，安在其为忠乎？曰：是乃所以为忠也。错知大臣之欲杀己，而自将其兵，则足未及旋而首已堕于奸臣之手矣。孰若使天子自将，己居其中，扼奸臣之吭而控之，则天子收战胜之功，而己不失忠臣之名，岂非两全之道欤？帝不此之思，而纳盎之说，此亦不察其心而然也。然则为人君而不察其臣下之心，则其杀忠臣而不悔者，鲜矣。（《太仓稊米集》卷四十四《晁错论》）

王之望：天下之事，曷尝不可为。其所以每至于祸败而不救者，非事固然为之，不知其数耳。为之不知其数，以至于祸败，而因以为事固不可为，则亦不察矣。昔晁错患诸侯强大，建议削地以尊京师。于是七国俱反，指错以为名，汉遂诛错以谢。议者皆冤错之策，以为吴楚之事，错固已前知之。削之则反疾而祸小，不削则反迟而祸大。呜呼！七国之反，汉之不亡幸耳。祸尚有更大者邪？于此有削而不敢反，反亦不能为祸者。错顾不知，则其死亦宜矣。盖天下之势，强弱异形，则攻取有先后。先攻小以图大者，弱国之形也。先攻大以令小者，强国之形也。先小后大，则敌脆而力有所并；先大后小，则威加而交不得合。……景帝之世，山东之国凡十有八，而吴阻江负海，其地最大；怨望不朝，其罪最深；铸山煮海，招纳叛亡，其谋最久。景帝初立，宜姑加惠藩臣，阔略细故，使睦我而无反侧心，然后首议削吴。彼削之出于不意，则事有所不及谋。既而势益弱，则谋有所不敢；就使果发，亦无以动摇诸侯。一区区之吴，何能为哉？吴既削而天下定矣。此所谓削而不敢反，反亦不能为祸者也。错固不然，方且纷然更定律令，以侵刻诸侯为己功。先削赵，又削楚，又削胶西，然后乃议削吴。诸侯人人自危，皆有怨怒不服之心，故刘濞一呼天下皆应，吴未及削而祸结矣。然则错之谋实驱之，尚何冤哉！昔齐桓公欲尊王室，管仲先使之存亡继绝，而厚诸侯之礼，然后南征强楚，责包茅之不入，楚服而霸功遂成。齐列国也，为之有数，而其效犹见如此，况西汉全盛之时乎？……而错直为此纷纷，亦虑之不熟哉！夫谋事一未成而为天下所指，至以其族藉仇雠之手，为万世笑，可不哀哉！或曰：贾谊于文帝陈众建诸侯之策，主父偃因之，汉遂封及支庶，诸侯不削而自弱。错独不为此乎？曰：文帝之世，诸侯之子弟鲜矣。谊乃欲建以为国空而置之，然则必悟其将弱已矣。与割地何异哉？彼推恩之令，必武帝之世而后可行也，非所以责晁错也。（《汉滨集》卷十四《晁错论》）

钱　时：大抵积弊不可以骤革，深根固蒂之病不可以顿除。除之速，革之遽，则未有不召变致乱者。七国之祸，自高帝而种此根矣，至文帝时，有国各三数十年，而其兆日益以著。贾谊请分之，而帝不听；晁错请削之，而帝不忍。此其弊虽若宽纵以养祸，然未能害其能容也。景帝即位，推恩于同姓，威刑不耀，而德泽日加，使之有感而无怨，可怀而无可怒，然后取谊之策，裂土地而侯封之，不然者削之，不服者诛之，内之不失骨肉之亲，外不废国家之法，夫谁曰不可？安有嗣服未几，吾先帝之所优容而不忍者，捃摭往事一切行之，顿举骤发不少辽缓，使诸国合为一怨仇，然相向若蝟毛而起。此固势之所必至，无足怪也。错之言不行于文帝，而栽培酝酿于储宫则有日矣。一旦得君倾倒而出，以快其平日之所欲为而不顾。呜呼！错亦小丈夫矣哉！论者往往谓错以忠而受祸，是不然。世固有为谋虽忠，而举措之失宜，区处之乖方，以至误国祸天下者多矣，君子不谓忠也，于错乎何恤！（《两汉笔记》卷三《景帝》）

张　宁：晁错削吴之论，忠谋也。惜其进谋无虑，昌言之于朝。景帝听谋无断，杂议之于众，遂使叛濞先几首事，汉几不保，而错亦死于无辜。古云：君不密则失臣，臣不密则失身，机事不密，则害成。信矣！论史者谓错谋，失在不以渐，惟密然后能

夫渐也。(《方洲集》卷二十八《读史录·景帝三年》)

王应麟：自昔论七国者，未有若太史公之简而明也。然则谓诸侯太盛，何欤？曰《易》始乾，坤次以屯，曰"利建侯"，其《象》曰"天造草昧，宜建侯而不宁"，言天下未定，名分未明，宜建侯以治之，而未可遽谓安宁也。古者列爵惟五，分土惟三，大国止于百里。周公之子封鲁，曰公车千乘，公徒三万，此百里之赋。《明堂位》谓封七百里，非也。汉惩秦孤立，封王子弟，大启九国，跨州兼郡，连城数十，宫室百官，同制京师，虽有牙犬磐石之固，亦有指大如股之忧。此诸侯大盛，疆土逾制，自高帝失之。(《通鉴答问》卷四"七国反")

又：或曰：谓"晁错为之不以渐"，何欤？曰：贾生谓欲天下之治安，莫若众建诸侯而少其力，割地定制，使其子孙以次受之。一寸之地，天子无所利焉。此策若行，诸侯不削而自弱。晁错不深思熟虑，骤削其地，诸侯圜视而起，未能销天下之患，适以激天下之变。吴濞包藏逆谋久矣，未有名以举事也，一旦削楚、赵、胶西三国，吴亦将见削，于是托诛错之名，起西向之师。夫诸侯尾大，辅车相依，岂无经远之谋，遽为欲速之计，此错之所以误国而灭身也。倘能纡徐岁月，相时而动，用贾生众建之策，上不失睦族之义，下亦无少恩之怨，为之有渐，何名以与天子抗衡哉？贾生之言不行于文帝之时，主父偃因以说武帝下推恩之令，而侯国自析。故转安为危者错也，转危为安者偃也，谋国其可轻锐乎？然而诸侯之弱，汉之利也，亦汉之忧也。支叶凋零，本根不茂，权归于外戚，祚移于贼莽，以同姓之势微也。噫，周不惩管、蔡，而晋、卫之屏翰益隆，汉因惩七国，而骨肉之疏远益甚。观中山之对，诵刘向之书，此《诗》所谓"无独斯畏"者欤！(同上)

王夫之：文帝崩年四十有六，阅三年而吴王濞反。濞之令曰："寡人年六十有二。"则其长于文帝也，十有三年。当文帝崩，濞年五十有九，亦几老矣。诈病不觐，反形已著，贾谊、晁错日画策而忧之。文帝岂不知濞之不可销弭哉？赐以几杖而启衅无端，更十年而濞即不死亦以衰矣。赵、楚、四齐，庸劣无大志，濞不先举，弗能自动。故文帝筹之已熟，而持之已定。文帝幸不即崩，坐待七国之瓦解，而折箠以收之。是谊与错之忧，文帝已忧之。而文帝之所恃，非谊与错所能测也。(《读通鉴论》卷三《文帝二三》)

夏之蓉：晁错以太子家令上书言事，皆切中当世之务。既为中大夫，遂言诸侯当削，法令当改，毅然言人之所不敢言，岂不勇哉？七国之难，身受其祸，其自为谋也愚，其为汉谋也智。(《读史提要录》卷一《西汉》)

又：错深通治要，即削地一事，与贾傅合，其才固足以挥斥七国而有余。惜急则无序，有戎首名。若以错之才，更慎密宽展，亦管、葛之亚也。(同上)

⑩【汇注】

司马迁：主父偃者，齐临菑人也。学长短纵横之术，晚乃学《易》《春秋》、百家言。游齐诸生间，莫能厚遇也。齐诸儒生相与排摈，不容于齐。家贫，假贷无所得，乃北游燕、赵、中山，皆莫能厚遇，为客甚困。孝武元光元年中，以为诸侯莫足游者，乃西入关见卫将军。卫将军数言上，上不召。资用乏，留久，诸公宾客多厌之，乃上书阙下。朝奏，暮召入见。（《史记·平津侯主父列传第五十二》）

又：（编者按：主父偃说汉武帝）曰："古者诸侯不过百里，强弱之形易制。今诸侯或连城数十，地方千里，缓则骄奢易为淫乱，急则阻其强而合从以逆京师。今以法割削之，则逆节萌起，前日晁错是也。今诸侯子弟或十数，而嫡嗣代立，余虽骨肉，无尺寸地封，则仁孝之道不宣。愿陛下令诸侯得推恩分子弟，以地侯之。彼人人喜得所愿，上以德施，实分其国，不削而稍弱矣。"于是上从其计。（同上）

范　理：主父偃，齐国临菑人，学长短纵横术，晚乃学《易》《春秋》百家之言，入关上书，为郎中。岁中三迁，时大臣皆畏其口，赂遗累千金。或说曰"太横"，偃曰："我阸久矣，丈夫生不五鼎养，死则五鼎烹。吾日暮故倒行逆施之。"后言齐王有淫行，上以为齐相。至齐，使人告王与姊奸事，动王，王自杀。上以偃劫其王，令自杀，为公孙弘执争，乃遂族偃。（《读史备忘》卷一《主父偃》）

刘定山、龚浩康：主父偃（？—前127），复姓主父。武帝时上书言事，任郎中，官至中大夫。他提出逐步削弱诸侯王势力的"推恩分子弟，以地侯之"的建议，即允许诸侯王分封自己的子弟为侯，使各封国愈来愈小，势力越来越弱。这一建议被武帝采纳，对巩固汉王朝中央政权起了积极作用。事详《平津侯主父列传》。（见王利器主编《史记注译·孝景本纪》）

【汇评】

范　梈：大都耦国，乱之本也。汉分同姓，咸过其制，卒成七国之变。势固然哉！主父分王之谋，最为得策。盖祖贾生"众建诸侯而少其力"之意，虽不削地以起衅，其实则自削也。恩施而法行其中，诸侯皆见德而不见法，此制驭之长策也。大抵亲亲之道，宁以恩掩义，勿以义胜恩。错之削地，纯任法，法胜则离，故叛。偃之分王，纯任恩。恩施则悦，故服。（《洗心居雅言集》卷上"主父偃请分王诸侯"）

⑪【汇评】

王应麟：武帝用偃之策，封诸王子弟为列侯，藩国分析，无尾大之势，可为汉之利。然诸侯贫者或乘牛车，本末俱弱，以成新都之篡，其害大矣。（《通鉴答问》卷四"诸侯推恩封弟子"）

⑫【汇注】

司马贞：主父偃上言，今天子下推恩之令，令诸侯各得分邑其子弟，于是遂弱，

卒以安也。(《史记索隐·孝景本纪》)

孙　琮：与"怀安"应。(《山晓阁史记选》卷一《孝景本纪赞》)

[日] **泷川资言**：事在武帝元朔二年。中井积德曰：偃之言，即贾生之策矣。惜乎孝文不得行之于前，而归功于匪人也。(《史记会注考证附校补·孝景本纪第十一》)

【汇评】

戴　璟：始读《孟子》，见与慎子论齐、鲁之地，以为有王者起，或千里，或五百里，皆将损之。窃疑孟子虽负命世之大才，然以法割削之，则逆节萌起，必有晁错之祸矣。及观汉武帝主父偃之策，令诸侯分王子弟，齐分为七，赵分为六，梁分为五，淮南分为三，而强藩重镇自削弱于谈笑指麾之下，孟子之言于此验矣。然愚以为自主父偃削地之后，作左官之律，设附益之法，诸侯子弟日以藩而封国日以分，地势日以小，卒之王莽篡位，诸侯王兵弱力孤，坐视莽据南面之尊，分遣五威之吏，驰传天下，班行符命。于是自假即真，而莫可奈何。诸侯王厥角稽首，奉上玺韨，惟恐在后，或称美功德以苟活须臾之生。此则主父偃分王之策误之也。愚谓若孟子处之，分王亦必有节，不应世代迭相分王，至于削弱之甚如此也。(《汉唐通鉴》卷六"主父偃请分王侯")

李景星：至于七国之反，关系国家安危，是孝景时第一大事，故《纪》中既载之，而赞语复论及之。"卒以安"三字，娟峭之至。末后结出"谋"字，尤有无穷感慨。(《四史评议·孝景本纪》)

⑬【汇评】

孙　琮：此赞当着眼"天下怀安""卒以安"及"安危之机"数句，针针激射处。盖七国俱起，不安孰甚，景帝寻削之。景帝治绩莫大乎是。故汉代文、景并称，正称景帝之转危为安，同于文帝之怀安也。子长此赞，直以"安"字为线索。(《山晓阁史记选·孝景本纪赞》)

⑭【汇评】

荀　悦：自汉初务本劝农，累世承业，至是始天下殷富，家给人足。京师之钱累百巨亿，贯朽而不可校，太仓之粟充实，露积于外，腐败而不可食。众庶街巷有马，阡陌之间成群，守闾阎者食粱肉，为吏者长子孙，居官者以官为姓号，人人自爱而不犯法，仁义兴焉。(《汉纪·前汉纪孝景皇帝纪卷九》)

又：《本纪》称周秦之弊，密文峻法，而奸不胜。汉兴，扫除苛政，与民休息。至于孝文，加之恭俭，孝景遵业，五六十载之间，至于移风易俗，黎民醇厚。周云成康，汉称文景，美矣！(同上)

司马贞：景帝即位，因修静默。勉人于农，率下以德。制度斯创，礼法可则。一朝吴楚，乍起凶慝。提局成衅，拒轮致惑。晁错虽诛，梁城未克。条侯出将，追奔逐

北。坐见枭剥，立翦牟贼。如何太尉，后卒下狱。惜哉明君，斯功不录！（《史记索隐·孝景本纪述赞》）

吕祖谦：子长之赞如此，轻重抑扬之意可见矣。班孟坚乃谓周云成康，汉言文景，岂有旨哉！（《大事记解题》卷十一）

孙　琮：挺健深远，又妙在不甚透。（《山晓阁史记选·孝景本纪赞》）

程馀庆：结句荡开，古笔远神，妙在不甚说透，正自含蓄无穷。（《历代名家评注史记集说》）

[日]泷川资言：真德秀曰：太史公论七国事，以一言断之曰：以诸侯太盛，而错为之不以渐也。则其初封建之过制，后之当抑损，而为之不善，皆见于一言，非后世史笔可及。（《史记会注考证附校补·孝景本纪第十一》）

张大可：《孝景本纪·赞》以"谋"字作眼，实际是论贤才之"德"。晁错、主父偃，个人功绩皆为司马迁所肯定，但认为两人之德不足，所以都无好下场。司马迁特地将景帝与汉文帝相提并论，认为景帝之德逊色得多。（《史记全本新注·孝景本纪·简论》）

【篇评】

班　固：赞曰：孔子称"斯民，三代之所以直道而行也"，信哉！周秦之敝，罔密文峻，而奸轨不胜。汉兴，扫除烦苛，与民休息。至于孝文，加之以恭俭，孝景遵业，五六十载之间，至于移风易俗，黎民醇厚。周云成康，汉言文景，美矣！（《汉书·景帝纪第五》）

李昉等：《汉书》述曰：孝景莅政，诸侯放命。克伐七国，王室以定。非怠非荒，务在农桑。著于甲令，民用宁康。（《太平御览》卷八八《孝景皇帝》）

司马光：班固赞曰：孔子称"斯民也，三代之所以直道而行也"，信哉！周秦之敝，罔密文峻，而奸轨不胜。汉兴，扫除烦苛，与民休息。至于孝文，加之以恭俭，孝景遵业，五六十载之间，至于移风易俗，黎民醇厚。周云成康，汉言文景，美矣！汉兴，接秦之弊，作业剧而财匮，自天子不能具钧驷，而将相或乘牛车。齐民无藏盖。天下已平，高祖乃令贾人不得衣丝、乘车，重租税以困辱之。孝惠、高后时，为天下初定，复弛商贾之律，然市井之子孙，亦不得仕宦为吏。量吏禄，度官用，以赋于民；而山川园池、市井租税之入，自天子以至于封君汤沐邑，皆各为私奉养焉，不领于天子之经费。漕转山东粟，以给中都官，岁不过数十万石。继以孝文、孝景，清静恭俭，安养天下，七十余年之间，国家无事，非遇水旱之灾，民则人给家足，都鄙廪庾皆满，而府库余货财，京师之钱累巨万，贯朽而不可校。太仓之粟，陈陈相因，充溢露积于外，至腐败不可食。众庶街巷有马，而阡陌之间成群，乘字牝者，摈而不得聚会，守闾阎者食粱肉，为吏者长子孙，居官者以为姓号，故人人自爱而重犯法，先行义而后诎辱焉。当此之时，罔疏而民富，役财骄溢，或至兼并；豪党之徒，以武断于乡曲。宗室有土，公卿大夫以下，争于奢侈，室庐舆服，僭于上无限度。物盛而衰，固其变也。自是之后，孝武内穷侈靡，外攘夷狄，天下萧然，财力耗矣。（《资治通鉴》卷十六《汉纪八》）

胡　宏：汉景方其宠晁错，虽穿太上皇庙堧垣亦无罪；及恶临川王，则侵太宗庙堧垣倒而死亦不恤。任私意而不循义理，使君臣父子一至于是。又以郅都为中尉，贵戚宗室号曰"苍鹰"，后坐不与临川王刀笔，竟被诛。既宗室多犯法，则又用宁成。夫欲亲亲，必选有节行贤德之人为之师傅，为之交游。下民犹不可以酷法治也，况宗室乎！（《五峰集》卷三《论史·景帝》）

洪　迈：汉景帝恭俭爱民，上继文帝，故亦称为贤君。考其天资，则刻戾忍杀之人耳。自在东宫时，因博戏杀吴太子，以起老濞之怨。即位之后，不思罪己，一旦于三郡中而削其二，以速兵端。正信用晁错，付以国事，及袁盎之说行，但请斩错而已，帝令有司劾错以大逆，遂父母妻子同产皆弃市。七国之役，下诏以深入多杀为功，比三百石以上皆杀，无有所置；敢有议诏及不如诏者，皆要斩。周亚夫以功为丞相，坐争封匈奴降将事，病免，心恶之，赐食不置箸，叱之使起。昧于敬礼大臣之义，卒以非罪置之死，悲哉！（《容斋随笔》卷十一《汉景帝忍杀》）

王　迈：西汉自高帝创业，嘉与宇内，从事于广大乐易之域，宽仁一念，为汉家社稷之根本。文帝继之，仁增而愈高，泽浚而愈深。为景帝者，不过守高祖立国之意，益从而培植之，则汉家之元气日充，民心之戴汉愈固。夫何刑名之习，先入其心，任用酷吏郅都、宁成之徒，以毒天下。至使公卿大臣骈颈就戮，高、文累世之泽，殆几斩焉。河汾氏不以之预七制之列者，盖惜之也。（《臞轩集》卷四论《景帝论》）

钱　时：景不如文亦明矣，然言治者必曰文景，何也？盖自春秋、战国，历暴秦，更刘项战斗之祸，寓宇分裂，生民涂炭，至于文帝，乃始以朴俭先天下，务农重谷，省刑罚，薄税敛，而遂措斯世于休养生息之地，三代而下未之有也。景帝嗣服，虽不如文，而此数事所以厚民元气，养国命脉者，则能遵守，无所变乱，是以相继四十年，海内富庶，风俗醇厚。而西都之盛独称文景欤！（《两汉笔记》卷三《景帝》）

马廷鸾：景帝天资固深刻，而犹有文帝之遗风焉。保护梁王则文帝淮南王之余意也，擢用田叔则文帝用长者之微旨也，减笞数、定箠令，何以异于肉刑之除乎？禁酤酒何以异于酒醪糜谷之禁乎？凡两朝诏书，为民而下者，皆当时仁心仁闻，不容有所优劣。吕氏尊迁抑固，其素论也，然景诏不载，迁《史》之略失之也。因抑班氏，遂

贬景帝，何谓也哉？（《碧梧玩芳集》卷二十一《景帝》）

胡一桂： 景帝启即位之初，首赐民爵一级，除田半租，定笞律从轻之法，有足称者。惜帝于君臣父子夫妇昆弟之间皆未免少恩，皇后以无宠而废，为两汉废后之始。太子以无罪而诛，为两汉废太子之始。梁王以轻许传位而好不终，相如、申屠嘉刚直可尚也，为错所卖而见黜。将如周亚夫平定七国之功不可忘也，以谗言下狱而致死。吴王濞之叛，积怨于博局杀世子之时，而发怒于晁错削地之计，兵连七国，诛错为名，遽斩错以谢。错之惨刻固不足恤，而于大体亦已伤矣。至若张释之以劾奏之恨斥死淮南，邓通以吮痈之怨困迫至死，其于人伦之间刻薄任数，戕害杀戮曾不少忍，岂慈父之所可同日语哉？（《十七史纂古今通要》卷七《西汉》）

范　理： 孝景皇帝名启，后薄氏，后废。立王氏。帝在位十六年，有中元、后元，寿四十八，遵孝文之业，移风易俗，黎民醇厚，然稽古礼文之事犹多阙焉。（《读史备忘》卷一）

范光宙： 史以汉文、景并周成、康。噫！景与文并，已非其伦，而况云周乎！帝以节俭风天下，数下诏劝民农蚕，蓄储以备灾害，而闾里殷屯，人衍家富，庶几孝文之盛，亦足尚已。然孝文宽仁，动以德化，而帝以刻薄，又以智术御下。申屠嘉，贤相也，绌于错而死；晁错，谋臣也，中于盎而戮；亚夫良将也，仇于梁而杀。一时大臣，嚣然丧气，此帝之不善御臣也。未也，帝与吴世子局戏而杀之，兹又以廷议而蕲其封壤，卒激之，使连七国，震三辅，几于为宗社之忧，此帝之不善处藩也。未也，梁孝王，太后爱子也，以太后故，王之多城，赐之警跸，而又许之为嗣，是独不知剪桐之戏乎？卒之骄纵，敢于杀天子之大臣，藉非田叔之说，其渐必至于跋扈，是又一吴王濞也，此亦帝之不善处弟也。犹未也。皇后，天下母也，甫后薄氏，遽废之，而更立王氏。太子，天下本也，甫立于荣，遽废之，而更立其子彻。悖理伤道，忍于骨肉间，抑又甚矣。是故文景者，治效兄弟也，德意父子也，未可以并而论也。（《史评》卷三《景帝·总评》）

郭子章： 予读汉文帝遗诏，而知景帝之为人子，非孝也。诏之言仁厚恻怛，大都在禁重服与厚葬二者。夫禁重服，非禁其子也，谓生既不德，无以佐百姓，死又使人重服久临，以罹寒暑之数，哀人父子，伤长老之志，为吏民设耳。文之治霸陵也，因其山不起坟，器用瓦，不饰金银铜锡，遗诏谆谆，因其故，无有所改。盖有感于张释之之语，惧异日发也。乃文帝崩七日而葬，葬三日而景即位，遗诏所以禁吏民者，景以自禁，使天子不行三年之丧，遂永为制，而诒其父以短丧之讥。即《朱子纲目》亦书曰"帝崩，遗诏短丧"，不知乃景自短，非文诏之短也。晋愍帝三年，盗发汉霸、杜二陵，及薄太后陵，得金甚多，朝廷以用度不足，诏收其遗以实内库，则遗诏所云"无有所改"，景悉改之矣。考薄太后崩于孝景二年，则薄陵所藏，皆景贮之，非文之意也，而暴其祖父遗骸于数百年后，其得为孝乎？魏文帝临终自作制曰："汉文帝之不发霸陵，无求也。光武之掘原陵，封树也。霸陵之完，功在释之，原陵之掘，罪在明帝。而释之忠以利君，明帝孝以害亲也。"当黄初时，霸陵未发，故景得逃其议。而不知景之罪与明之罪，一也。后之作史者，改书"帝崩，遗诏天下吏民，三日释服"，则短丧之罪，已有所归；独于葬霸陵下，未明书"景帝实金银于中"，以为晋代盗发张本，竟无以诛其违令之罪。令后世为人子者，无所惩也。嗟乎，景之违文教令，不独此二者，申屠嘉、周亚夫，属之将相者，晁错属之家令者，而俾之俱不得其死，薄太后死未寒，而黜薄后，窦太后尚存，而死梁王，土芥骨肉，鱼肉旧臣，夫子谓孟庄子之孝，在不改父之臣与父之政。以景视文何如哉？班固之赞曰："周云成康，汉言文景。"亦臣子推尊当代之词，非确论也。（引自《古今人物论》卷九《景帝》）

张　溥：景帝即位二年，即有孛、彗、雨雹之变，荧惑、岁星、月出之异。三年而长星出，东宫灾焉。其应在七国。七国既平之后，十二年间，《纲目》七书日食，四书地震，一书日月赤紫，五星逆守，月贯天廷，若星孛、蝗、旱、雹、雷、雨、雪、水、火，咎征咸在。载述若是者，其谁当之乎？则在帝身也。夫帝遵文帝之业，躬行节俭，重恤刑罪，黎民醇厚，财货充斥，号为太平，抑何天责之者深也？先儒讥其废薄后，杀太子，晁错弃市，亚父饿死，君臣父子之际殆有难言者。余以为帝提博局，杀吴世子，寡恩之性，自其为太子时已见之矣，无惑乎即位而戮人也。和亲之举，不遣家人子而遣公主，公主无侵堧之罪，而先婴临江之罚，此岂人情乎？其他张释之、邓通等，以私嫌死，又何言哉！……然帝于薄后、栗姬、太子、公主，残刻少恩，独尊事太后，亲爱梁王，袁盎之刺，不忍竟狱，视世之厚其妻子而薄父母兄弟者，亦有间矣。要以其刻薄果杀，虽施德百姓，有康王之誉，而不免天怒之至。况其少者，盍少鉴诸！（引自《历代史论》卷一《汉景帝论》）

华庆远：钟伯敬：景帝仅能守文帝之富强，待武帝之挥斥耳。一当七国之变，即窘急不知所出。杀晁错，不知所出。杀亚夫，无一可者。而武帝雄心，又苦无所发舒，乃以单于待命加嫚起衅举兵。观两朝事，而愈思代来时。（《论世八编》卷六《西汉》）

贺　裳：夫景帝仅中材之主而能守文帝之节俭，与民休息，宜其再受命也。（《史折》卷中《世纪总论》）

吴见思：不过排比事类，续成一篇，殊无剪裁，不足观览。赞语亦直率庸弱，不知何人手笔，恐褚先生亦不如是。（《史记论文》第二册）

牛运震：《孝景本纪》事迹与《汉书》相出入，而诏书则一概不载。按：景帝在位十六年，尚属恭俭守文之主，诏书如《议徙民宽大地诏》《谳狱诏》《定长吏车服诏》《令二千石修职诏》《劝农桑诏》，皆温雅可思。太史公不载于《纪》，或有所不满于景帝而故略之邪？然亦疏矣。不有《汉书》，则景帝诏书乌能睹于后世哉！（《读史

纠谬》卷一《孝景本纪》)

夏之蓉：景帝刻深，非孝文比。其时郅都、宁成酷吏方进，而诏治狱者务先宽，其可信乎？且临江亲子而幽于囹圄，亚夫功臣而诏诣廷尉，独不务宽，何也？论者顾谓文景之世几至刑措，至上拟成康，过已！（《读史提要录》卷一《西汉》）

李祖陶：汉家议宗庙之礼，犹有古意，祖必以功，宗必以德，故景帝议孝文庙乐，丞相嘉等以为功莫高于高皇帝，德莫盛于孝文皇帝，高皇帝庙宜为帝者太祖之庙，孝文皇帝庙宜为帝者太宗之庙也。其后终西汉之世，亦惟尊孝武皇帝为世宗，号为一祖二宗，而他皆不与，可谓严矣。文帝除田租，景帝则令田半租，是三十而税一，此必不可得已者也。其与匈奴和亲，亦文帝已行之法。然匈奴卒入寇，可知其非兵不服矣。七国之反，岂关晁错？景帝竟用袁盎之言，斩之以谢天下，真刻薄寡恩人哉。然矜慎疑狱，减笞法，定箠令，禁刻镂纂组，贱黄金珠玉，劝农之诏屡下，皆有得文帝之一体者。至异长吏车服，骎骎欲定礼制矣。（《史论五种·前汉书细读二·景帝》）

方濬颐：亲民之官莫如二千石，唯循良廉洁，斯为称职耳。反是，则诈伪货赂，日日以渔夺百姓，侵牟万民为事，甚至奸法与盗，而丞相壅于上闻。职之不修，朝廷安用此二千石哉？景帝谆谆告诫，而首以农蚕为重，民免饥寒，天下自无盗贼。故二千石之修职，端自劝民耕桑始。夫岂别有煦妪噢咻之术欤？官视民如子弟，不忍令其贫穷失所，则民亦焉有不视官如父母，尚敢甘于违犯教令也？前既有诏，听民徙宽大地，复有诏禁以苛为察，以刻为明，是其扫除烦苛，与民休息，亦未改夫文帝之政。至于末年复诏农务本，毋得为末，凡二千石听民采黄金珠玉者与同罪，帝之所以教二千石者详且尽已。虽不免刻薄任数，而节俭爱民，勤求吏治，独能克遵前业，继继绳绳，史谓汉之文景媲美成康，其庶几乎！（《二知轩文存·书汉景帝令二千石修职诏后》）

吴赞皇：异矣哉，汉景帝之为君也！历观载籍，其人之忍，有甚于汉景帝者哉？楚子上之称商臣曰："蜂目而豺声，忍人也。"汉景帝殆蜂目豺声者哉？自其为太子时，引博局提杀吴太子，以起吴王濞之反谋。及即位，遂听晁错之谋，削夺诸侯地，以致七国之反。及七国反，即听袁盎之言，斩晁错以谢七国。当七国之连兵共反也，汉之危甚矣，不有周亚夫之为将，岂能平之于旬日间哉？是亚夫之功大矣。七国既平，遂以亚夫为丞相，未几即免，未几即下之狱，致其不食死。其待功臣之忍，岂不更甚于高帝也哉？且亚夫之免也，以帝欲废栗太子，亚夫固争之不得之故。是亚夫可谓至忠，而景帝之为君，可谓至昏者矣。其下之狱也，则以其"鞅鞅非少主臣"之故，是以疑似杀之，而非有其实也，尤昏暴之极者矣。其废皇后薄氏，废太子荣，皆不君之甚者。废皇后薄氏，遂立夫人王氏为皇后。王氏者，始为金王孙妇，既生女矣，其母臧氏，夺金氏妇，内之太子宫者也，是可以母仪天下乎？既废太子荣，遂立彻为皇太子，即王夫人所生者也，是岂人君之道乎？且既废太子荣为临江王矣，又征下吏，致荣自杀，不更忍乎？何其于功臣、于妻、于子无一不用其忍乎！……班固乃谓"周云成康，汉言文景"，以文景并称，且以比成康也，何其谬哉！（引自《古今人物论》卷三《景帝》）

刘　沅：文帝宽仁恭俭，而景帝承以刻深。岂作则之无本欤？晁错之流，辅导东宫，浸淫习染，渐牿天良。……皇后废，太子死，修齐之本已无，何问经邦！故其在位一十六年，天变二十二事，求如厥考之贤明，十无一二也。惟重农桑而尚节俭，尚绍余风。周美成康，汉言文景，特史臣阿附之辞，景岂文帝比哉！后之有天下者，当知正身以正朝廷，必由心术。不端其本，而徒事业之张皇，去圣益远。是故选贤与能，恭默思道，为图治之先务也。（《史存》卷九《孝景皇帝》）

顾景星：汉高帝惩秦敝，尽王诸子，而景帝用晁错谋，削七国地，自是枝叶衰微，王莽窃天物，宗室未能兴一旅、加一矢于咸阳者。至二十年后，而世祖起于布衣，则景帝立法之弊也。（《白茅堂集·明封建论》）

权德舆：司马氏修《史记》始作三传以诫世尔。而复以郅都为酷吏传首，愚有惑焉？都之为中郎将，上欲搏野彘，活贾姬，从容奏议，引宗庙太后之重；其为济南守，诛豪猾首恶，又道不拾遗；其为中尉，宗室贵臣敛手侧目；为雁门守匈奴不敢近边，至为偶人像之，骑射莫能中；然其勇敢气节根于公廉，不发私书，不受请寄，具此数者，为汉名臣。且入居公卿，出总列郡，坚刚忠纯，终始若一。坐临江之嫌，当太后之怒，身死汉庭，手是异处，有以见汉氏之不纲，王泽之弛绝也。盖在史氏发而明之，以旌事君，以励使臣，俾百代之下有所惩创。子长既首冠酷吏，班氏又因而从之，善善恶恶之义，于此缺矣。夫以推埋沈命，侮文巧诋之徒，目为等夷，杂列篇次，至其述赞，虽云引是非，争大体，又何补焉？噫嘻！《洪范》之沈潜，大《易》之直方，皆臣道也。都虽未蹈之，斯近之矣！不隐忠以避死，不枉道以苟官，无处父之华，异申枨之欲，所至之邦，必以称职，闻其古之刚而无虐，怒而中节者欤？刚似酷，弱似仁，在辨之不惑而已，天下似是而非，失之多矣，岂独是哉？（引自《历代名贤确论》卷四十二《景帝》）

张　耒：景帝称窦婴沾沾自喜多易，不足以任宰相持重，乃相卫绾。夫自喜多易，固不足以持重，是也，而求持重者必如卫绾，则已甚矣。古之知人者，不观其形而察其情，得其妙而遗其似。夫天下之善恶，其似者固未必是，而其真者或不可以形求也。绾，车戏之贱士也，其椎鲁庸钝，偶似夫敦厚长者之形耳。夫敦厚之士，其用之也，必有蒙其利者矣，岂谓其无是非可否，如偶人者哉。苟以是为长者而用，则世之可以持重者多矣。夫恶马之奔踶也，求其无奔踶可也；得偶马而爱之，可乎？景帝之相绾也，是爱偶马之类也。帝之恶周亚夫也，曰：此鞅鞅非少主臣也，卒杀之。夫天下之情，其未见于利害之际者，举不可知。而要之易劫以势者，易动以利，不轻许人之私者，不轻行其私。亚夫之不纳文帝于细柳，与夫不肯侯王信，可谓不可以势劫，而无私意矣。伏节死义，与夫见利而心不动，非轻势而灭私者莫能。可以相少主、共危难者，意非亚夫不可，而帝乃反之。是徒以其刚劲不苟，其形若难制而嫚上者，故杀之而不疑。呜呼！景帝者，求人于形似而失之者也。昔者高祖求傅如意者而不可得，一周昌能强项面折，而高祖遂以赵委之。夫昌之不能脱如意于死，其势盖有所迫。而所以任昌者，固相危弱之道也。嗟夫！周昌以此见取，而亚夫乃用是不免，则景帝之于高祖，其观人亦异矣。（《柯山集》卷三十六《汉景帝论》）

晁说之：臣是以知汉文之为盛德也，景帝之材业皆非文帝比，而后世之称治君必曰文景，以配成康，何也？盖景帝之继文帝，不必创有所能，而能不改文帝之恭俭，不失文帝之德化，是亦文帝也。逮夫武帝兴而文景之风坠矣。君子谓汉道于是乎始衰矣，不待元成间也。武帝之材业实视景帝为优，有尊诗书之名，有修礼乐之观，岂不美哉。而兵穷绝域，刑及反唇，利悉秋毫，天下骚然不胜其声，使斯民不睹诗书礼乐之有益，云者无它焉。不如文景之有德也。（《嵩山文集》卷一"元符三年应诏封事"）

李 纲：晁错为景帝谋，以谓汉封诸侯王，连城数十，地广势强，不遵法制，削之必叛，然祸小而应速；不削亦叛，然祸大而应迟。故卒削之。而七国连衡而起，以诛错为名。景帝弗察，纳袁盎之说，斩错以谢七国。此景帝之过举也。而世以错为愚。（《梁溪集》卷一百四十九《论晁错王恢》）

李弥逊：议曰：左右皆曰可杀，勿听。诸大夫、国人皆曰可杀，然后察之，见可杀焉，然后杀之。晁错为国远虑，尊天子安宗庙，忠矣，而不免于刑戮。借曰不爱一人以谢天下父母妻子，独何罪耶？景帝用袁盎之言而诛错，闻邓公一言而恨之，杜天下忠臣之口，忘国家万世之利，以救目前，亦可谓失刑政矣。（《筠溪集》卷八《景帝诛晁错》）

黎靖德：文帝学申韩刑名，黄老清静，亦甚杂，但是天资素高，故所为多近厚。至景帝以刻薄之资，又辅以惨刻之学，故所为不如文帝。班固谓：汉言文、景帝者，亦只是养民一节略同，亦如周云成、康。康亦无大好处。（《朱子语类》卷第一百三十五）

陈仁子：世之言汉帝者曰文景。文帝之天性宽厚也，景帝之天性刻薄也。景帝诚非文帝比也。然文帝尝免肉刑矣，而笞者犹不免于死。至景帝则减笞法，定箠令，使人得全其生，是帝亦未尝无文帝之宽也。夫性之刻薄者，必多杀。秦政以猜忍挚鸷之资，严刑峻法纳一世于罟擭陷阱之中，坑儒生，戍长城，速天下之毙而不之顾。景帝未尝若秦政之多杀也。帝在位恭俭十六年矣，诏令之下十有一，而为狱者二，其五年之诏则曰：诸疑狱不决者，谳之。后元年之诏又曰：有司不能决，移廷尉。其一念在民哀矜恻怛，兴问再四，决不至累兴大狱而多戮无辜者。独于六国之削、晁错之诛几不免流于惨者，亦非尽帝之过也。帝之以博局提吴王，盖少年血气之勇耳，而吴王擅铜盐之利，招致亡命，不致贡赋者四十余年，此虽甚懦者，亦有所不堪。至于晁错之诛，变出仓卒，而中于袁盎之计，有未及思者。况错使帝自将，而己居守，岂不重帝之疑，而取轻者乎？是削六国而诛错者，非帝之果刻也，其势然也。匹夫欲肆其杀人之心，虽敌已有所不顾。梁王骄恣，帝之不杀者终其身，虽屈于太后一时之故，而帝亦非果于杀者。昔吴王孙皓临朝，多以私喜怒擅杀臣下，此其天资之素，无怪也。帝非皓比也，而世犹以刻薄者消帝，是毋乃春秋责备之论欤！世之君而能如景帝者，亦未可少也。噫！言汉帝而以文景并称，景帝虽微不及文帝，而亦其亚也。（《牧莱脞语》卷八《汉景帝论》）

易佩绅： 景帝之失德，吾大概言之矣。班氏谓其遵文帝之业者，盖省刑重农两事耳，而遂与文帝并称，何其幸乎！（《通鉴触绪》卷七）

业衍璋： 史称文景之治，然而孝景视孝文，瞠乎其后矣，不得追踪而仿佛焉。削藩方略不周，致有七国之乱，一也。诛晁错，二也。下周亚夫于狱，竟死，三也。预作寿陵，四也。灾害时有，不闻救治，五也。其所以不至于衰乱者，汉文德泽犹厚，足以维之也。子弟庸愚，坐享贤父兄之力而不自知，大抵类此。（《业衍璋集·读〈史记〉杂议一〈孝景本纪〉》）

夏曾佑： 文帝既崩，太子即位，是为景帝。帝亦治黄老学，而天资刻薄，不及文帝。然与文帝同为汉之明主，则以其材适于全权君主之用也。帝承文帝之后，无所更张，其时要事，结文帝之果而已。初，文帝宽容同姓诸侯，贾谊、晁错等皆言尾大不掉，宜加裁抑，帝阳不听而阴备之。临崩，戒太子曰："即有缓急，周亚夫真可任将兵。"盖为其实而不受其名，真黄老之精义矣。及景帝即位，错用事，言之益急，帝听之，稍侵夺诸侯。于是吴王濞、胶西王卬、楚王戊、赵王遂、济南王辟光、菑川王贤、胶东王雄渠，皆举兵反。帝归罪于晁错而杀之。而拜周亚夫为太尉，将三十六将军往伐吴楚，阅三月，亚夫大破七国兵，斩首十余万，斩吴王濞，余六国王皆自杀。以周亚夫为丞相，未几下狱死。帝既平七国，摧抑诸侯，不得自治民补吏，令内史治之，减黜其百官，又留列侯于京师，不使就国，于是宗室削弱，权归外戚阉宦，两汉皆以此亡，此又非贾谊等所及料矣。（《中国古代史·景帝名法之治》）

王学理： 景帝在位的十六年间，能继承文帝"无为而治"的政治路线，尊奉"黄老之术"，做到"与民休息"，发展农业生产，平息了吴、楚等"七国之乱"，进一步加强了中央集权的统治，并对匈奴实行"和亲"政策，使国家进一步得到安定。政治的清明给社会经济带来长足的发展，从而出现了千百年来为史学家所称颂的"文景之治"。《汉书·食货志》载："民人给家足，都鄙廪庾皆满，而府库余财。京师之钱累巨万，贯朽而不可校。太仓之粟陈陈相因，充溢露积于外，腐败而不可食。"班固这段精彩的文字，形象地描绘了景帝统治时期民富国强的图景。（《中国汉阳陵彩俑·阳陵汉俑》）

刘庆柱、李毓芳：刘启（前188—前141），系文帝和窦皇后之子。公元前156年至前141年在位。景帝刘启继承其父的政策，遵奉"黄老之术"，严厉打击地方割据势力；采纳晁错的"削藩"政策，平息了以吴王刘濞、楚王刘戊为首的七国叛乱，巩固和加强了中央集权统治；"重本抑末""劝农桑、益种树"；对匈奴采取"和亲政策"，为全面反击匈奴奴隶主贵族对西汉王朝的侵扰创造条件。文帝和景帝执政期间，国内政治局面安定。"民人给家足，都鄙廪庾尽满，而府库余财。京师之钱累百巨万，贯朽而不可校。太仓之粟陈陈相因，充溢露积于外，腐败不可食"因此历史学家班固发出这样的赞叹："周云成康，汉言文景，美矣！"景帝死后葬于阳陵。（《西汉十一陵·景帝阳陵》）

编者按：徐卫民在《文景之治》一书中认为，汉景帝刘启（前156—前141在位）是西汉历史上一位守成君主，也是一位处在转折时代的君主。汉景帝既是"文景之治"局面的重要促成者，又为其子汉武帝时代西汉的强盛奠定了基础。由于汉景帝既没有其父汉文帝治世的功劳，又没有其子汉武帝勇武奋发、开拓基业的功绩，加之史料文献对其生平记载的简略，长期以来，对汉景帝的研究处于薄弱状态。

汉景帝的一生是有所作为的，他是汉代守成君主中的变革者。他统治期间，在统治思想、政治措施、经济措施、文化生活等诸多方面都进行了与前代不同的变革。在统治思想方面：他以儒、法两家学说为核心，采纳道、农等学说，继续坚持"清静无为，与民休息"的政策，综合上述各种思想奠定了有汉一代"汉家自有制度，本以霸王道杂之"的治国思想。政治上：起用儒、法学士，打击功臣势力，结束了汉初军功集团功臣贵族把持朝政的垄断局面；对诸侯王采取各种打击措施，消除了汉初分封同姓王所带来的分裂隐患；任人唯才、不避亲疏。经济上减轻徭役、节省民力，实现"重农富民、与民同乐"的局面；降低"纳赀"标准，扩大选官途径，同时又任用官吏打击地方不法豪徒。文化上，容许多种文化思想并存。可以说，孝景帝刘启一朝所采取的诸种变革措施，为西汉全盛局面的到来奠定了基础。

研究综述

《史记·孝景本纪》记述了西汉第六位皇帝汉景帝刘启（公元前188年－公元前141年）在位四十六年的文治武功。在其统治期间，他执行与民休息的政策，与文帝一起，开创了历史上著名的"文景之治"。《孝景本纪》仅1600多字，是本纪中篇幅最短的，其体例、内容较为独特。它采用编年制，以大事纪的方式对孝景帝统治时期的重大历史事件做了简略的记录；此外，通篇都贯穿着对自然灾害、天象异变的叙述，表现出"天人感应"的思想。因此，关于《孝景本纪》的作者问题、孝景帝的功与过以及篇中所记载的天象灾害等问题，都是历代学者讨论的焦点。

一、《孝景本纪》是否为司马迁所作

自班固在《汉书·司马迁传》中提出《史记》"十篇缺，有录无书"之后，关于《孝景本纪》的真伪问题，论者蜂起，绵延不绝，迄无定论。大体而言，分为两派：一派研究者认为《孝景本纪》"迁没"后亡，即《孝景本纪》乃后人补作。汉卫宏在《汉旧仪》中说："太史公纪《孝景本纪》，极言其短，武帝怒而削去。后坐举李陵，陵降匈奴，故下太史公蚕室。……此《纪》乃元、成间褚先生取班书补之，非太史公本书也。"但班氏并未加以肯定。后张晏、司马贞等皆持卫宏之说。张晏指出："迁没之后，亡《景纪》。"（《史记集解》）司马贞也说："《景纪》取班书补之。"（《史记索隐》）今人陈直亦承此观点，认为："根据王肃'于今两纪有录无书'话，似今本《孝景本纪》尚非史公的原本。"赵生群认为《孝景本纪》记载简略，"与其它名篇迥异"，"亦与他纪判然有别"，"可证《孝景本纪》非史公之笔"。至于"何人所补"，除"褚少孙所补"的说法之外，宋郑樵则以为是"王莽时刘歆、扬雄、冯衍、史岑等所记"（《通志》卷五下《孝景皇帝》），吴汝纶认为："今之《景纪》乃魏以后人所续也。真西山以《景纪》后赞为史公文，恐亦考之不详。"（《点勘史记读本·孝景本纪》）以为《景纪》乃"魏以后人"所补。而近人傅斯年则认为"张晏举补者之名，仅及一纪一世家二传，未云其他有补文，则此十篇今本非出于一手甚明矣。"（《"战国子家"与〈史记〉讲义·十篇有录无书说叙》）以此而言，《景纪》之作者于"否定派"而言亦是莫衷一是，难以确定。徐复观则持有"折衷"之说，他认为："《景纪》之全为编年体，正证明其非出于史公的原笔……然《史记·景纪》之开首一段，较《汉书·景纪》为直率，其赞亦可断言为出于史公之手。因此不妨这样推测：《史记》在史公死后已开始流行，有人一面为了避忌时讳，同时又为了保持《史记》的完整性，乃将史公《景帝》原纪，大加删改，使其成为了今日的面目。"（《两汉思想史》卷三《论史记》）

另一派研究者则认为《孝景本纪》"实未亡矣"，即《孝景本纪》乃司马迁所作。吕祖谦在《东莱吕太史别集》卷十四《辨史记十篇有录无书》中认为："《景纪》，此其篇具在者也。《索隐》信张晏之说，遂谓《景纪》后人取班书补之。学者取司马氏、班氏二纪观其去取详略之意，其才识之高亦可默喻矣。此纪所载，间有班书所无者，不唯非生班孟坚后者所能补，亦非元成间褚先生所能知也。况用意高远，岂他人所能辨乎！"王鸣盛也在《十七史商榷》卷一《十篇有录无书》中对张晏、司马贞提出质疑，他认为："今考《景纪》见存，是迁原文，不知张晏何以言迁没后亡？且此纪文及赞，皆与《汉书·景纪》绝不同，又不知《索隐》何为言以班书补之？"之后崔适、牛运震从《史记》《汉书》两书互证的角度进一步阐明《景纪》乃史迁之原作，崔适说："然班固谓迁死后，其书稍出；宣帝时，迁外孙杨恽祖述其书，遂布焉。是则武帝无缘见其书，何由削去？且此纪文，亦有详于《汉书》者。如三年，徙济北王以下五王；五年，徙广川王为赵王；六年，封中尉赵绾为建陵侯，至梁、楚二王皆薨，班书皆无之，则非取彼以补也。盖此纪实未亡尔。"（《史记探源·孝景本纪》）牛运震也在《史记评注》中说："（《景帝》）本纪仅录其诏旨之大者，及其灾异水旱，封爵赐予，贬夺诛罚，兴建更除诸大事，至其政议事迹之详，则别见于将相名臣年表、列传中，正其简严有法处，后人于此可以见本纪之体例焉，此必非褚先生所能补；且与班书互有详略，亦非褚先生所能增删也。……予以为读《孝景纪》者，且于其书法简严处求史家本纪之法度。凡疑其非太史公书者，请存而不论可也。"牛运震以文献互证的方法，在批判"否定派"的同时，也从书写体例上肯定了《孝景本纪》乃司马迁原作的观点。此点与梁玉绳、李景星的观点极其相似。

梁玉绳说："今读《孝景纪》所书，惟大事另一体格。后世史家作帝纪，多祖此例，且有《汉书》所无者，宋真德秀录《景纪》论子长文章正宗，亦以为史公之笔，夫岂他人所能伪哉！"（《史记志疑·孝景本纪》）李景星在《史记评议》中对此篇评论道："是纪的用笔，以简严胜，而书法，尤为不苟，在史分为另一格文字，实后来作本纪者之正例也。"近人周振甫也说："以《史记·孝景本纪》与《汉书·景帝纪》对，有极大不同。……故谓褚先生以《汉书·景帝纪》补《史记》之缺非是。又《汉书·景帝纪》末有"赞曰"，与《史记·孝景本纪》末有"太史公曰"，两者亦全不同。班固撰《景帝纪》不袭《史记》则有之。"（《史记集评·孝景本纪第十一》）陈兰村也有着类似的评论："本篇的著作者历史上有过不同的说法，牵涉到对《史记》的缺佚与补窜的学术之争。我们仍认为是司马迁的原作，只是格式与《史记》其他传纪有差别而已。"（《史记全本导读·孝景本纪》）

关于《孝景本纪》的真伪问题，诸多先贤虽然"发愤理而懂之"，"为之折衷"，但今日仍然是诸说并起，莫衷一是，难有确论。因此，如果没有新的资料出现，这一问题的争论恐怕仍会持续下去。

二、《孝景本纪》中景帝之"功"

史家论及景帝，多以"文景"并称。如晁说之评价道："臣是以知汉文之为盛德也，景帝之材业皆非文帝比，而后世之称治君必曰文景，以配成康，何也？盖景帝之继文帝，不必创有所能，而能不改文帝之恭俭，不失文帝之德化，是亦文帝也。"（《嵩山文集》卷一《元符三年应诏封事》）晏璧亦云："遵守成业，扫除烦苛，蠲民租，减笞法，与民休息，移风易俗，黎民醇厚，国家无事，仓库赢余，周云成康，汉言文景，美矣。"（《史钺》卷一）可知，景帝乃继守文帝之业，有守成之功，择其要而言之：

其一，以农为本，发展经济。西汉初年，汉朝统治者采用黄老无为的思想，实行"无为清静"、与民休息的政策，社会经济逐步得到恢复和发展。汉景帝继位后，又采取了许多变革措施，继续鼓励、促进农业生产。自其即位之初，即颁布了"三十税一""二十始得傅"等有利于百姓安居与农业发展的变革措施，可谓有"开创之功"。林駉《古今源流至论·续集》卷三《赋税》记载："汉量吏禄，度官用以赋民，于是什五税其一，文帝始行赐租之令。至三年之六月，乃尽除而不收焉。及景帝元年，行半租之令而半租之。故终汉之世三十税一者，自景帝始也。"刘友益《御批资治通鉴纲目》卷四上《民法》载："文帝除之，至景帝而复收，非得已也。然止收半租，则赐民半租矣。自是遂为常制。是岁赐半租，自帝始也。"孙承恩评价道："臣惟景帝恪守文帝之恭俭，其宽刑则减笞法，薄税则为制三十而税一，海内富庶，兴于礼让，有刑措之风焉。论守成贤主必以成康文景并称。信哉！"（《文简集》卷二《景帝》）

对于景帝三十税一所带来的积极意义，陈埴《木钟集》卷十一评价道："文景减田租事尤多，或三十而税一，或减租之半，或尽除之。所以致富庶者，人主恭俭寡欲，无兵革之事，故百姓亦皆富庶。"王应麟亦评价道："文帝两诏赐今年半租，未以为常法也。孝景二年令民半出田租，三十而税一，则以为常法矣。然而都鄙廪余皆满，太仓之粟充积露积，腐不可食，君民兼足，亦曰节俭而已。故为国以利为本，未有不利于国也，以利为利，未有不利于国也。有子曰：百姓足，君孰与不足？于文景见之。"（《通鉴答问》卷三《赐民田租之半》）钱时更是给以高度的赞美："自春秋战国历暴秦更刘项战斗之祸。寓宇分裂，生民涂炭，至于文帝乃始以朴俭先天下，务农重谷，省刑罚、薄税敛，而遂措斯世于休养生息之地，三代而下未之有也。景帝嗣服，虽不如文，而此数事所以厚民元气养国命脉者，则能遵守无所变乱，是以相继四十年，海内富庶，风俗醇厚，而西都之盛，独称文景欤。"景帝前元二年又令"男子二十始得傅"，也就是将男子起役的时间定为二十岁，至此"两汉人民的起役年龄才有明确的规定，而且是此前从无的创制和定制。"(钱剑夫:《秦汉赋役制度考略》)可谓减轻了对于农民的徭役剥削。此外,景帝还颁布了准许徙民、大赦、赐爵等一系列利民利农的政策,保护了农业劳动力,提高了农民生产的积极性,从而形成民富国强的良好经济局面,为汉王朝提供了坚实的经济基础,得到了历代史家的肯定。

其二,平定"七国之乱"。七国之乱是关乎汉代统治及其政权的一件大事,司马迁在《史记·太史公自序》中说:"诸侯骄恣,吴首为乱,京师行诛,七国伏辜,天下翕然。大安殷富。作《孝景本纪第十一》。"可以看作是对景帝一生最大功业之评判。孙琮也同样持有这样的观点,他在《山晓阁史记选·孝景本纪赞》说:"盖七国俱起,还安孰甚,景帝寻削之。景帝治绩莫大乎是。故汉代文景并称,正称景帝之转危为安,同于文帝之怀安也。"关于七国之乱,大多数学者认为多肇于文帝之时,宋代学者张宁说:"七国之乱,其兆本在孝文之世,而事成于孝景之朝。"(《方洲集》卷二十八《读史集·景帝三年》)江贽云:"永嘉陈氏(陈傅良)曰:吴王濞之谋反也,其志盖萌于太子博局之死,而停蓄含忍于文帝几杖之赐,西向之心未尝不欲逞也。"之所以在景帝时期爆发,学者着眼点多集中于"削藩"过急之上,龙体刚认为:"吴楚七国之反,晁错激成之也。"(《半窗史略》卷十)明人张燧亦在《千百年眼》卷五"七国缓削则不反"条中认为:"汉景初年,七国后强,晁错之议曰:削之亦反,不削亦反。愚则曰:亟削则必反,缓削则可以不反。"何去非亦云:"向使景帝袭孝文之宽假,而恩礼有加焉,而错出于主父偃之谋,使诸侯皆得以其封地分侯支庶以弱其势,则濞亦何事乎白首称兵,冀所非望,而楚、赵、诸齐不安南面之乐,而甘为濞役也。"台湾学者徐复观认为:"景帝削吴两郡令下,'吴王濞恐削地无已,因此发谋'。可知若削地而与以明令保障,亦无七国之变。"(《两汉思想史》第一卷)

但是,亦有学者认为景帝"削藩"亦情形所迫。如吴崇节《古史要评》卷一《景帝》中认为:"按七国之削,虽失之太骤,亦其势不得不然也。"究其原因,高锐认为:"在文、景、武帝三世,巩固和加强中央政权的过程中,削弱同姓王的斗争也就不可避免。"(《中国军事史略》第二章)徐卫民也从景帝本身"多病"、又无册立太子、朝中军功集团权势尚未肃清等角度,认为"作为欲有为的汉景帝,对诸侯王打击也就势在必行",分析了景帝"削藩"的必要性及七国之乱暴发的必然性。无论"七国之乱"爆发的原因是什么,对于景帝平定七国之乱的贡献,学术界认识基本一致,都给予了较高的评价。

吴楚七国之乱平定后,汉景帝随后采取了一系列削弱藩王以加强中央集权的措施,钱穆评价道:"直至景帝削平吴、楚七国之乱,平民政府之统一事业始告完成……汉政府之实际统一,始于景帝。"(《国史大纲》)自此之后,"西汉帝业始臻于巩固。严格言之,汉统一的中央集权,始为开始。……汉彻底的专制帝权始底完成。"(台湾三军大学:《中国历代战争史》第 3 册第六卷第三章《汉削平同姓诸王之战》) 范文澜亦认为:"从此,汉朝才真正成为一个统一的封建帝国,社会才进一步得到安定,经济和文化的发展才有了可靠的保障,人民才能安居乐业。"(《中国通史·西汉的政治概况前期》) 这些都对景帝平定七国之乱的历史功绩及随后采取的加强中央集权的政策给予了积极肯定。

其三,延续和亲政策,与匈奴和平相处。所谓"和亲",刘定山、龚浩康说:"和亲,与敌议和,结为姻亲。是汉族王朝与邻国部落或少数民族首领之间具有一定政治目的的联姻。"(见王利器主编《史记注译·孝景本纪》) 景帝的和亲政策,依然紧承前代帝王之政策,刘沅说:"帝出立,即与匈奴和,盖承文帝息民之志也。"(《史存》卷九《孝景皇帝》) 李祖陶也说道:"其与匈奴和亲,亦文帝已行之法。"(《史论五种·前汉书细读》卷一《景帝》) 但也有研究者注意到了汉王朝与匈奴之间的关系在汉景帝时期所呈现出的新变化与新发展。如徐卫民指出"汉景帝在汉、匈关系上也采取了一些变革措施,这些措施一定程度上带有主动进攻态势。"主要表现为"(景帝时) 始造苑马以广用"和景帝"封侯匈奴降者",进一步削弱匈奴内部的力量两个方面。王川对此评价道:"景帝的封侯举动,打破了高祖之约的禁束,是适应新情况的变通措施,表现了循而略革的特征。"这些都为汉王朝打击匈奴奠定了基础,为民众创造相对安定的生存环境,使社会经济全面地以发展,也为以后汉武帝的强力扩张奠定了坚实的基础。

三、《孝景本纪》中景帝之"过"

景帝尽管以"文景之治"与文帝并称,然而,相较于文帝而言,景帝深受史家诟责。苏辙评价道:"景帝忌刻少恩,无人君之量。……其于父子兄弟之际,背理而伤道者。"(《汉景帝忌刻少恩论》) 吕祖谦说:"景帝则刻薄任术,以诈力御下。平居则诛赏肆行,缓急则揣惧失措,其致悬绝如此。"(《大事纪解题》卷十一) 洪迈也说:"考其天资,则刻戾忍杀之人耳。"(《容斋随笔》卷十一《汉景帝忍杀》) 刘统勋亦言:"景帝之治,远不逮文,而失德之事屡矣。"(《评鉴阐要》卷二《史臣以周成康汉文景并称注》) 究其原因,诸家之批评皆集中于"诛晁错""废太子""免(死)亚夫"三事之上。

其一,斩晁错。"斩晁错"是景帝屡受诟病的事件之一,如北宋李纲说道:"晁错为景帝谋,……而七国连横而起,以诛错为名。景帝弗察,纳袁盎之说,斩错以谢七国。此景帝之过举也。"(《梁溪集》卷一百四十九《论晁错》) 同时代的杨时亦评论道:"若吴楚之反,不在错,天下已知之矣。景帝用谗邪之谋以诛错,其失计不已甚乎。"(《龟山集》卷九史论《晁错》) 李弥逊道:"晁错为国远虑,尊天子,安宗庙,忠矣,而不免于刑戮。借曰不爱一人以谢天下父母妻子,独何罪耶?景帝用袁盎之言而诛错,闻邓公一言而恨之,杜天下忠臣之口,忘国家万世之利,以救目前,亦可谓失刑政矣。"(《筼溪集》卷八《景帝诛晁错》)以上诸家之说,皆是指责景帝受袁盎蛊惑之辞,而对国家大事缺乏鉴别、决断,晁错因此成为权力博弈的牺牲品。

其二,废太子。立废太子是古代帝制的大事,太子的或废或立,皆受朝野重视。"立嫡以长不以贤,立子以贵不以长",以免引起朝野争执与动荡。因此,景帝废立太子一事,在历史上一直遭到非议。关于废太子之缘由,姚舜牧论道:"皇后薄氏何以废?夫人王氏何以立?太子荣何以废?胶东王彻何以立?总之由长公主之撺唆也。长公主欲以女嫁荣,薄后不许。因欲嫁彻,王夫人许之。是以日谮荣母子,而誉彻之美,故有此废立耳。然实由景帝之昏于色也。"(《来恩堂草》卷十一《废皇后薄氏》)可见景帝听信了谮言,怒于太子之母栗姬,所以才不假思索地废了太子。吕祖谦评价道:"《史纪·本纪》书废栗太子系以母姓者,言由母失宠而废也。"近人杨树达也说:"景帝以怒栗姬,故废其子。"(《汉书窥管·景帝纪》)太子受母亲牵连,但太子并没有过错。从废立的过程及史实的角度出发,历代研究者多对景帝在"废太子"之事上的轻率、"失德"提出批评。如刘友益在《御批资治通鉴纲目》卷四上《孝景皇帝·书法》中评价道:"四年夏,书立子荣为皇太子,至是已阅四载,未闻其有失德,保为遽废之哉?景帝忌刻,于斯可见。"刘沅在《史存》卷九《孝景皇帝》中说:"太子立已四年,未闻失德,听谮废之,帝之不德甚矣。"从而使"(废太子荣)而父子之道失。废皇后王氏,而夫妇之情薄。"(梁寅:《策要》卷二《文景》)但是,当代部分学者却从景帝加强王权的角度提出不同的见解。如李开元、徐卫民等人都对"废太子"一事加以"肯定"。认为"废太子使得功臣贵族失去了权贵政治实施的依托,在统治核心阶层为西汉由军功受益集团支配政治转向平民政治扫清了最后的障碍。"同时"对于中国历史来说,此次改易太子所产生的影响应该说是积极的。雄才大略的汉武帝毕竟把中国封建社会的历史推向一个灿烂的顶峰",这一论点当是从历史的眼光做出的重新的正面、积极的审视。

其三、免(死)丞相。周亚夫在平定七国之乱的战斗中,屡立奇功,起了决定性的作用。胡宏论及周亚夫之贡献时说道:"吴楚之反,计谋独出诸将之上,有盖天下之功。"(《五峰集》卷三《周亚夫》)冯梦龙亦认为:"西汉吴楚之变,非条侯则去晋不远矣。"(《纲鉴统一》)然而这样一位功勋显著的名将却于景帝后元元年遭到寻衅迫害,最后冤死狱中。究其原因,叶景葵说道:"吾谓景帝之刻薄寡恩,乌足以当此?观于亚夫不得其死,令人扼腕。亚夫得罪,始于谏废太子,与争约法,景帝竟以大戮辱之,猜忌褊急,不值一噱。其他失德之事,史不绝书。孟坚之赞,岂足为定论耶?"(《萱园随笔》卷二三《汉景帝》)近人李开元也认为周亚夫之死乃是直接牵涉到政治事件之中,"其一为栗太子被废黜事,其二为王皇后兄王信封侯事",从而受到景帝之猜忌、迫害。因此，历代研究者皆给予周亚夫以同情，并对景帝暗含指责。张宁也在《方洲集》卷二十八中认为"孝景七国之变，周亚夫实居元功，竟以私忌致杀。二公皆先朝遗命功臣，犹且如此，况其下者乎？……由是论之，则孝文之于功臣不如高帝，而景帝又不如文帝，作法于凉，其弊犹贪，创业垂统之君，诚不可不慎也。"刘沅《史存·孝景本纪》也认为："亚夫所争皆大体，真相识，而帝弗从，竟免之，则私阋矣"。洪迈也说："考其天资，则刻戾忍杀之人耳……周亚夫以功为丞相，坐争封匈奴降将事，病免；心恶之，赐食不置箸，叱之使起，昧于敬礼大臣之义，卒以非置罪之死，悲哉！"（《容斋随笔》卷十一《汉景帝忍杀》）台湾学者王恢亦言"亚夫卓有父风，平七国之乱亦不让乃父之平诸吕，惜卒以耿直见黜，绝食以死，悲夫！"（《史记本纪地理图考·孝景本纪》）

四、《孝景本纪》中"天人感应"的思想

关于天灾异象，古人往往将其与君主的"失德与否"相联系。《汉书·五行志》说："人君能修政，共御厥罚，则灾消而福至。不能，则灾息而祸生。故经书灾而不记其故，盖吉凶亡常，随行而成祸福也。"丘濬在论述《春秋》时说道："《春秋》于日食必书。盖以日者，人君之象，而被侵蚀，君道所忌也。书之以示后世，使其遇灾而恐惧焉。"深受《春秋》影响的司马迁，在他所处的时代，自然不可能不受到天人感应的影响。

《史记》之中出现了大量的祥瑞灾异，天象异变，而《孝景本纪》尤多。刘友益评价道："景帝即位十有六年，日食者八，而又有日赤、日紫之异。西汉日食之数，莫如帝世者矣。"（《御批资治通鉴纲目》卷四上《孝景皇帝·书法》）程馀庆亦说："《史》于《景纪》书灾异特详。"（《历代名家评注史记集说·孝景本纪》）太史公在《景纪》中一而再，再而三地记载天文变异现象，自然也暗含着对于景帝的"褒贬"之义。因此，历代学者皆将天灾异象与景帝的"失德与否"相联系。宋代学者尹起莘评论道："景帝自三年平七国后，至此凡十二年间，书日食七，地震四，星、孛、蝗各二，雨雹、冬雷、大霖雨、大水、春雨雪、东阙灾、秋大旱，皆一见。是年所书，日月皆赤等灾，尤为可畏。帝非有甚失德也，特以刻忌少恩，故尔晁错以忠谋杀，皇后、太子以无罪废，丞相亚夫以守正不阿死，此皆非小故也。上天变异，夫岂适然？惟合先后所书而考之，则帝之得失，粲然可知，人主其无曰天道远云。"（《御批资治通鉴纲目》卷四上《孝景皇帝·发明》）胡寅亦言："景帝即位才三年尔，孛彗、雨雹、荧惑、岁星之变，纷纷见于史册。至是又书长星出西方，洛阳东宫灾，未几果有七国之乱，汉几不保。帝岂有舛政逆令，以干天地之和者乎？"（引自《历代名家评注史记集说·孝景本纪》）明人尤侗亦持此观点，认为："班史以文景并称，然文帝恭俭养民，景袭其遗业，故得苟安。而天资刻薄，刑政失理，相去奚翅霄壤哉！废薄后，杀太子及梁王，七国之反不为建文者幸也。相如申屠嘉，将如周亚夫，皆不得其死。用郅都、甯成酷吏，多杀人，而天变亦应之。十六年中日食、雨雹、地震、荧惑、岁星逆行、日月皆赤，日如紫月，贯天廷，长星出西方，彗星出东北，有星孛于西，南北岁不胜书，获罪于天甚矣！史迁作纪极言景帝之短，岂为过乎！"（《看鉴偶评》卷二）而张溥直接将这些天灾异象归咎于景帝："载述若是者，其谁当之乎？则在帝身也。"（《历代史论》卷一《汉景帝论》）由此则可以看作景帝之作为是导致如此众多天灾变异的直接原因。因此，"在景帝传记中，与灾异相伴随的往往是世间的纷争、祸乱。……往往带有不祥的性质，而较少展示太平盛世的景象。"（李炳海《史记校勘评点本·孝景本纪》）尽管司马迁对此只是述而不论，但其倾向亦是自在不言之中。

综上所述，后世对《孝景本纪》的研究及争论是多方面的。《孝景本纪》因其不同于其他本纪的写法而引起了对司马迁作此纪的质疑，尽管未有定论，但这种探讨也都是基于史书撰写而展开的，具有其积极的意义。此外，对于景帝虽经七国之乱，但能继续奉行"与民休息"的政策，勤俭治国、发展生产、减轻赋税等功劳，后世给予充分的赞扬。而对于景帝斩晁错、废太子等过失，后世学者也给予了客观的评价。至于司马迁在《孝景本纪》中表现出来的"天人感应"思想，有所附和也有所批判。

吕新峰

2017年4月于陕西师范大学

附　录

太史公书亡篇考·景纪第三
余嘉锡

　　《史记·太史公自序·集解》引卫宏《汉书（按："书"字衍文）旧仪注》曰："司马迁作《景帝本纪》，极言其短及武帝过，武帝怒而削去之。后坐举李陵降匈奴，故下迁蚕室，有怨言，下狱死。"

　　按：卫宏东汉初人（《后汉书·儒林传》云"光武以为议郎"）作《汉旧仪》四篇，以载西京杂事（本传语）。其时班氏父子书未成，扬雄等《续太史公书》盖亦传播未广，宏无所据依，故其所著书，颇载里巷传闻之辞。如所作《诏定古文尚书（当作官书）序》，谓伏生使其女传言教晁错《尚书》（《史记·晁错传·正义》引），及此所记司马迁事皆是也。考之《汉书》，迁之得罪，坐救李陵耳，未尝举以为将，亦无下狱死之事。则其言武帝怒削本纪，自属讹传，不可以其汉人而信之也。桂馥《晚学集》卷四《书史记景武纪后》曰："考迁《报任安书》，下蚕室后仍在朝，《汉书》亦不言下狱事。其下蚕室在天汉初，其卒在昭帝初，（按：近人王国维《太史公行年考》其纪年终于昭帝始元元年，与桂说合。张鹏一《太史公年谱》，则谓卒于昭帝末。要之皆无明据也。）未尝死于狱中也。卫宏之说不足信据，即此可见。"梁玉绳《史记志疑》曰："卫宏等言史公之死，竟似北魏崔浩。然《汉书·迁传》但云迁死，未闻有下狱之事。况被刑后为中书令，尊宠任职。故其《报任安书》，称著史未就，会陵祸，甘隐忍成一家言，以偿前辱，不复推贤进士。则死狱之说固虚，而以为书成于救李陵之前亦谬。且迁史死后稍出，至宣帝时始宣布，明载本传，武帝安得见之。且史公《自序》曰：'天下翕然，大安殷富，作《孝景本纪》。''汉兴五世，隆在建元，作《今上本纪》。'可知纪中必不作毁谤语，只残缺失传尔，岂削之哉？且《封禅》《平准》诸篇，颇作讥切，又何以不削？而其余八篇，不尽是讥切，非关怒削，又何以俱亡？"

　　《西京杂记》卷六（抱经堂本卷下）曰："汉承周史官，至武帝置太史公。太史公司马谈，世为太史。子迁年十三，使乘传行天下，求古诸侯史记，续孔氏《古文》，序世事，作传百三十卷，五十万字。谈死，子迁以世官复为太史公，位在丞相下（当作上）。天下上计先上太史公，副上丞相。太史公序事如古《春秋》法。司马氏本古周史佚后也。作《景帝本纪》，极言其短及武帝之过，帝怒而削去之。后坐举李陵，陵降匈奴，下迁蚕室。有怨言，下狱死。宣帝以其官为令，行太史公文书事而已，不复用其子孙。"

按：《西京杂记》乃葛洪杂抄汉魏人诸书为之，托言出自刘歆《汉书》，或以为梁吴均伪作者，非也（说详余《四库提要辨证·子部七》）。此条全从卫宏《汉旧仪》内抄出，自作"景帝本纪"至"下狱死"，乃裴骃所引，已见上条，余亦杂见《汉书·司马迁传》如淳注（《史记自序·集解》引如淳同）及《太平御览》卷二百三十五。特诸书所引皆有删节，而此则其全文耳。然其说实不可据。除已为桂馥、梁玉绳所驳者外，如谓"谈为太史，迁年十三，使求古诸侯史记，作传百三十卷"；考《史记·六国年表序》，明言"秦焚《诗》《书》，诸侯史记尤甚。《诗》《书》所以复见者，多藏人家，史记独藏周室，以故灭"，则太史公父子何尝得见古诸侯史记耶？且叙作传百三十卷于谈死迁为太史公之前，似谓《史记》为谈所作，又似迁作于谈未死时者。要之与《太史公自序》皆不合。又谓司马氏为史佚之后，亦不见于他书（梁玉绳《人表考》卷二，据《逸周书》及《晋语》，谓史佚氏尹，少昊之裔，周尹氏是其后，其说颇确）。至言武帝置太史公，宣帝以其官为令，尤与《百官表》抵牾，晋灼、颜师古已驳之矣。此盖出于当时流俗人之口，卫宏误采以著书，故其言无一可信。然则所谓武帝怒削本纪云者，可不待深考，而已知其非实矣。

《魏志·王肃传》（附《父朗传》后）曰："帝又问司马迁以受刑之故，内怀隐切，著《史记》，非贬汉武，令人切齿。对曰：'司马迁记事不虚美，不隐恶，刘向、扬雄服其善叙事，有良史之才，谓之实录。汉武帝闻其述《史记》，取《孝景》及己本纪览之，于是大怒，削而投之。于今此两纪有录无书。后遭李陵事，遂下迁蚕室。此为隐切在孝武，而不在史迁也。'"

按：余始疑王肃一时显学，何至与卫宏同一谬误。及读其"于今此两纪有录无书"之言，乃悟汉魏人之为此说，乃因不解十篇之何以有录无书，尤以帝纪之重要而竟亡失，以为必有其故，于是以其私意妄为揣测而为之辞。不及其余八篇者，以其无从臆度，遂置之不言耳。何焯《义门读书记·三国志》第一卷（此《读书记》之卷数）曰："子邕此对，本之卫敬仲，与班氏所记不同。敬仲所记非实，于时主则为善对。"桂馥《书史记景武纪后》曰："馥按：《后汉书·蔡邕传》，王允谓武帝不杀司马迁，使作谤书以遗后世。据此，则《史记》不尽作于腐刑之前，亦未闻削而投之。史迁《报任安书》，受刑之后，始成《史记》，与肃说不合。《吴志·韦曜传》：'昔李陵为汉将军，败，不还而降匈奴，司马迁不加疾恶，为陵游说。汉武帝以迁为良史之才，欲使毕成所撰，忍不加诛。书卒成立，垂之无穷。'此说与王允无异。今《史记·礼书》《乐书》《日者》《龟策》诸篇，褚少孙所补（谓《礼》《乐》两书为少孙补，实无明据），岂孝武削而投之者耶？斯不然矣。班固《典引》：'永平十七年，诏曰：司马迁著书，成一家之言，扬名后世。至以身陷刑之故，反微文刺讥，贬损当世，非谊士也。'按：此亦言陷刑之后，始有刺讥，则武帝削没之说，未为实据。张晏曰：'迁没之后，亡《景纪》《武纪》'，不言迁生时为武帝所削。"汪师韩《韩门缀学》卷二曰："窃谓景、武世近，故迁有不及为（按此说非是）。其《报任安书》，固云'草创未就，适会此祸，惜其未成。及已被刑，更欲著书以偿前辱'，岂有武帝既削其书，而迁犹孜孜于著述耶？王肃乃朗之子，朗得《论衡》称异，而肃亦好举异闻耳。"

郑樵《通志》卷五十《景帝纪》曰："臣谨按：张晏曰：'自《景帝》至《平帝本纪》，皆王莽时刘歆、扬雄、冯衍、史岑等所记。惟《武帝纪》迁没其书残缺，褚先生补之，所谓褚先生是也。'"

按：张晏此说不见他书，不知《通志》自何处转引，疑为《史记集解·孝景本纪》之佚文。盖今之《集解》，已非裴氏原书，（《隋》《唐》《志》皆八十卷，自《崇文总目》以下皆作一百三十卷），不免脱漏，而夹漈所据，犹善本也。晏为此言，盖谓班氏《汉书》帝纪孝文以前，以史迁为本。景帝以下，则据刘歆等续太史公记重修。惟中间《孝武》一纪，褚先生所补，文不足采，始由班氏父子自行改作也。今取《史》《汉》《景纪》两篇相较，虽《汉书》增益甚多，而仍以《史记》为蓝本。知今本虽非史迁原书，实出于《续太史公记》矣。第张晏此注虽为《通志》所引，而后人多不之知，遂谓今《景纪》真史迁之笔。高阆仙始表而出之。其搜寻可谓不易。然吾以为《景纪》实冯商所作，说详于后。

《大事记解题》卷十曰："《史记·文帝纪》多载诏书，入《景纪》则皆不载，盖以为不足载也，其旨微矣。司马贞信张晏之说，遂谓《景纪》后人取班书补之，是殆不然。学者合取司马氏、班氏二纪，观其书法，则才识高下，可默喻矣。"

按：作本纪而不载诏书，与《高祖》《孝文纪》体例显然不同，即此已可知非太史公之笔。吕氏翻谓景帝诏书为不足载，真曲说也。吕氏历指《汉书》不如《史记》。其说有是有非，文繁不录。

《汉书艺文志考证》卷三引东莱吕氏曰："张晏所列亡篇之目，其一曰《景纪》，此其篇具在者也。所载间有班书所无者。"《直斋书录解题》卷四曰："《景纪》最疏略。"

按：陈氏此语颇为有识。其论余篇语，已见前，不重录。

《十七史商榷》卷一曰："今考《景纪》现存，是迁原文，不知张晏何以言迁没后亡。且此纪文及赞，皆与《汉书·景纪》绝不同，又不知《索隐》何为言以班书补之。"

《拜经日记》卷九曰："《索隐》曰：'《景纪》取班书补之。'按：取班书勘之，迥不同，《史记》首云'孝文之中子也'，而班书改云'文帝大子也'，已失其事实。《史记》云'孝文在代时，前后有三男。及窦后得幸，前后死，及三子更死，故孝景得立'，序孝景得立之由甚明晰，而班书删之。'元年四月，乙卯，赦天下，乙巳，赐民爵一级'，而班删"乙卯乙巳"四字。'匈奴入代，与约和亲'，而班书但云'遣御史大夫青翟至代下'，则匈奴入代事不明了。又改元则书中元年，中二年，后元年，后二年，而班书省言元年，二年，亦失旨。《史记》于天灾及王侯官制改建详言之，而班书多简省不载，殊失本纪之体，徒增入诏书。窃以为远不逮《史记》，乃反谓取之班书，不检甚矣。《史》胜于班者，随在皆是，学者读之自见。惟篇末书'太子即位，是为孝武皇帝'，当是后人窜改，应改今皇帝或今天子也。"

按：臧氏讥《汉书》不书"匈奴入代"，不记天灾，皆《大事记解题》之说，诚中其病。其他则不免有误。如谓《汉书》不当改文帝中子为大子，不知《汉书》实作太子，非大小之大也。又谓班书于《景帝》两次纪元，只书元年、二年，不知《汉书》实作中元年、后元年。惟自二年以下始省去耳。至谓篇末"太子即位，是为孝武皇帝"，原本当作"今皇帝"，或"今天子"，则梁玉绳亦有此说（见《志疑》卷七）。盖信今本《景纪》为太史公笔，故以为后人所改。愚按此种句法，《史记》多有之，皆由后追纪之辞，故先言某人立，后称位号或谥法。如《周本纪》"古公卒，季历立，是为公季"，"西伯崩，太子发立，是为武王"之类是也。今《景纪》称"是为孝武皇帝"，正是出于后人追叙之证。如史公生武帝之世，而曰太子即位，是为今皇帝，不已赘乎。

嘉锡按：张晏谓"迁没后亡《景纪》，今《景纪》非太史公笔也"。凡《史记》百三十篇，太史公皆撮其旨要著于《自序》，读之则其所致意者可知也。《文纪·序》："汉既初兴，继嗣不明，迎王践祚，天下归心，蠲除肉刑，开通关梁，广恩博施，厥称太宗。作《孝文本纪》。"故纪中叙此数事，特详于除肉刑，叙至二百数十字，虽强半与《仓公传》相复重，不恤也。《景纪·序》曰："诸侯骄恣，吴首为难，京师引诛，七国伏辜，天下翕然，大安殷富。作《孝景本纪》。"然则篇中所着重，惟此一事，叙之当委曲详尽，而纪乃仅以六十余字了之，是尚能得史公著书之意乎？且《史记》诸本纪，兼纪言动，此古史官之遗法，不似后人作纪，仅列事目，欲知时政之得失，须求之列传中也。而《景纪》乃尽削诏书不载，叙十六年之事，寥寥千许字，简则简矣，而史法之变自此始，遂为后来《新唐书》《五代史记》之滥觞。以与孝文以上诸纪较，其不出一手明甚。而吕祖谦、臧庸翻以不载诏书为胜于班固，岂不异哉！《通志》引张晏说，以为自《景帝》至《平帝本纪》，皆王莽时刘歆、扬雄等所记，其说固必有所据。然考《论衡·须颂篇》言："司马子长纪黄帝以至孝武，扬子云录宣帝以至哀、平。"则不当有《景纪》。《史通·正史》篇亦谓："《史记》所书年止汉武，其后刘向，向子歆及诸好事者，相次撰续，迄于哀、平。"是诸家仅续汉武以后之事，亦不当有《景纪》。与张晏说皆不合，余尝反覆思之，而得其故焉。《史通》所举续《史记》诸人有冯商。《汉书·艺文志》著录冯商续《太史公》七篇。《张汤传·注》引如淳言："商以成帝时受诏续《太史公》十余篇。"盖汉人于《太史公书》凡再续。一续于成帝时，刘向、冯商是也。再续于王莽时，张晏、刘知几所举刘歆、冯衍、史岑诸人是也。《论衡》独举扬子云者，雄及诸人各有所续，而撰辑成书则出于雄，故曰："录宣帝以迄哀、平。"录者，编次著录之谓也。冯商所续十余篇，已入《七略》，本自单行，今《史记·景纪》盖即商所续也。奚以明其然耶？班固于《春秋》家下自注"省《太史公》四篇"，韦昭、如淳并云"商续《太史公书》十余篇"（韦说见《艺文志》注），而《志》所著录仅七篇，则其所省是商所续，而非司马迁书，固已甚明（姚振宗《汉书艺文志条理》卷二已有此说）。考《汉志》全本《七略》，班氏所省皆重出之书。如《兵权谋》省伊尹、太公、管子、孙卿子、鹖冠之、苏子、蒯通、陆贾、淮南王二百五十九篇重（原脱"篇"字，"重"误作"种"，从刘奉世说校改）。《兵技巧》省墨子重。按之本志，伊尹、太公、管子、鹖冠子在道家，孙卿子、陆贾在儒家，苏子、蒯通在纵横家，淮南王在杂家，墨子在墨家。既录其全书，则省其所重出也。《续太史公书》不见于他家，并非重出而竟省之者，何也？盖《七略》所录《太史公书》百三十篇，十篇有录无书者，史迁之原书也，无他家补篇。班固所见本，或已将冯商所补四篇合为一书。固以为是特补《太史公》，非所自续也，遂省去之。然《七略》于司马迁、冯商两家分别著录，原非重复，故班氏自注于省《太史公》四篇下，不着重字，与省兵十家者异。以此推之，其故可知矣。《景纪》者，四篇之一也。若曰非此故也，则《七略》书凡六百三家（见《广弘明集》卷三阮孝绪《七录序》），《汉志》书五百九十六家，除入三家，省兵十家外，他书一篇不省，而独省此四篇，将何说以解之耶？沈钦韩《汉书疏证》亦疑此篇为商作，特其说出于揣测，无所征引，余故详考之如此。难者曰：固既省此四篇，而于"《太史公》百三十篇"下不加注明，则此四篇竟无着落。固之疏漏讵至于此？答曰：古人著书不皆精密。固作《艺文志》，据《七略》为要删，盖除其所出入省并自加注明以外，余皆撮取《七略》之语，一书多不过数十字，所删除者多矣，而未尝有所增益也。十篇有录之，名且不著，遑论冯商所续。褚少孙补《史》，本附迁书以行，《七略》未著录。固遂置之不言，亦何有于商？省去四篇之无着落，当责之固，不足难吾说也。难者又曰：张晏谓景帝以下本纪皆王莽时刘歆、扬雄、冯衍、史岑等所记，不言冯商。又于十篇有录无书，仅举褚先生所补四篇，亦不及商。今忽谓《景纪》为商所撰，岂有所据欤？答曰：吾即据《艺文志》省《太史公》四篇言之也。盖汉魏时《续太史公书》有二本，扬雄所辑者，始于宣帝以迄哀、平，此为王莽时诸人所撰之原书，王充所见是也。后人以其名为《续太史公书》，而中缺昭帝一代（《昭纪》疑亦冯商所续，当在《汉志》著录七篇之中），

《景纪》书亡亦未补（《武纪》有褚少孙所补），乃取冯商所续并入扬雄书中（刘向《续传》是否因与刘歆为一家，已收入扬雄书中。抑后来与冯商书同时并入？不可知也）。《史通》所谓"向、歆、冯商、扬雄等相次撰续，犹名《史记》"是也。张晏所见，即是此本。故本纪上起景帝，下迄哀、平。特晏偶不详考，仅知为王莽时刘歆等所记，而不知中有冯商书，又不能得每篇之主名。故于十篇之补亡，仅举褚先生而不及商也。难者又曰：《七略》谓冯商颇序列传（《汉·志》颜注引），则商未尝作本纪、《书》《表》，安得有《景帝纪》乎？答曰：此特从其多者言之，刘师培所谓举偏以该全。《仪礼》十七篇非尽士礼，而有《士礼》之目也（见所作《古书疑义举例补》）。若苴泥其词，而谓商必不作《本纪》，则褚先生言好观览太史公之列传（《三王世家》语），《西京杂记》言司马迁作传百三十卷，将《太史公书》亦无《本纪》《世家》《书》《表》乎？凡吾所言虽无明文可据，未敢固执以为必然。然自信其为读书得闲，而非意为穿凿也。向使班固、张晏已明言某篇为冯商所补，则后人已无容置喙，而吾文亦可不作矣。（录自《余嘉锡论学杂著·太史公书亡篇考·景纪第三》）

引用文献及资料

(按姓氏笔画及朝代先后排序)

书　籍

三画

[宋] 马廷鸾撰，[民国] 胡思敬辑. 碧梧玩芳集 [M]. 南昌：南昌古籍书店，1985.

[元] 马端临撰，上海师范大学古籍整理研究所、华东师范大学古籍研究所点校. 文献通考 [M]. 北京：中华书局，2011.

[日] 大庭脩著，林剑鸣等译. 秦汉法制史研究 [M]. 上海：上海人民出版社，1991.

马永赢、王保平. 走近汉阳陵 [M]. 北京：文物出版社，2001.

马非百. 秦集史 [M]. 北京：中华书局，1982.

马持盈注. 史记今注 [M]. 台北：商务印书馆，1983.

马雍. 西域史地文物丛考 [M]. 北京：文物出版社，1990.

四画

[汉] 王充著，张宗祥注解. 论衡校注 [M]. 上海：上海古籍出版社，2013.

[曹魏] 王肃. 三国志 [M]. 北京：中华书局，1982.

[宋] 王钦若等编. 册府元龟 [M]. 北京：中华书局，1960.

[宋] 王观国撰，田瑞娟点校. 学林 [M]. 北京：中华书局，1988.

[宋] 王楙. 野客丛谈 [M]. 丛书集成初编（影印）. 北京：中华书局，1985.

[宋] 王之望. 汉滨集 [M]. 文渊阁四库全书（影印）. 上海：上海古籍出版社，2003.

[宋] 王益之. 西汉年纪 [M]. 丛书集成初编（影印）. 北京：中华书局，1985.

[宋] 王迈. 臞轩集 [M]. 文渊阁四库全书（影印）. 上海：上海古籍出版社，2003.

［宋］王应麟. 玉海［M］. 南京：江苏古籍出版社，1987.

［宋］王应麟. 汉书艺文志考证［M］. 文渊阁四库全书（影印）. 上海：上海古籍出版社，2003.

［宋］王应麟著，郑振峰点校. 通鉴答问［M］. 北京：中华书局，2012.

［元］长谷真逸辑. 农田余话［M］. 丛书集成新编（影印）. 台北：新文丰出版公司，1981.

［明］方孝孺. 逊志斋集［M］. 四部丛刊初编（影印）. 上海：上海书店，1989.

［明］尤侗撰，李肇翔、李复波整理. 艮斋杂说续说看鉴偶评［M］. 北京：中华书局，1992.

［明］王志坚. 读史商语［M］. 上海：上海古籍出版社，1996.

［明］王世贞. 弇州四部稿（外六种）［M］. 四库明人文集丛刊（影印）. 上海：上海古籍出版社，1993.

［明］王在晋编. 历代山陵考［M］. 北京：中华书局，1991.

［明］王英明. 历体略图［M］. 台北：商务印书馆，1993.

［清］王夫之著，舒士彦点校. 读通鉴论［M］. 北京：中华书局，2013.

［清］王之枢、周清源等. 御定历代纪事年表［M］. 丛书集成初编（影印）. 北京：中华书局，1985.

［清］方苞. 史记注补正［M］. 丛书集成初编（影印）. 北京：中华书局，1991.

［清］牛运震撰，魏耕原、张亚玲整理点校. 史记评注［M］. 西安：三秦出版社，2011.

［清］牛运震著，李念孔等点校. 读史纠谬［M］. 济南：齐鲁书社，1989.

［清］王鸣盛撰，黄曙辉点校. 十七史商榷［M］. 上海：上海古籍出版社，2016.

［清］王念孙撰，徐炜君等校点. 读书杂志［M］. 上海：上海古籍出版社，2015.

［清］王先谦. 汉书补注［M］. 北京：中华书局，1983.

［清］王治皞撰，［清］徐峻均辑. 史记榷参［M］. 文渊阁四库全书（影印）. 上海：上海古籍出版社，2003.

［清］方浚颐. 二知轩文存［M］. 台北：文海出版社，1970.

王骏图、王骏观. 史记旧注平义［M］. 北京：正中书局，1936.

王利器主编. 史记注译［M］. 西安，三秦出版社，1988.

王叔岷. 史记斠正［M］. 北京：中华书局，2007.

王恢. 史记本纪地理图考［M］. 台北：国立编译馆，1990.

王恢. 汉王国与侯国之演变［M］. 台北：国立编译馆，1984.

王仲殊. 汉代考古学概说［M］. 北京：中华书局，1984.

王华宝. 古文献问学丛稿［M］. 北京：中华书局，2009.

王学理. 汉长安城考古与汉文化［M］. 北京：科学出版社，2008.

王学理主编. 秦物质文化史［M］. 西安：三秦出版社，1994.

王学理主编. 中国汉阳陵彩俑［M］. 西安：陕西旅游出版社，1992.

王学理编著. 汉代雄风——汉景帝与阳陵［M］. 西安：三秦出版社，2003.

王超、高文俊、谢青撰. 中华文化通志［M］. 上海：上海人民出版社，1998.

仓修良主编. 史记辞典［M］. 济南：山东教育出版社，1991.

王川. 汉景帝传［M］. 广州：广东人民出版社，2000.

五画

［汉］司马迁撰，［南朝宋］裴骃集解，［唐］张守节正义. 史记［M］. 北京：中华书局，1959.

［汉］司马迁撰，［南朝宋］裴骃集解，［唐］张守节正义. 史记（点校本二十四史修订本）［M］. 北京：中华书局，2014.

［宋］乐史. 太平寰宇记［M］. 北京：中华书局，1985.

［宋］司马光编纂，［元］胡三省音注. 资治通鉴［M］. 北京：中华书局，1956.

［宋］司马光编纂，［元］胡三省音注. 资治通鉴［M］. 北京：中华书局，2013.

［明］丘濬著，朱逸辉编. 世史正纲［M］. 海口：海南出版社，2005.

［明］冯梦龙. 纲鉴统一［M］. 冯梦龙全集（影印）. 上海：上海古籍出版社，1993.

［清］龙体刚辑. 半窗史略［M］. 济南：齐鲁书社，1996.

业衍璋. 业衍璋集［M］. 南京：凤凰出版社，2012.

白寿彝. 中国通史［M］. 上海：上海人民出版社，2015.

六画

［秦］吕不韦编，［汉］高诱注. 吕氏春秋［M］. 上海：上海书店出版社，1986.

［汉］刘安著，陈广忠译注. 淮南子译注［M］. 上海：上海古籍出版社，2016.

［汉］刘歆等撰，王根林校点. 西京杂记（外五种）［M］. 上海：上海古籍出版社，2012.

［汉］刘熙. 释名［M］. 北京：中华书局，1985.

［宋］江贽. 少微家塾点校附音通鉴节要［M］. 北京：国家图书馆出版社，2006.

［宋］吕祖谦. 大事记解题［M］. 文渊阁四库全书（影印）. 上海：上海古籍出版社，2003.

［宋］吕祖谦. 东莱别集［M］. 文渊阁四库全书（影印）. 上海：上海古籍出版社，2003.

［元］朱礼撰，［清］阮元辑. 汉唐事笺［M］. 南京：江苏古籍出版社，1988.

［明］朱权. 汉唐秘史［M］. 文渊阁四库全书（影印）. 上海：上海古籍出版社，2003.

［明］乔世宁编修. 耀州志［M］. 西安：三秦出版社，2015.

［明］孙琮. 山晓阁史记选［M］. 文渊阁四库全书（影印）. 上海：上海古籍出版社，2003.

［清］华庆远. 论世八编［M］. 济南：齐鲁书社，1996.

［清］刘绍攽. 九畹古文［M］. 国家清史编纂委员会文献丛刊. 上海：上海古籍出版社，1984.

［清］毕沅撰，张沛校点. 关中胜迹图志［M］. 西安：三秦出版社，2004.

［清］孙之騄. 考定竹书［M］. 济南：齐鲁书社，1996.

［清］刘鸿翱. 绿野斋文集［M］. 文渊阁四库全书（影印）. 上海：上海古籍出版社，2003.

［清］孙德谦. 古书读法略例［M］. 上海：上海书店出版社，1983.

［清］刘沅. 史存［M］. 清咸丰六年致福楼刻本.

［清］阮元校刻. 十三经注疏［M］. 北京：中华书局，1980.

刘文典. 淮南鸿烈集解［M］. 北京：中华书局，1989.

［日］西嶋定生著，武尚清译. 中国古代帝国的形成与结构：二十等爵制研究［M］. 北京：中华书局，2004.

安作璋、熊铁基. 秦汉官制史稿［M］. 济南：齐鲁书社，2007.

吕思勉. 秦汉史［M］. 上海：上海古籍出版社，2005.

朱东润. 史记考索［M］. 武汉：武汉大学出版社，2009.

朱绍侯. 军功爵制研究［M］. 上海：上海人民出版社，1990.

刘庆柱、李毓芳. 西汉十一陵［M］. 西安：陕西人民出版社，1987.

刘尚慈. 春秋公羊传译注［M］. 北京：中华书局，2015.

刘韶军编著. 古代占星术注评［M］. 北京：北京师范大学出版社；桂林：广西师范大学出版社，1992.

伊沛霞. 当代西方汉学研究集萃［M］. 上海：上海古籍出版社，2016.

西安市交通局史志编纂委员会编. 西安古代交通志［M］. 西安：陕西人民出版社，1997.

七画

［唐］杜佑撰，王文锦等点校. 通典［M］. 北京：中华书局，1992.

［宋］李昉等. 太平御览［M］. 北京：中华书局，1960.

［宋］苏轼. 苏轼文集［M］. 北京：中国文史出版社，1999.

［宋］苏辙著，曾枣庄、马德富校点. 栾城集［M］. 上海：上海古籍出版社，1987.

［宋］张耒. 柯山集（附拾遗）［M］. 北京：中华书局，1985.

［宋］杨时. 龟山集［M］. 北京：中华书局，1985.

［宋］杨侃撰，车承瑞点校. 两汉博闻［M］. 哈尔滨：黑龙江教育出版社，1990.

［宋］李纲. 梁溪集［M］. 文渊阁四库全书（影印）. 上海：上海古籍出版社，2003.

［宋］李弥逊. 筠溪集［M］. 文渊阁四库全书（影印）. 上海：上海古籍出版社，2003.

［宋］陈埴. 木钟集［M］. 文渊阁四库全书（影印）. 上海：上海古籍出版社，2003.

［宋］佚名. 历代名贤确论［M］. 文渊阁四库全书（影印）. 上海：上海古籍出版社，2003.

［宋］陈亮. 陈亮集［M］. 北京：中华书局，1974.

［宋］陆唐老. 陆状元增节音注精议资治通鉴［M］. 四库全书存目丛书（影印）. 济南：齐鲁书社，1997.

［宋］陈振孙著，徐小蛮等点校. 直斋书录解题［M］. 上海：上海古籍出版社，1987.

［宋］陈耆卿. 筼窗集［M］. 文渊阁四库全书（影印）. 上海：上海古籍出版社，2003.

［元］陈仁子. 牧莱脞语［M］. 济南：齐鲁书社，1997.

［元］杨维祯. 史义拾遗［M］. 济南：齐鲁书社，1996.

［明］张宁. 方洲集［M］. 文渊阁四库全书（影印）. 上海：上海古籍出版社，2003.

［明］陈士元. 论语类考［M］. 丛书集成初编（影印）. 北京：中华书局，1991.

［明］李贽. 史纲评要［M］. 北京：中华书局，1974.

［明］陈耀文. 天中记［M］. 扬州：广陵古籍刻印社，2007

［明］余文龙. 史异编［M］. 文渊阁四库全书（影印）. 上海：上海古籍出版

社，2003.

［明］宋存标. 秋士史疑［M］. 济南：齐鲁书社，1996.

［明］陈子龙、［明］徐孚远. 史记测议［M］. 文渊阁四库全书（影印）. 上海：上海古籍出版社，2003.

［清］张廷玉等辑. 皇清文颖［M］. 文渊阁四库全书（影印）. 上海：上海古籍出版社，2003.

［清］汪越撰，［清］徐克范补. 读史记十表［M］. 史记两汉书三史补编. 上海：开明书店，2005.

［清］汪师韩. 韩门缀学［M］. 文渊阁四库全书（影印）. 上海：上海古籍出版社，2003.

［清］吴玉搢. 别雅［M］. 台北：商务印书馆. 1973.

［清］吴卓信. 汉书地理志补注［M］. 二十五史补编（影印）. 北京：中华书局，1955.

［清］严可均辑. 全上古三代秦汉三国六朝文（影印）. ［M］. 北京：中华书局，1965.

［清］陈梦雷、［清］蒋廷锡编. 古今图书集成［M］. 上海：中华书局，1934.

［清］沈钦韩. 汉书疏证（外二种）［M］. 上海：上海古籍出版社，2006.

［清］张文虎. 校刊史记集解索隐正义札记［M］. 北京：中华书局，1977.

［清］张文虎著，魏得良校点. 舒艺室随笔［M］. 沈阳：辽宁教育出版社，2003.

［清］沈家本. 沈寄簃先生遗书［M］. 北京：中国书店出版社，1990.

［清］沈家本著，张全民点校. 历代刑法考［M］. 北京：中国检察出版社，2003.

［清］佚名. 十先生奥论著［M］. 文渊阁四库全书（影印）. 上海：上海古籍出版社，2003.

［清］吴汝纶撰，施培毅、徐寿凯校点. 吴汝纶全集［M］. 合肥：黄山书社，2001.

［清］吴廷锡、［清］冯光裕纂. 民国重修咸阳县志［M］. 西安：三秦出版社，2010.

［清］吴见思撰，陆永品点校. 史记论文［M］. 上海：上海古籍出版社，2008.

［清］李祖陶. 史论五种［M］. 文渊阁四库全书（影印）. 上海：上海古籍出版社，2003.

［清］邵泰衢. 史记疑问［M］. 文渊阁四库全书（影印）. 上海：上海古籍出版社，2003.

［清］汪之昌撰. 青学斋集［M］. 北京：中国书店出版社，2012.

［日］陈舜臣、廖为智著. 小说十八史略［M］. 北京：新星出版社，2010.

严一萍. 史记会注考证斠订［M］. 台北：艺文印书馆，1976.

李人鉴. 太史公书校读记［M］. 兰州：甘肃人民出版社，1998.

李景星著，韩兆琦、俞樟华校点. 四史评议［M］. 长沙：岳麓书社，1986.

李开元. 汉帝国的建立与刘邦集团：军功受益阶层研究［M］. 北京：生活·读书·新知三联书店，2000.

李长之. 司马迁人格与风格［M］. 北京：生活·读书·新知三联书店，1984.

李克家. 戎事类占［M］. 上海：上海古籍出版社，1996.

李炳海. 史记校勘评点本［M］. 长春：吉林文史出版社，2007.

李恒全. 战国秦汉经济问题考论［M］. 南京：江苏人民出版社，2012.

李根源辑，杨文虎、陆卫先主编. 永昌府文征［M］. 昆明：云南美术出版社，2002.

杨伯峻. 春秋左传注［M］. 北京：中华书局，1981.

余嘉锡. 余嘉锡文史论集［M］. 长沙：岳麓书社，1997.

杨金鼎. 中国文化史词典［M］. 杭州：浙江古籍出版社，1987.

杨树达. 汉书窥管［M］. 上海：上海古籍出版社，1984.

吴恂. 汉书注商［M］. 上海：上海古籍出版社，1983.

吴曾祺编纂. 涵芬楼古今文钞［M］. 上海：商务印书馆，1914.

［美］狄宇宙. 古代中国与其强邻：东亚历史上游牧力量的兴起［M］. 北京：中国社会科学出版社，2009.

［美］陆威仪著，王兴亮译. 早期中华帝国：秦与汉［M］. 北京：中信出版社，2016.

陈垣. 史讳举例［M］. 北京：中华书局，2012.

陈直. 史记新证［M］. 北京：中华书局，2006.

张家英.《史记》十二本纪疑诂［M］. 哈尔滨：黑龙江教育出版社，1991.

张大可. 史记全本新注［M］. 西安：三秦出版社，1990.

张功. 秦汉犯罪控制研究［M］. 武汉：湖北人民出版社，2007.

张永禄. 汉代长安词典［M］. 西安：陕西人民出版社，1993.

张其昀. 中国军事史略［M］. 香港：中华文化出版社，1956.

张荣强. 汉唐籍帐制度研究［M］. 北京：商务印书馆，2010.

张德臣编著. 渭城文物志［M］. 西安：三秦出版社，2007.

张传玺. 秦汉问题研究［M］. 北京：北京大学出版社，1995.

陈成国. 中国礼制史［M］. 长沙：湖南教育出版社，2002.

辛德勇. 史记新本校勘［M］. 桂林：广西师范大学出版社，2017.

吴树平、吕宗力. 全注全译史记［M］. 天津：天津古籍出版社，1995.

八画

［南朝宋］范晔. 后汉书［M］. 北京：中华书局，1965.

［宋］郑樵. 通志［M］. 上海：上海古籍出版社，2007.

［宋］周紫芝. 太仓稊米集［M］. 宋集珍本丛刊（影印）. 北京：线装书局，2004.

［宋］周密著，高心露、高虎子校点. 齐东野语［M］. 济南：齐鲁书社，2007.

［宋］金履祥. 御批资治通鉴纲目前编［M］. 长春：吉林出版集团有限公司，2005.

［宋］林駉. 古今源流至论［M］. 上海：上海古籍出版社，1992.

［明］范理. 读史备忘［M］. 继志堂刊本. 1731.

［明］范檟. 洗心居雅言集［M］. 济南：齐鲁书社，1996.

［明］范光宙. 史评［M］. 清顺治十五年刻本.

［明］郑贤辑. 古今人物论［M］. 扬州：广陵古籍出版社，1991.

［清］金圣叹. 金圣叹批才子古文［M］. 长沙：湖北人民出版社，1986.

［清］周寿昌. 汉书注校补［M］. 丛书集成初编断句排印本. 上海：商务印书馆，1936.

［清］易佩绅. 通鉴触绪［M］. 四库未收书辑刊（影印）. 北京：北京出版社，2000.

［美］帕克著，向达译. 匈奴史［M］. 太原：山西人民出版社，2015.

范文澜. 中国通史［M］. 北京：人民出版社，2015.

林剑鸣、余华青、黄留珠. 秦汉社会文明［M］. 西安：西北大学出版社，1985.

林剑鸣. 秦汉史［M］. 上海：上海人民出版社，2003.

金源编译. 全译史记［M］. 西安：三秦出版社，2007.

周生玉、张铭洽著. 长安史话［M］. 西安：陕西旅游出版社，1991.

周振甫. 史记集评［M］. 重庆：重庆大学出版社，2010.

［日］泷川资言考证，［日］水泽利忠校补. 史记会注考证附校补［M］. 上海：上海古籍出版社，1986.

［日］泷川资言. 史记会注考证［M］. 上海：上海古籍出版社，2015.

陕西省考古学会编. 陕西考古重大发现1949—1984［M］. 西安，陕西人民出版社，1986.

陕西省考古研究所汉陵考古队编. 中国汉阳陵彩俑图集［M］. 西安：陕西旅游出版社，1992.

陕西省考古研究所编. 秦都咸阳考古报告［M］. 北京：科学出版社，2004.

国务院古籍整理出版规划小组编. 古籍点校疑误汇录［M］. 北京：中华书局，1985.

郑慧生. 校勘杂志［M］. 郑州：河南大学出版社，2007.

九画

［汉］荀悦. 汉纪［M］. 文渊阁四库全书（影印）. 上海：上海古籍出版社，2003.

［汉］皇甫谧撰、徐宗元辑. 帝王世纪辑存［M］. 北京：中华书局，1964.

［北魏］郦道元著，王先谦校注. 合校水经注［M］. 北京：中华书局，2009.

［宋］胡宏. 五峰集［M］. 文渊阁四库全书（影印）. 上海：上海古籍出版社，2003.

［宋］胡寅. 致堂读史管见［M］. 中华再造善本（影印）. 北京：北京图书馆出版社，2004.

［宋］洪迈撰，穆公校点. 容斋随笔［M］. 上海：上海古籍出版社，2015.

［元］胡一桂. 十七史纂古今通要［M］. 北京：国家图书馆出版社，2003.

［明］姚舜牧. 来恩堂草［M］. 四库禁毁书丛刊（影印）. 北京：北京出版社，1981.

［明］钟芳. 钟筼溪集［M］. 海口：海南出版社，2006.

［明］贺复徵. 文章辨体汇选［M］. 文渊阁四库全书（影印）. 上海：上海古籍出版社，2003.

［明］姚允明辑. 史书［M］. 文渊阁四库全书（影印）. 上海：上海古籍出版社，2003.

［清］贺裳. 史折三卷续编［M］. 济南：齐鲁书社，1997.

［清］赵翼著，王树民校证. 廿二史札记校证［M］. 北京：中华书局，1984.

［清］赵翼. 陔余丛考（断句排印本）［M］. 北京：中华书局，1963.

［清］洪亮吉. 四史发伏［M］. 沈阳：辽宁大学出版社，1990.

［清］洪颐煊. 读书丛录［M］. 丛书集成初编（影印）. 北京：中华书局，1985.

［日］宫崎市定. 中国史［M］. 上海：上海古籍出版社，2006.

赵帆声. 古史音释［M］. 开封：河南大学出版社，1995.

胡适. 胡适谈史学［M］. 长春：哈尔滨出版社，2013.

施之勉. 史记会注考证订补［M］. 台北：华冈出版有限公司，1987.

施丁. 司马迁行年新考［M］. 西安：陕西人民出版社，1995.

十画

［汉］桓宽撰. 盐铁论［M］. 上海：上海古籍出版社，1974.

［汉］班固撰，［唐］颜师古注. 汉书［M］. 北京：中华书局，1985.

［宋］秦观著，林纾评选. 淮海集［M］. 上海：商务印书馆，1924.

［宋］晁说之. 嵩山文集［M］. 上海：上海书店出版社，1985.

［宋］徐度. 却扫编［M］. 北京：中华书局，1985.

［宋］袁燮. 絜斋家塾书钞［M］. 文渊阁四库全书（影印）. 上海：上海古籍出版社，2003.

［宋］倪思编、［宋］刘辰翁评. 班马异同［M］. 文渊阁四库全书（影印）. 上海：上海古籍出版社，2003.

［宋］钱时. 两汉笔记［M］. 文渊阁四库全书（影印）. 上海：上海古籍出版社，2003.

［宋］晁载之编. 续谈助［M］. 北京：中华书局，1985.

［宋］徐天麟. 西汉会要［M］. 上海：上海人民出版社，1977.

［明］凌稚隆辑校、［明］李光缙增补. 史记评林（影印）［M］. 天津：天津古籍出版社，1998.

［明］凌稚隆. 汉书评林［M］. 汉书研究文献辑刊（影印）. 北京：国家图书馆出版社，2008.

［明］唐顺之. 两汉解疑［M］. 丛书集成初编（影印）. 北京：中华书局，1991.

［明］顾锡畴. 纲鉴正史约［M］. 文渊阁四库全书（影印）. 上海：上海古籍出版社，2003.

［清］顾炎武. 历代帝王宅京记［M］. 北京：广文书局，1970.

［清］顾炎武著，黄汝成集释，栾保群、吕宗力点校. 日知录集释［M］. 上海：上海古籍出版社，2006.

［清］顾景星. 白茅堂集［M］. 济南：齐鲁出版社，1997.

［清］顾祖禹编纂，贺次君、施和金点校. 读史方舆纪要［M］. 北京：中华书局，2015.

［清］夏之蓉. 读史提要录［M］. 四库未收书辑刊（影印）. 北京：北京出版社，2000.

［清］钱大昕著，方诗铭、周殿杰校点. 廿二史考异（附三史拾遗）［M］. 上海：

上海古籍出版社，2004.

［清］袁文观. 同官县志［M］. 台北：成文出版社，1969.

［清］徐发. 天元历理［M］. 上海：上海古籍出版社. 1996.

［清］桂馥. 晚学集［M］. 北京：中华书局，1985.

［清］钱大昭. 汉书辨疑［M］. 丛书集成初编（影印）. 北京：中华书局，1985.

［清］郭嵩焘. 史记札记（标点本）［M］. 上海：商务印书馆，1957.

［瑞典］高本汉著，陆侃如译. 左传真伪及其他［M］. 太原：山西人民出版社，2015.

钱穆. 国史大纲［M］. 北京：商务印书馆，1996.

钱穆. 史记地名考［M］. 北京：九州出版社，2011.

夏曾佑. 中国古代史［M］. 北京：生活·读书·新知三联书店，1955.

徐仁甫. 史记注解辨正［M］. 北京：中华书局，2014.

徐复观. 两汉思想史［M］. 上海：华东师范大学出版社. 2001.

徐朔方. 史汉论稿［M］. 南京：江苏古籍出版社，1984.

徐德明编. 清代学术笔记提要［M］. 北京：学苑出版社，2004.

高锐主编. 中国军事史略［M］. 北京：军事科学出版社，1992.

十一画

［宋］章衡. 编年通载［M］. 四部丛刊三编（影印）. 上海：上海书店，1989.

［宋］黄震. 黄氏日钞［M］. 北京：北京图书馆出版社，2005.

［明］黄淮、［明］杨士奇编. 历代名臣奏议［M］. 上海：上海古籍出版社，1989.

［清］梁玉绳撰，贺次君点校. 史记志疑［M］. 北京：中华书局，1981.

［清］梁章钜撰，冯惠民等点校. 称谓录［M］. 北京：中华书局，1996.

［清］崔适著，张烈点校. 史记探源［M］. 北京：中华书局，1986.

龚阴. 民族史考辨［M］. 昆明：云南大学出版社，1994.

［英］崔瑞德、［英］鲁惟一编，杨品泉等译. 剑桥中国秦汉史［M］. 北京：中国社会科学出版社，1992.

黄仁宇. 赫逊河畔谈中国历史［M］. 北京：生活·读书·新知三联书店，1992.

阎步克. 从爵本位到官本位：秦汉官僚品位结构研究［M］. 生活·读书·新知三联书店，2009.

十二画

［汉］董仲舒著，周桂钿译. 春秋繁露［M］. 北京：中华书局，2011.

［宋］程大昌. 演繁露［M］. 北京：京华出版社，2000.

［宋］程大昌撰，黄永年点校. 雍录［M］. 北京：中华书局，2002.

［宋］葛洪. 涉史随笔［M］. 上海：商务印书馆，1936.

［明］焦竑. 焦氏笔乘［M］. 济南：山东友谊出版社，1991.

［清］傅恒等纂. 御批历代通鉴辑览［M］. 锦章书局，清光绪三十年.

［清］程馀庆. 历代名家评注史记集说［M］. 西安：三秦出版社，2011.

鲁迅. 汉文学史纲要［M］. 北京：人民文学出版社，1958.

傅斯年. 战国子家与史记讲义［M］. 天津：天津古籍出版社，2007.

董平均. 出土秦律汉律所见封君食邑制度研究［M］. 哈尔滨：黑龙江人民出版社，2007.

韩兆琦. 史记笺证［M］. 南昌：江西人民出版社，2010.

韩兆琦. 史记博议［M］. 北京：文津出版社，1995.

韩兆琦. 史记题评［M］. 西安：陕西人民出版社，2000.

焦南峰、马永赢. 汉长安城遗址研究［M］. 北京：科学出版社，2006.

十三画

靳德峻. 史记释例［M］. 北京：商务印书馆，1933.

十四画

［汉］蔡邕. 独断［M］. 上海：上海古籍出版社，1990.

［宋］蔡襄撰，陈庆元等校注. 蔡襄全集［M］. 福州：福建人民出版社，1999.

廖伯源. 秦汉史论丛［M］. 北京：中华书局，2008.

十五画

［宋］黎靖德编，王星贤点校. 朱子语类［M］. 北京：中华书局，1986.

黎东方. 细说秦汉［M］. 上海：上海人民出版社，2002.

黎翔凤. 管子校注［M］. 北京：中华书局，2015.

十六画

薛瑞泽编. 秦汉魏晋南北朝黄河文化与草原文化的交融［M］. 北京：科学出版社，2010.

十七画

［明］戴璟撰. 新编汉唐通鉴品藻［M］. 济南：齐鲁书社，1996.

十八画

［唐］瞿昙悉达. 唐开元占经［M］. 四库术数类丛书（影印）. 上海：上海古籍出版社，1993.

瞿方梅. 史记三家注补正［M］. 上海：广文书局，1973.

期　刊

于琨奇. 秦汉奴价考辨［J］. 中国经济史研究，1987（1）.

于豪亮. 云梦秦简所见职官述略［J］. 文史，第八辑.

王子今. "伐驰道树殖兰池"解［J］. 中国史研究，1988（3）.

王子今. 芒砀山泽与汉王朝的建国史［J］. 中州学刊，2008（1）.

王丕忠等. 汉景帝阳陵调查简报［J］. 考古与文物，1980（1）.

王辉. 新出秦封泥选释［J］. 秦文化论丛，2006（6）.

王学理、王保平. 西汉阳陵陵园考古及重大发现［J］. 考古与文物，1991（2）.

何清谷. 关中秦宫位置考察［J］. 秦文化论丛，1995（2）.

古永继. 文景分国为"消藩"辨［J］. 人大复印资料，1984（1）.

陕西省考古研究院. 汉阳陵帝陵陵园南门遗址发掘简报［J］. 考古与文物，2011（5）.

杜葆仁. 西汉诸陵位置考［J］. 考古与文物，1980 创刊号.

李毓芳. 西汉帝陵分布的考察［J］. 考古与文物，1989（2）.

［日］金子修一. 从皇帝遗诏来看唐代的中央和地方［J］. 中国唐史学会第十届年会论文集.

周振鹤. 西汉诸侯王国封域变迁考梁国考［J］. 中华文史论丛，1982（3）.

周晓陆. 西安出土秦封泥补读［J］. 考古与文物. 1998（2）.

施丁. 司马迁卒年考［J］. 中国历史文献研究（一）.